庄子

萧无陂 导读 注译

古典名著普及文库

岳麓書社·长沙

ZHUANGZI

出版说明

中国古典名著是中华优秀传统文化的重要载体，今天人们要学习传统文化，如果说有所谓捷径可寻，那恐怕就是直接阅读古典名著了。长期以来，为大众读者出版古典名著的普及读物一直是本社的重要使命。约三十年前，我们便出版了“古典名著普及文库”，收书五十余种，七十余册，蔚为大观。这套书命名为“普及”，首先是因为采用了简体字横排的排版方式。当时的古典名著图书，以未经整理的影印本和繁体竖排本居多，大众读者阅读有障碍，故本文库的推出，确有普及之效。其次，我们提出要让读者“以最少的钱买最好的书”，定价远低于当时同类型品种。基于此，这套“普及文库”迅速流向读者的书架，销量极大，功在普及不浅。

当年这套书，所收各书都是文言文全本，无注释，不翻译，对于今天的大众读者来说，已经很难起到普及作用了。而且，读者如果仅仅出于品鉴、入门的需要，也无需通读大部头的全本古籍。因而，我们推出这套全新的“古典名著普及文库”，在选目上广泛听取国内名校学者们的建议，收录经、史、子、集四部之中第一流的名著一百余种，邀请学有专攻的学者精心注释、翻译，并加以导读。篇幅大的经典，精选菁华，篇幅适中的出版全本，个别篇幅小的，则将主题相近的品种合刊为一册。

我们希望有更多的人能够买得起、读得懂中国的古典名著，接受中华优秀传统文化的滋养。这一套轻松好读又严谨可靠的普及文库，便是我们努力实践这一理念的结果。

岳麓书社大众图书编辑部

2018 年春

前　言

一、庄子其人

庄子，名周，蒙人，然而这个“蒙”究竟在今天何地，一直有争论。有“河南商丘说”“安徽蒙城说”“山东菏泽说”“山东东明说”。庄子生活在战国中期，与梁惠王、齐宣王基本同时，这是一个诸子百家争鸣的时代，然而从现有的史料来看，先秦的思想家们很少提及庄子。庄子一生贫困，虽然曾做过漆园吏之类的小官，但他最终辞官不仕。庄子志向高洁，特立独行，却从不刻意标榜自己，他“不谴是非，以与世俗处”（《天下》）。他不愿出仕，远离权贵，因而当世的“王公大人不能器之”（《史记·老子韩非列传》）。总而言之，庄子始终保持着对富贵与权力的超脱，坚守一份淡泊。这种甘贫乐道、隐居不仕的生活方式，与孔门的颜回、原宪等十分相似，因而有人认为庄子之学源于颜氏之儒。

能够做一个小官，著书立说，司马迁称之为“其学无所不窥”，这种生活状态对于战国时期的一个平民而言是很难想象的，因此关于庄子的家世有不少探究。有人认为庄子的先世是楚国的贵族，也有人认为是宋国的贵族。总的来说，庄子的身世还是一个谜。

关于庄子的师承，我们并不清楚，但他显然私淑老子，因为他在书中多次提及老子及其思想，并且称老子为“古之博大真人”（《天下》）。庄子的交游已经很难考证，从《庄子》一书的记载来看，庄子大概游历过一些国家，与当时的学者有一些交往，其中最著名的当属名家代表人物惠施。庄子与惠施是一对辩友，两人经常辩论，如《逍遥游》中的

“有用无用之辩”，《德充符》中的“有情无情之辩”，《秋水》中“知不知鱼之乐之辩”等等。庄子与惠施得以交往，可能因为他们都是宋人，在交通不发达的时代，地域往往决定了人们的交际范围。与庄子基本同时的孟子生活在宋国四五百公里之外，两者之间没有任何交往，彼此也没有提到对方。

二、《庄子》其书

《庄子》一书在先秦就已经开始传播，到汉初影响逐渐扩大，这可以从《吕氏春秋》《贾谊集》《淮南子》等文献引用《庄子》的频率看出来。然而关于《庄子》一书的内容，学界争议很大。据说刘向曾整理过《庄子》，那时《庄子》一书的规模大概是五十二篇，这与司马迁所说的庄子曾“著书十余万言”大抵相当。后来晋朝郭象整理《庄子》，定下三十三篇六万五千余言的格局，一直流传至今。然而自宋代开始，学者们就陆续怀疑《庄子》中很多篇目的真伪，尤其是外、杂篇中的篇目。究竟哪些篇目是庄子本人所作，哪些是庄子后学所作，学界一直有不同意见。目前主流的看法认为内篇基本上为庄子本人所作，而外、杂篇则为庄子及其后学所作。总之，关于《庄子》文本的研究还有待深入，尤其需要新材料的印证。

由于内、外、杂篇的作者不尽相同，因而《庄子》一书的思想十分复杂。但整体来看，司马迁的概括还是比较准确的：“庄子散道德放论，要亦归之自然。”（《史记·老子韩非列传》）

三、庄子的思想

庄子的思想很丰富，可以从文学、哲学等不同角度加以解读，这里主要简要地介绍庄子的哲学思想。

（一）道物之辩

在老子哲学中，“道”是“先天地生”（《老子·第五章》）的浑成之物，“道生一，一生二，二生三，三生万物”（《老子·第四十二章》），“道”被认为是天地万物的本源。然而老子的这种“道”毕竟带有浓厚的宇宙生成论的色彩，“道”极易被视为一个在时间上先于天地万物而存在的“物”。在创生万物之后，“道”究竟去了哪里呢？老子之道的这种物性特征，很难解答现实经验中的事物为何还要效法与遵循“道”的问题。庄子显然意识到了这个问题，并且尝试进行解决。他很少直接描述“道”如何生天地万物，而是关注“道”如何在天地万物之中从而成为其内在根据。由此他提出：“有先天地生者物邪？物物者非物。”（《知北游》）显然这是针对《老子·第二十五章》的发问，尝试剔除“道”的物性特征。所谓“物物者非物”，即“使得万物成为其自身的那个东西并不是具体之物”。庄子反对从物的产生时间先后去推论终极之“道”，因为这样推出来的“道”还是一种类似于“物”的存在者，而“道”不是“物”，也不像“物”那样存在，更不能被我们感知。但“道”又不是脱离“物”而独立存在，因为“物物者与物无际”（《知北游》）。所以当东郭子问庄子“道”在哪里的时候，庄子实际上是没法具体回答的。因为当我们问“什么东西”存在于“何处”时，我们已经潜在地将这个“东西”视为存在于具体时空中的“物”，以这种方式去追问不受时空限制的“道”显然是荒谬的。“无所不在”这个回答表明“道”并非超然物外的实体性存在，“道”就内化于天地万物之中，是天地万物的内在根据与原则。总之，庄子努力克服了任何可能导致“道”“物”分离的说法，进一步消解了“道”先天地而生的超越性、实体性存在形象以及对“物”可能造成的“压迫”，通过化道入物、道物相融的方式来关注“物”自身的存在状态，并最终彻底解放“物”。“物”是自然的，作为万物之一的人也是自然的，人的自然存在也就是自由地存在。那么人的这种自由本性如何才能在经验世界之中真实呈现呢？庄子哲学的第二个重要主题就是探讨物我关系。

（二）物我之辩

庄子的哲学是关于个体自由的哲学，要理解这种自由哲学，首先应当理解他的宇宙观。庄子认为构成宇宙万物最本质的是“气”，他提出了“通天下一气”的命题。其次，庄子认为人首先是作为生物体而存在，但人之所以为人，主要是因为这个生物体中有“真宰”“真君”，表现为人的内在德行、真性。然而世俗人通常不能意识到这个真宰，不能保全内在德行，因而丧失了自觉意识与独立精神，因此如何处理“我”与“物”关系就成为庄子哲学中的重要论题。

“我”与“物”的关系表现为两个维度：第一是“我”与天地万物的关系，第二是“我”与肉身的关系。第一个维度涉及人如何保全自身德行，保持精神独立，由此他提出“吾丧我”“全德”“贵真”，养护生命的真正主人。庄子始终对异化保持着一份警惕，他认为人的精神不能被“物”奴役，而应保持独立与超然，因此他尖锐地批判了各种“丧己于物，失性于俗”的现象，这一思想在《齐物论》《养生主》《德充符》等篇中都有深刻的探讨。第二个维度涉及如何看待生死夭寿，由此他提出“死生一体”，即“齐生死”。既然一切“物”都处在变化之中，那么作为生命体的人也必然要参与变化，因此人的生死本质上就是“物”的存在形态的转化而已，所以庄子说：“生也死之徒，死也生之始，孰知其纪？人之生，气之聚也。聚则为生，散则为死。若死生为徒，吾又何患！”这一思想在《大宗师》《知北游》《天地》等篇中有深入探讨。

庄子认为“物化”是一个客观的进程，作为生命体的人只能顺应这一进程，而不可能抗拒。因此他主张积极地参与这一进程，将个体的生命放置在天地万物的大化流行之中，释放人的心灵，超越有限形体的束缚与限制，从而达到与造物者为友的境界。“物化”观念集中体现了庄子深刻的理性精神和对天地万物本性的尊重，其中蕴含着一种客观的科学精神。

（三）天人之辩

如果将“我”拓展为“人”这一类主体，将“物”扩充为“天”这一万物总称，那么庄子的“物我之辩”就逻辑地上升到“天人之辩”。

庄子的“天”有多重含义，其中最重要的两层含义表达了庄子的哲学思考。第一是指与人相对立的“天”，即实存的天地万物及其天然存在状态。如《秋水》篇曰：“牛马四足，是谓天；落马首，穿牛鼻，是谓人。”庄子主张“无以人灭天，无以故灭命”，即不要以人为去破坏天然，不要用人的智巧去改变命理。但这种意义上的天人之辩仍然停留在天人相对的层次，人不得不顺从于天地万物之性，所以人并不自由。这就必须进一步理解“天”的第二层含义，即与“道”相通，指人的精神所达到的境界。庄子的天人之辩是由第一层次的“天人对立”走向第二层次的“天人合一”，从而进入“道”的境界，也就是“天”的境界。突破天人对立达到天人合一的途径就是“无为”。《天地》篇曰：“无为为之之谓天，无为言之之谓德。”“天”在这里正是“道”的内涵，指的是物我冥合的境界或状态，而“无为”则是通达此境界或状态的方式。

庄子的天人合一有两个不同的层次，第一是认识论意义上的天人合一。天与人的区分首先源于人的认知心，然而认知者与认知对象都是不确定的，因此天人之分也就是相对的，《齐物论》《大宗师》《秋水》等篇对此有深入的探讨。庄子主张“以道观之”或“照之于天”，这样就能摆脱儒墨纷争，让事物的本性真实地呈现，人也就能在与物的交融之中达到本真的认知。

第二是存在论意义上的天人合一。天与人共同处在一个整体的世界之中，“天”与“人”是根源性的一体，无法分开，故庄子说：“故其好之也一，其弗好之也一。其一也一，其不一也一。其一与天为徒，其不一与人为徒，天与人不相胜也，是之谓真人。”（《大宗师》）天人始终是一体的，与人为徒只能导致天人对立，与天为徒就能最终突破天人相分，让人的心灵去官天地，府万物，从而达到“天地与我并生，而万物与我为一”的“天人合一”境界。

（四）逍遥与安命之辩

庄子主要通过“游”来表达他的自由观念，如“游乎四海之外”（《逍遥游》）、“游无何有之乡”（《应帝王》）、“游乎尘垢之外”（《齐物论》）、“游心乎德之和”（《德充符》）、“游乎天地之一气”（《大宗师》）等等。当然这里的“游”不是现实世界中有具体方位的“游”，而是一种“神游”“心游”，即心灵的自由活动。要实现这种“游”，有两个条件：一是无待，一是无为。无待必须无为，而无为正是要达到无待。无待则超越物我对立，人与天地万物浑然一体。反之，有待其实就是有为，就是自身依赖于外物，受限于外物，因而不能独立自存。

只有摆脱束缚与限制，超越有待与羁绊，才能达到独立的精神自由状态，故庄子提出“相濡以沫，不如相忘于江湖”（《大宗师》）。

然而现实中的人总会面临各种危机与压迫，人的心灵常常不自由，人的生命也时常无法安顿，因此不能达到“逍遥游”。面对现实世界中各种人力无法改变的东西，庄子主张“安命”。“命”首先意味着生命，然后才是生命体所遭遇到的各种不能违逆的情景，这就是命运。作为生命体的人必然有生死，这是一种命，所以庄子说：“死生，命也，其有夜旦之常，天也。”（《大宗师》）进而言之，作为社会中的人还必然面临各种无法避免的价值评判，所以庄子又说：“死生存亡，穷达贫富，贤与不肖，毁誉，饥渴寒暑，是事之变，命之行也。”（《德充符》）

在面临命运与自由的这种紧张关系时，庄子通常采取两种解决方式。其一，在现实生活中，他主张“知命”“安命”，“知不可奈何而安之若命”（《德充符》），遵循天地万物的自然本性，放弃人的作为，以无为的方式处世，“顺物自然而无容私焉”（《应帝王》）。这种方式实际上是屈己扬物，是现实的处理方式，却抑制了人的自由。其二，在理想的境界中，人的精神超越作为自然人和社会人所经历的各种命运，将个体的精神超拔出来而归于大道，从而达到逍遥游。于是，人不再是一种现实“物”的存在，不再受“物”的束缚，而只是一种纯粹的精神存在，这就是庄子的精神自由。由此可知，人只有在纯粹的精神活动中才能获得绝对的自由。

任何人都无法彻底摆脱作为生命体的人而存在，因此这两种解决方式交错地呈现在《庄子》中。庄子始终面临着这样的困境：一方面，为了保持独立的志向与精神自由，他孤傲地拒绝出仕，并且对肮脏龌龊的社会现实进行无情的批判与鞭挞；另一方面，为了维持作为生命体的人的存在，贫困潦倒的他又不得不无奈地贷粟于监河侯，这对于孤傲的庄子来说无疑是一种精神折磨，哪谈得上“自由”？困境中的庄子也会借子桑之口来抱怨：“父母岂欲吾贫哉？天无私覆，地无私载，天地岂私贫我哉？求其为之者而不得也。然而至此极者，命也夫！”（《大宗师》）从超越到随俗，从崇高到卑微，既有对理想自由境界的憧憬与向往，又有对现实社会的愤慨与无奈，庄子注定是一个挣扎于现实与理想之间的思想家，注定是一个百折不挠地探寻精神出路的斗士。庄子的问题其实也是现代人所面临的问题，我们能否找到一条出路呢？

四、关于译注

历代注释《庄子》者众多，流传下来的版本也不少，但宋刻本较少，而明清刻本居多。本书选取《古逸丛书三编》中的《南华真经十卷》为底本，该版本影印自中国国家图书馆藏宋刊本，只有郭象的注，而无成玄英的疏。同时，本书还选取了《古逸丛书》中的覆宋本《庄子注疏》、《续古逸丛书》中的影宋本《南华真经》作为主要的校勘本，分别简称为“覆宋本”“影宋本”；陈景元的《庄子阙误》保存了一些重要的文本差异，故校勘时多有引用。

《庄子》一书，流传两千余年，传抄与刊刻之中错讹累积，幸亏前人在校勘注释方面做了大量工作，纠正了不少错谬。本书在注释过程中，尽可能地吸收前人的研究成果，限于篇幅，在此不一一罗列。此外，本书是一个节选本，在保持内篇完整的情况下，笔者选取了外篇七篇，杂篇四篇，一共十八篇，大体上将重要篇目囊括在内。

《庄子》向来以难读著称，笔者虽然研读《庄子》多年，同时还组织了一个读书会，每周逐字逐句地读《庄子》，然而对于书中的疑难之处，仍时常困惑不已。要将《庄子》顺畅地翻译为现代汉语，委实不易。由于笔者学问疏浅，加之俗事冗繁，身心劳累，译注工作持续了一年多才完成。感谢本书编辑刘文兄的信任与支持，感谢我的研究生孙果露、张磊，他们分别校读了一遍书稿，提供了一些修改意见。即便如此，书中仍会有不少疏漏，恳请读者批评指正。

萧无陂　于洛杉矶

丁酉年九月二十四日

目　录

内篇

外篇

杂篇

参考书目

内篇

庄子

逍遥游

导读

《逍遥游》是《庄子》的第一篇。“逍遥”也就是“游”，即人的精神所达到的一种自由自在的状态。此篇主要探讨如何实现“逍遥游”。

首先，本篇通过“小大之辩”，揭示出只有“无待”才能释放心灵、逍遥自在的哲理。世人往往因为认知局限而画地为牢，就像蜩、学鸠、斥鴳一样骄矜与无知。宋荣子与列子虽然摆脱了世俗人的无知状态，却仍然未能实现精神的真正独立。只有顺应天地万物之本性，遵循宇宙间的各种变化规律，才能真正超越一切外物的束缚与限制，无所依待而逍遥。

其次，持守自身本性，摆脱功名的奴役。许由拒绝了尧让与的天子之位，接舆所描述的神人持守真性而无心去治理天下，表明只有突破功名的役使，才能保持人的自由本性。

最后，庄子与惠施的“有用无用之辩”表明，超越经验层次的“有用无用”才是事物的本真存在状态。庄子批判惠施局限于葫芦的盛水之用，而忽视了它浮于水面作为腰舟的作用；局限于樗树作为木料不中绳墨、规矩，大而无用，而忽视了它因此免遭砍伐从而保全性命的作用。由此表明，世俗人因为心灵闭塞，从狭隘的认知视角出发，禁锢了万物自身之“用”的无限开放性，掩盖了事物无用却无所不用的本性。

原文

北冥[1]有鱼，其名为鲲[2]。鲲之大，不知其几千里也。化而为鸟，其名为鹏[3]。鹏之背，不知其几千里也。怒[4]而飞，其翼若垂[5]天之云。是鸟也，海运[6]则将徙于南冥。南冥者，天池[7]也。

译文

北方冥漠无涯的大海里有一条鱼，它的名字叫作鲲。鲲的形体极大，不知道有几千里广。它变化为鸟，名字叫作鹏。鹏的脊背，也不知道有几千里长。当它奋起而飞的时候，那展开的翅膀就像天边的云。这只鹏鸟，当海上波涛汹涌的时候，就迁徙到南方冥漠无涯的大海。南方的这个大海是一个天然的大池。

注释

1 **冥**：或作"溟"，幽昧，昏暗。"北冥"即北方幽昧昏暗的海域。

2 **鲲**(kūn)：本指鱼子，小鱼之名，这里借指为大鱼之名。

3 **鹏**：即古"凤"字，此为大鸟之名。

4 **怒**：通"努"，奋发，勉力。

5 **垂**：边。"垂天之云"即天边之云。

6 **海运**："运"当读为"浑"，海运即海浑，海上狂飙大作，海水翻腾。

7 **天池**：天然的大池。

原文

《齐谐》[1]者，志怪[2]者也。《谐》之言曰："鹏之徙于南冥也，水击三千里，抟扶摇[3]而上者九万里，去以六月息[4]者也。"野马[5]也，尘埃也，生物之以息相吹也[6]。天之苍苍，其正色邪？其远而

译文

《齐谐》是一部专门记载怪异事情的书。这本书中说道："当大鹏往南方的大海迁徙时，它的翅膀拍打水面激起的浪花波及三千里，卷起海风趁势盘旋冲上九万里高空，它离开北方飞行六个月才停歇一下。"空气中弥漫着的尘埃，都是天地间的各种生物用气息吹动的结果。天空看上去一片深蓝，这是它本来的颜色吗？还是因

无所至极邪？其视下也，亦若是则[7]已矣。

为幽远而没法看到它的尽头所致呢？大鹏要是往下看，大概也是像这样的吧。

注释

1《**齐谐**》：书名。一说人名。

2 **志怪**：记载怪异之事。

3 **抟(tuán)扶摇**：抟，旋转而上。扶摇，复语，风往上飙升。

4 **六月息**：或作"六月一息"。息，停歇、止息。离开北海飞行六个月才停歇一次，言大鹏飞翔时间之长。"水击三千里"是讲波及范围之广，"抟扶摇而上者九万里"讲飞跃之高，而此句则讲飞行时间之长。

5 **野马**："马"通"塺"(méi)，古代"马""塺"声韵皆同。"塺"是尘土的意思。野马与尘埃是同义词。

6 **生物**：泛指有生命之物。息：气息。

7 **则**：陈景元《庄子阙误》引文如海本作"而"。

原文

且夫水之积也不厚，则[其][1]负大舟也无力。覆杯水于坳堂[2]之上，则芥[3]为之舟，置杯焉则胶[4]，水浅而舟大也。风之积也不厚，则其负大翼也无力。故九万里则风斯在下矣，而后乃今培[5]风，背负青天而莫之夭阏[6]者，而后乃今将图南。

译文

水如果积聚不深，那么就无力托起大船。在室内的低洼处倒一杯水，抛入一根小草就可以当船来行驶，而放入一个杯子就会沉底不动，因为水太浅而船太大了。如果风聚积的能量不大，那么就无力托负起巨大的翅膀。所以大鹏飞上九万里的高空，大风在它的身下，然后凭借着大风，背负青天，没有什么东西可以阻碍它，然后它才打算往南方飞去。

注释

1 **其**:底本、影宋本均无,按下文体例当有,今据覆宋本校改。

2 **坳**(ào)**堂**:室内地面上的凹陷之处。

3 **芥**(jiè):小草。

4 **胶**:黏住,不能浮起来。

5 **培**:通“冯”(píng),乘。

6 **夭阏**(è):即“夭遏”,遏阻、阻拦。

原文

蜩与学鸠[1]笑之曰:“我决[2]起而飞,抢榆枋[而止][3],时则不至而控[4]于地而已矣,奚以之九万里而南为?”适莽苍[5]者,三餐[6]而反,腹犹果然[7];适百里者,宿舂粮[8];适千里者,三月聚粮。之二虫又何知[9]!

译文

蝉与小灰雀讥笑它说:“我们从地面急速起飞,飞到榆树和枋树那么高就得停下来,有时还飞不到就落在地上,为何要飞上九万里的高空而往南飞呢?”到郊野去,吃上三团饭出发,回来时肚子还是饱饱的;如果到一百里外去,就要准备一宿的干粮;如果到一千里外去,就需要准备三个月的粮食。这两只小虫又怎能知道呢!

注释

1 **蜩**(tiáo):蝉。**学鸠**:一种小灰雀,这里泛指小鸟。

2 **决**(xuè):迅疾的样子。

3 **抢**(qiāng):覆宋本作“枪”,触,碰撞。**榆枋**(fāng):两种树名。而止:底本、覆宋本、影宋本均无,今据陈景元《庄子阙误》引文如海本、江南古藏本补正。

4 **控**:投。

5 **莽苍**:郊野。

6 **三餐**(cān):古者抟饭而食,一抟食为一餐,三餐而告饱。“抟”俗亦作“团”,“抟饭”也就是“团饭”,即用手取饭并捏成团状。每一团饭即“一抟食”,“三餐”就是“三抟食”或“三团饭”。

7 **果然**:饱的样子。“果”,陈景元《庄子阙误》引文如海本作“颗”。

8 **宿舂粮**:一读作宿(xiǔ),一夜,准备一宿的粮食。一说读作宿(sù),隔宿,前一夜,隔夜捣舂粮食。

9 **陈景元**《庄子阙误》引文如海本“之”前有“彼”字,“知”后有“也”字。

原文

小知不及大知,小年不及大年。奚以知其然也?朝菌不知晦朔[1],蟪蛄[2]不知春秋,此小年也。楚之南有冥灵[3]者,以五百岁为春,五百岁为秋;上古有大椿[4]者,以八千岁为春,八千岁为秋,[此大年也][5]。而彭祖[6]乃今以久特闻,众人匹之,不亦悲乎?

译文

小知识达不到大智慧,短寿的不知道长寿的。怎么知道是这样的呢?朝菌不知道什么是晦朔,寒蝉不知道什么是春秋,这些都是短寿的。楚国南边有种叫冥灵的树木,把五百年当作一个春季,把五百年当作一个秋季;上古有种叫大椿的古树,把八千年当作一个春季,把八千年当作一个秋季,这些都是长寿的。然而彭祖至今一直以长寿而闻名于世,人们总是拿他来相比,这不是很可悲吗?

注释

1 **朝菌**:或作“朝秀”,一种朝生暮死之虫。**晦朔**:农历每月最后一天称为“晦”,农历每月初一称为“朔”。

2 **蟪蛄**(huì gū):寒蝉,春生夏死或夏生秋死。

3 **冥灵**:古树名。

4 **大椿**:古树名。

5 **此大年也**:底本、覆宋本、影宋本均无此句,今据陈景元《庄子阙误》引成玄英本补正。

6 **彭祖**:即篯铿(jiān kēng),尧帝时封于彭城,故称彭铿、彭祖,传说他活了八百岁。

原文

汤之问棘也是已[1]:“穷发[2]之北有冥海者,天池也。有鱼焉,其广数千里,未有知其修[3]者,其名曰鲲。有鸟焉,其名为鹏,背若太山[4],翼若垂天之云,抟扶摇羊角[5]而上者九万里,绝云气,负青天,然后图南,且适南冥也。斥鴳[6]笑之曰:‘彼且奚适也?我腾跃而上,不过数仞[7]而下,翱翔蓬蒿[8]之间,此亦飞之至也。而彼且奚适也?’”此小大之辩也。

译文

商汤询问棘的话是这样的:“在那寸草不生的北方,有一个幽深莫测的大海,叫作天池。那里有一条鱼,形体有几千里之广,没有人知道它到底有多长,它的名字叫作鲲。有一只鸟叫作鹏,它的脊背有如泰山,翅膀像天边的云,大鹏鼓起羊角一样的旋风,直接冲上九万里的高空,穿越云层,背负青天,然后打算飞往南方,就是要飞到南方幽深的大海。斥鴳讥笑它说:‘它要飞到哪里去呢?我腾空而起,不过飞几丈高就落下来,穿梭在蓬蒿之中,这就是我所能飞的极限了。而它究竟要飞到哪里去呢?’”这就是小与大的区别。

注释

1 **汤**:即成汤、商汤,商朝开国之君。**棘**:即《列子·汤问》中的夏革,商汤时的贤大夫。

2 **穷发**:不长草木的地方。

3 **修**:长。

4 **太山**:即泰山。

5 **羊角**:旋风,回旋向上有如羊角。

6 **斥**:小泽。**鴳**(yàn):鴳雀。斥鴳指一种生活在小泽中的鸟。

7 **仞**:古代长度单位,周制为八尺,汉制为七尺。

8 **蓬蒿**(péng hāo):蓬草和蒿草,这里泛指杂草丛。

原文

故夫知效一官[1]，行比一乡[2]，德合一君，而征[3]一国者，其自视也亦若此矣。而宋荣子犹然笑之[4]。且举世而誉之而不加劝[5]，举世而非之而不加沮[6]，定乎内外之分，辩[7]乎荣辱之境，斯已矣。彼其于世，未数数然[8]也。虽然，犹有未树[9]也。

译文

所以，那些才智足以胜任某一官职，品行与乡立的选贤标准相称，德行符合一国之君的要求，能力赢得国人信服的人，他们对自己的评价也就像斥鴳一样。而宋荣子却悠然自得地笑笑而已。即便全世界的人都赞誉他，他也不会因此而受到勉励；即便全世界的人都非议他，他也不会因此而感到沮丧。他定处于自身与外物的区分，洞察于荣耀与屈辱的界限，也就如此而已。他对于世俗社会中的东西，从来不去汲汲追求。即便如此，他还是未能达到至德之境。

注释

1 **知**：才智。**效**：胜任。**官**：官职。

2 **行比一乡**：行，品行、德行。**比**：符合。

3 **而**：通“能”，能力。**征**(zhēng)：取信。

4 **宋荣子**：即宋钘(jiān)，《孟子·告子下》中的宋轻(kēng)，宋国人，战国时期的思想家，主张禁攻寝兵，见侮不辱，情欲寡浅，又见于《天下》。**犹然**：从容舒展的样子。

5 **劝**：鼓励，勉励。

6 **沮**(jǔ)：沮丧。

7 **辩**：明辨。

8 **数数**(shuò shuò)**然**：急切的样子。

9 **未树**：未达到至德之境。

原文

夫列子[1]御风而行,泠然[2]善也,旬有[3]五日而后反。彼于致福[4]者,未数数然也。此虽免乎行,犹有所待[5]者也。若夫乘天地之正[6],而御六气之辩[7],以游无穷者,彼且恶[8]乎待哉!故曰:"至人无己[9],神人无功[10],圣人无名[11]。"

译文

列子乘风而行,轻妙而又高超,游玩十五天后才返回。他对于人世间所期盼的幸福周全,从来不去汲汲追求。他的这种生活状态,虽然免除了行走的劳累,但仍然有所凭借。如果有人能顺从天地万物的本性,遵循着六气的变化,畅游于无所不至之域,那他还需要借助什么呢!所以说:"至人无己,神人无功,圣人无名。"

注释

1 **列子**:即列御寇,郑国人,战国前期道家学派人物。《庄子》一书多次提及,又见于《应帝王》《至乐》《达生》《列御寇》诸篇。

2 **泠**(líng)**然**:轻妙的样子。

3 **旬**:十天。**有**:通"又"。

4 **致**:追求。**福**:周全,顺畅,引申为福分。

5 **待**:底本作"侍",今据覆宋本、影宋本改。凭借,依靠。

6 **乘**:遵循,凭借。**正**:本,这里指本然之性。

7 **御**:因循,顺着。**六气**:指阴、阳、风、雨、晦、明。**辩**:通"变",变化。

8 **恶**(wū):何,什么。

9 **至人**:德行达到极致的得道之人。**无己**:彻底消除物我的界限,忘掉了自身。

10 **神人**:具有神妙作用的得道之人。**无功**:不去追求俗世所谓的功业。

11 **圣人**:得道之人,不同于儒家的圣人。**无名**:不去追求俗世的名声与地位。

原文

尧让天下于许由[1]，曰："日月出矣，而爝火不息[2]，其于光也，不亦难乎？时雨[3]降矣，而犹浸灌[4]，其于泽也，不亦劳乎？夫子立而天下治，而我犹尸[5]之，吾自视缺然[6]，请致天下。"许由曰："子治天下，天下既已治也，而我犹代子，吾将为名乎？名者，实之宾[7]也，吾将为宾乎？鹪鹩[8]巢于深林，不过一枝；偃鼠[9]饮河，不过满腹。归休乎君，予无所用天下为！庖人[10]虽不治庖，尸祝不越樽俎而代之矣[11]。"

译文

尧把天子之位让给许由，说："日月都已经出来了，而小火把还在燃烧不熄，对于照亮万物而言，小火把不是很困难吗？应时的大雨降落了，还挑水浇灌，对于润泽禾苗而言，挑水灌溉不是也太徒劳了吗？自从先生出现后，天下大治，而我却尸位素餐，我自愧弗如，请允许我把天子之位交给你。"许由回答说："你治理天下，天下已经治理好了，而我还要去取代你的位置，我这是为了名声吗？'名'是依赖'实'而产生的附属物，我要去追求这种东西吗？鹪鹩在森林中筑巢，只不过占用一个枝丫；鼹鼠到大河边饮水，也不过喝满肚子而已。你还是回去吧！天下对于我来说有什么用处呢！即使厨师没有置备祭祀用品，尸祝也不会越过祭案去替厨师置备！"

注释

1 **尧**：姓伊祁，名放勋，又称唐尧，传说中的古代贤明君主。《庄子》一书多次称引。**许由**：姓许，名由，字武仲，颍川阳城人，隐于箕山。《庄子》一书屡称之，见《大宗师》《天地》《徐无鬼》《外物》《让王》《盗跖》诸篇。

2 **爝(jué)火**：或作"燋火"，小火把，古人在木材上蘸油脂燃起的火把。息：通"熄"，熄灭。

3 **时雨**：应时之雨。

4 **浸灌**：灌溉。

5 **尸**：主持，这里指居其位而无所事。

6 **缺然**:不足的样子。

7 **宾**:宾客,与主人相对而言。这里借“宾”指代不能独立实存而必须依赖于“实”的“名”。

8 **鹪鹩**(jiāo liáo):一种善于筑巢的小鸟。

9 **偃鼠**:鼹鼠。

10 **庖**(páo)**人**:厨师。

11 **尸祝**:古时尸、祝、庖分工明确,《淮南子·泰族训》:“今夫祭者,屠割烹杀,剥狗烧豕,调平五味者,庖也;陈簠簋,列樽俎,设笾豆者,祝也;齐明盛服,渊默而不言,神之所依者,尸也。宰、祝虽不能,尸不越樽俎而代之。”尸,祭祀时,代表死者受祭的活人。祝,祭祀时主持祭祀的人。**樽**(zūn):盛酒的器皿。**俎**(zǔ):盛肉的器皿。“樽俎”在此指代祭案。

原文

肩吾问于连叔[1]曰:“吾闻言于接舆[2],大而无当,往而不反。吾惊怖其言,犹河汉[3]而无极也。大有径庭[4],不近人情[5]焉。”连叔曰:“其言谓何哉?”曰:“藐姑射[6]之山,有神人居焉。肌肤若冰雪,淖约[7]若处子,不食五谷,吸风饮露。乘云气,御飞龙,而游乎四海之外。其神凝[8],使物不疵疠[9]而年谷熟。吾以是狂而不信也。”

译文

肩吾问连叔:“我听接舆谈话,言辞虚夸,不着边际,一说开就没完没了。我对他的言谈感到十分惊骇,就好像天上的银河一样无边无际。他的话跟一般人所讲的大相径庭,不符合世间常情。”连叔问:“他说的是些什么呢?”肩吾说:“在遥远的姑射山上,住着一位神人,皮肤洁白得像冰雪,体态柔美得像处女,不食人间五谷杂粮,吸清风,饮甘露。乘着云气,驾驭着飞龙,遨游于四海之外。只要她的精神凝聚专一,就能使世间万物不受病变灾害而常年五谷丰登。我认为这是虚妄之言,一点也不可信。”

注释

1 **肩吾**:泰山之神。肩吾屡见于《庄子》一书,如《大宗师》《应帝王》《知北游》诸篇。**连叔**:庄子虚构的古时得道之人。

2 **接舆**:春秋时楚国的隐士,姓陆,名通,字接舆。即《论语·微子》中的楚狂接舆。又见于《人间世》《应帝王》。

3 **河汉**:银河。

4 **径庭**:径,门外的小路;庭,堂外之地。意为差别很大。

5 **人情**:指人世间的真实情况。情,实情,情况。

6 **藐**(miǎo):通"邈",遥远的样子。**姑射**(yè):山名,在山西省临汾县西,即古石孔山,九孔相通。

7 **淖**(chuò)**约**:覆宋本等作"绰",舒缓柔美的样子。

8 **凝**:凝聚专一。

9 **疵疠**(cī lì):灾害疫病。

原文

连叔曰:"然。瞽者无以与乎文章之观[1],聋者无以与乎钟鼓之声。岂唯形骸有聋盲[2]哉?夫知亦有之!是其言也,犹时女[3]也。之人也,之德也,将旁礴[4]万物以为一,世蕲[5]乎乱,孰弊弊焉[6]以天下为事!之人也,物莫之伤,大浸稽天[7]而不溺,大旱金石流、土山焦而不热。是其尘垢秕糠[8],将犹陶铸[9]尧舜者也,孰肯以物为事!"

译文

连叔说:"是的。瞎子无法欣赏色彩和花纹,聋子无法聆听钟鼓的乐声。难道只是形体上有聋盲吗?人的心智也有聋盲啊!他所说的这些话,就是讲你的啊。那位神人,她的德行,将与天地万物混同为一,世人都期盼天下得到治理,她哪肯劳心伤神地去治理天下!那位神人,外物伤害不了她,就算是大水滔天,她也不会被淹死,即便天下大旱得金石熔化、土山焦裂,她也不会被灼伤。她所留下的尘垢秕糠等废弃之物,都可造就尧舜那样的圣贤人君,成就他们那样的事业,她哪肯把治理天下万物当作正经事呢!"

注释

1 **瞽**(gǔ):盲人。**与**(yù):参与,这里指欣赏。**文章**:青与赤交错谓之文,赤与白交错谓之章。此泛指花纹图案。

2 **盲**:或作"瞽",陈景元《庄子阙误》引天台山方瀛观古藏本作"瞽"。

3 **时女**:时,同"是";女,同"汝",指肩吾。一说指待于室中之女,即处女。

4 **旁礴**:混同为一。

5 **蕲**(qí):同"祈",祈求。

6 **弊弊焉**:辛苦疲惫的样子。

7 **大浸稽天**:大浸,大水。稽,至。此言大水滔天。

8 **秕**(bǐ):籽实不饱满。**糠**(kāng):稻、麦、谷子等的籽实所脱落的壳或皮。

9 **陶铸**:陶,用土烧制瓦器。铸,熔炼金属铸造器物。此指造就、成就。

原文

宋人资章甫而适诸越[1],越人断发文身[2],无所用之。尧治天下之民,平[3]海内之政,往见四子[4]藐姑射之山,汾水之阳[5],窅然[6]丧其天下焉。

译文

有个宋国人贩卖礼帽去越国,谁知越国人剪发纹身,根本就不用帽子。尧治理天下的百姓,安定了海内的政事,到姑射山上、汾水之北去拜见四位得道之士,不禁怅然若失,忘记了自己治理天下之事。

注释

1 **资**:贩卖。章甫:古代一种礼帽。**诸越**:春秋时越国,后指今浙江绍兴一带。

2 **文身**:在身上刺满花纹。越国处南方,习俗与中原的宋国不同。

3 **平**:安定,平定。

4 **四子**:旧注多据《庄子·天地》:"尧之师曰许由,许由之师曰啮缺,啮缺之师曰王倪,王倪之师曰被衣。"认为"四子"即王倪、啮缺、被衣、许由四人,并无他据。

5 **汾水之阳**:汾水即汾河,在今山西省中部。阳,古时指山的南面或水的北面。

6 **窅(yǎo)然**:怅然若失的样子。

原文

惠子[1]谓庄子曰:“魏王贻我大瓠之种[2],我树之成而实五石[3]。以盛水浆,其坚不能自举[4]也。剖之以为瓢,则瓠落[5]无所容。非不呺然[6]大也,吾为其无用而掊[7]之。”庄子曰:“夫子固拙于用大矣!宋人有善为不龟[8]手之药者,世世以洴澼絖[9]为事。客闻之,请买其方百金[10]。聚族而谋曰:‘我世世为洴澼絖,不过数金;今一朝而鬻[11]技百金,请与之。’客得之,以说吴王。越有难[12],吴王使之将[13],冬与越人水战,大败越人,裂[14]地而封之。能不龟手一也,或以封,或不免于洴澼絖,则所用之异也。今子有五石之瓠,何不虑以为大樽而浮乎江湖[15]?而忧其瓠落无所容,则夫子犹有蓬之心[16]也夫!”

译文

惠子对庄子说:“魏王送了我一颗大葫芦的种子,我把它种下,成熟时结出了有五石大的果实。用它去盛水,却不够坚固,不能举起来。把它剖开来做瓢,又太大了没地方可放。这个葫芦并非不大,但我认为它没什么用处,因此把它打碎了。”庄子说:“您实在是不善于使用大的东西啊!有个宋国人善于制造不皲手的药物,他的家族世世代代以漂洗丝絮为职业。有个外地人听说了此事,愿意出一百金来购买他的药方。于是这个宋国人召集全家一起商量说:‘我们家世世代代漂洗丝絮,收入也不过数金,如今一下子就可以卖一百金,我们把药方卖给他吧。’外地人得到药方,便去游说吴王。越国入侵边境,吴王就派他统率军队,冬天跟越军在水上交战,大败越军,吴王就划出土地封赏他。同样是使人的手不皲裂,有的人用这个药方而获得封赏,有的人却只是用来漂洗丝絮,这是由于使用的方法不同啊。如今你有五石大的葫芦,为何不考虑用它来当腰舟而浮游于江湖之上呢?你愁葫芦太大没地方可放,看来你的内心还是茅塞不通啊!”

注释

1 **惠子**：即惠施，宋国人，庄子的朋友，曾担任魏国国相，先秦名家重要代表。惠施是庄子的重要对话者，又见于《齐物论》《德充符》《秋水》《至乐》《徐无鬼》《则阳》《外物》《寓言》《天下》诸篇。

2 **魏王**：即梁惠王。**贻**(yí)：赠送。**瓠**(hù)：葫芦。

3 **石**(dàn)：古代容量单位，十斗为一石，或百二十斤为一石。

4 **举**：拿起来。

5 **瓠落**：犹"廓落"，空阔的样子。

6 **呺**(xiāo)**然**：虚大的样子。

7 **掊**(pǒu)：毁弃。

8 **龟**(jūn)：同"皲"，皮肤因寒冷或干燥而裂开。

9 **洴澼**(píng pì)：在水中漂洗。**絖**(kuàng)：丝絮。

10 陈景元《庄子阙误》引江南古藏本"百金"前有"以"字。

11 **鬻**(yù)：卖，出售。

12 **难**：发难，这里指越国对吴国有军事行动。

13 **将**(jiàng)：统率军队。

14 **裂**：划分出。

15 **虑**：考虑；一说指用绳缀结。**大樽**：樽本为酒器，这里指形似酒樽，可系于腰间的一种渡水工具，俗称腰舟。

16 **蓬**：草名，蓬蒿，其状拳曲不直。"蓬之心"喻指见识浅薄，不通达事理。

原文

惠子谓庄子曰："吾有大树，人谓之樗[1]。其大本拥肿[2]而不中绳墨，其小枝卷曲而不中规矩。立之涂[3]，匠者不顾。今子之言，大而无用，众所

译文

惠子对庄子说："我有一棵大树，人们把它叫作樗。它的树干臃肿盘结，无法用绳墨来取直；它的小枝弯弯曲曲，无法用圆规和角尺来取材。生长在道路旁，连木匠都懒得看。现在你的言谈，虚夸而没有实用，大家都会鄙弃它。"庄子说：

同去也。”庄子曰：“子独不见狸狌乎[4]？卑身而伏，以候敖[5]者。东西跳梁[6]，不避高下，中于机辟[7]，死于罔罟[8]。今夫斄牛[9]，其大若垂天之云。此能为大矣，而不能执鼠。今子有大树，患其无用，何不树之于无何有之乡、广莫[10]之野，彷徨[11]乎无为其侧，逍遥乎寝卧其下？不夭斤斧，物无害者。无所可用，安所困苦[12]哉！”

“您难道没看见野猫和黄鼠狼吗？它们缩低身体，埋伏在地上，伺机猎取那些出游的小动物。它们左右跳跃，不避高低，结果落入机关，死于猎网之中。还有那牦牛，身形庞大，就像天边的云。它应该说很大吧，然而却不能捕捉老鼠。如今你有这么一棵大树，却愁它没有什么用处，为何不把它种在虚空寂寥、广漠无垠的乡野之地，然后悠然自得地在树边散步，逍遥自在地躺在树下？大树没有遭遇砍伐的危险，也没有什么东西去伤害它。既然没有什么用处，又会有什么祸害呢！”

注释

1 **樗**(chū)：即臭椿，木质粗劣。

2 **大本**：树干。**拥肿**：“拥”读作“痈”，今多作“臃肿”，连语，指树干隆起疙瘩，盘根错节。

3 **涂**：同“途”，路边。

4 **独**：难道。**狸**(lí)：野猫。**狌**(shēng)：黄鼠狼。

5 **敖**：同“遨”，出游。

6 **跳梁**：即“跳踉”，跳跃。

7 **机辟**：或作“机臂”，捕捉鸟兽的工具，引申为机关。一说为弩身。

8 **罔**(wǎng)：通“网”。**罟**(gǔ)：网。“罔罟”在这里泛称各种渔猎的网具。

9 **斄**(lí)**牛**：牦牛。

10 **莫**：大。

11 **彷徨**：徘徊，悠然自在。

12 **困苦**：陈景元《庄子阙误》引文如海本作“穷困”。此指祸害、伤害。

齐物论

导读

战国中后期,诸子争鸣达到一个顶峰。不同学派纷纷鼓吹自己的观点,而非议其他学派的观点,一时天下纷纷扰扰,莫衷一是。《齐物论》正是这种思想背景之下的产物。一般认为《齐物论》蕴含了“齐物”“齐论”两个层面的意思,实际上,庄子的目的并不在于“齐物”,而是要消解各种物论,达到齐一。

首先,庄子开篇即提出消解各种纷争的方法:吾丧我。只有彻底超越经验世界中的形体之我以及摒弃“我”的各种成见、知识、欲望等,才能达到“地籁”(天)与“人籁”(人)合一的“天籁”(天人合一)之境——天地万物的各种声音本质上都相同,都是事物自身发出来的声响而已。然而世俗之人往往将地籁与人籁对立,视为截然不同的两种声音,并拘执于内心成见,自以为是,在不断追逐物欲之中丧失了自我,被物奴役,最终戕害了真正自由活泼的心灵——真宰、真君。

其次,批判诸子学派是非之争的根源及弊端,并提出消解纷争的方法。庄子认为,诸子学派陷入纷争之中,根本原因是他们囿于各自的视角,拘执于各自的成见,由此遮蔽了事物的本真之性,大道隐没于一孔之见。那么万物的本真状态究竟是如何被遮掩的呢?关键在于“名”。诸子学派所鼓吹的各种学说、各种理论本质上都是一种“名”,诸子之争实质上就是各种“名”之间的是非之争。如果从大道的视角来看,天地万物本来浑然一体,事物本身无所谓成与毁、可与不可、然与不然的对立。以一己之成见添附到事物上的各种“名”都不是事物本性的呈现,事物的本然之性湮没于繁杂的"名"之中。只有得道之人才能真正洞察这一点,因为他们从不分化出具体之物以及各种对具体之物的认知。那么要如何超越诸子的是非之争呢?庄子提出"照之于天"和"以明"。只有从"天"(大道)的视角来照察万物,才不会产生各种不符合万物本性的"名";只有让已有的各种是非融解于"道枢"之中,让天地万物的本然之性彻底彰显,才能从根本上消解各种是非判断。

再次,庄子反思自己的言说,进而反思"名"的存在价值。既然各种"名"遮蔽了万物之本性,那么是否要彻底摒弃各种言论(名)呢?庄子自己的这些言论是否也要摒弃呢?作为一种言论,庄子认为自己的言说与诸子的言说既不同又相同,不同之处在于庄子的具体主张不同,相同之处在于本质上都只是一种言说。只有人的精神实质性地达到"天地与我并生,而万物与我为一"的境界,才能真正实现对言说的超越。既然天地万物与人本源性地就是一体,因而不需要言说;但既然已经使用了"一"这个名,表明人的存在不能没有言说。因此,"卮言"就成为庄子最主要的言说方式,而《外物》中提到的"得意忘言"以及与"忘言之人"相与言谈就成为一种理想的存在方式。

最后,我们没有关于万物统一的标准的认知,知识无法穷尽。我们是否拥有知识?我们认知的可靠性如何才能得到保证?庄子认为知识是以人类为中心建构出来的,对于万物的本真状态而言,只有符合各自本性的生活,无须作出价值判断。事物本真的存在状态无须知识加以分析,也不可通过知识加以分析。俗世中以知识为中心的各种争辩都是无意义的,只有以万物的天然分际来调和各种纷争,才能达到无是无非的境界。只有至人超越物我之分,混同万物,契合于大道,不以自身为中心来判别万物,才能在物化之中超拔出个体的心灵,从而实现真正的自由。

原文

南郭子綦隐机而坐[1]，仰天而嘘[2]，嗒焉似丧其耦[3]。颜成子游[4]立侍乎前，曰："何居[5]乎？形固可使如槁木[6]，而心固可使如死灰[7]乎？今之隐机者，非昔之隐机者也。"子綦曰："偃，不亦善乎，而[8]问之也！今者吾丧我[9]，汝知之乎？汝闻人籁而未闻地籁[10]，汝闻地籁而未闻天籁[11]夫！"子游曰："敢问其方[12]。"

译文

南郭子綦倚靠着几案而坐，仰着头向天缓缓地呼吸，他的形体离散，好像精神逸出了形骸而游离于外。颜成子游站在跟前侍奉，说道："这是怎么回事？形体固然可以变得像枯木，难道心灵可以变得像冷灰一样沉寂吗？您今天凭几而坐的状态，与往常很不相同。"子綦回答说："偃，你问得很好啊！现在我忘掉了自己的形体与成见，你知道吗？你听过人籁，却没有听过地籁，你听过地籁，却没有听过天籁！"子游问："请您讲讲其中的道理。"

注释

1 **南郭子綦**(qí)：居住在南郭，故名南郭子綦。**隐**：倚靠。**机**：通"几"，几案。

2 **嘘**：缓慢地吐气。

3 **嗒**(tà)**焉**：或作"荅焉"，形体消解的样子。**耦**：或作"偶"，身体，形体。一说指人的心灵。

4 **颜成子游**：姓颜，名偃，字子游，南郭子綦的弟子。

5 **居**(jī)：语气助词。

6 **槁木**：枯干的树木。

7 **死灰**：火灭后的冷灰，形容内心的沉寂状态。

8 **而**：通"尔"，你。

9 **吾丧我**：意即吾忘我。"吾"指寄寓于形体中的精神，即下文的"真宰""真君"。"我"指世俗经验中人的形体以及依附于形体而产生的各种成见、知识、欲望等。

10 **汝**：影宋本作"女"，通"汝"，下文均同。**籁**(lài)：本义为三孔的管籥，这里指从孔穴里发出的声音。

11 **天籁**:天地万物自身发出的声音。

12 **方**:道理,指关于"三籁"的道理。

原文

子綦曰:"夫大块噫气[1],其名为风。是唯无作[2],作则万窍怒呺[3]。而独不闻之翏翏[4]乎?山林之畏佳[5],大木百围之窍穴,似鼻,似口,似耳,似枅[6],似圈[7],似臼[8],似洼[9]者,似污[10]者。激[11]者,謞[12]者,叱者,吸者,叫者,譹[13]者,宎[14]者,咬[15]者,前者唱于[16],而随者唱喁[17]。泠风[18]则小和,飘风[19]则大和,厉风济[20]则众窍为虚。而独不见之调调之刁刁[21]乎?"子游曰:"地籁则众窍是已,人籁则比竹[22]是已。敢问天籁?"子綦曰:"夫吹万不同[23],而使其自已[24]也。咸其自取,怒者其谁邪?"

译文

子綦说:"大地吐出的气,它的名字叫作风。风不产生则已,一旦刮起来,无数的孔穴都会怒吼起来。你没有听过那长风的呼呼声吗?山陵中高峻险峭之处,百围大树上的窟窿,有的像鼻子,有的像嘴巴,有的像耳朵,有的像瓶口,有的像杯口,有的像舂米的臼窝,有的像深池,有的像浅滩。它们所发出的声音,有的像湍急的流水声,有的像呼喊声,有的像呵斥声,有的像呼吸声,有的像叫喊声,有的像在号啕大哭,有的像风吹深谷发出的声音,有的像鸟的叫声,前面的风声在呜呜相引,后面的风声随即呼呼相和。清风吹拂就有细小的和声,大风吹动就有大的和声,烈风停息,则所有的孔穴悄然沉寂。你难道不曾看见风吹过时万物随风摇曳晃动的样子吗?"子游说:"地籁是从各种窍穴里发出的声音,人籁是从各种排管乐器中发出的声音。那么请问天籁是什么?"子綦说:"风吹进各种窍穴产生的声音,千变万化,各不相同,但这些声音都是窍穴从自身发出来的。窍穴都是自己发出声音,那么发动这些声音的又是什么呢?"

1 **大块**:大地。**噫**(ài)**气**:吐气。

2 **是**:指风。**无作**:不发作。

3 **呺**(xiāo):或作“号”,吼叫。

4 **翏翏**(liù liù):或作“飂飂”,风声。

5 **山林**:“林”通“陵”,大山。**畏隹**(cuī):覆宋本作“畏佳”,或作“嵔崔”,即嵬崔,山陵高峻的样子。

6 **枅**(jī):通“钘”(xíng),古代盛酒的器皿,这里指器皿的长颈瓶口。

7 **圈**:杯圈。

8 **臼**(jiù):舂米的器具,用石头或木头制成,中间凹下。

9 **洼**:深池。

10 **污**:小泥坑。

11 **激**:急流之声。

12 **謞**(xiào):叫呼的声音。一说飞箭的声响。

13 **譹**(háo):同“嚎”,嚎哭声。

14 **宎**(yǎo):风吹深谷发出的声音。

15 **咬**(jiāo):鸟叫的声音。一说是哀切的声音。

16 **于**:前声,相引之声。

17 **喁**(yú):后声,相和之声。

18 **泠**(líng)**风**:“泠”覆宋本作“冷”。小风。

19 **飘风**:大风。

20 **厉风**:烈风。**济**:停止。

21 **调调**:风吹树木剧烈摇晃的样子。**刁刁**:或作“刀刀”,树枝轻微摇动的样子。

22 **比竹**:多根竹管并列而成的乐器。

23 **吹万不同**:风吹万物产生的各种声音,千变万化,各不相同。

24 **自**:从,源于。“自己”意即源于自身。一说“己”当作“已”,是停止的意思,但依据上下文不宜作此解。

原文

大知闲闲[1]，小知间间[2]；大言炎炎[3]，小言詹詹[4]。其寐也魂交[5]，其觉也形开[6]，与接为构[7]，日以心斗。缦[8]者，窖[9]者，密[10]者。小恐惴惴[11]，大恐缦缦[12]。其发若机栝[13]，其司[14]是非之谓也；其留如诅盟[15]，其守胜[16]之谓也；其杀如秋冬[17]，以言其日消也；其溺[18]之所为之，不可使复之也；其厌也如缄[19]，以言其老洫也[20]；近死之心，莫使复阳也[21]。喜怒哀乐，虑叹变慹[22]，姚佚启态[23]。乐出虚[24]，蒸成菌[25]。日夜相代乎前，而莫知其所萌。已乎！已乎！旦暮得此[26]，其所由以生乎！

译文

有大智的人显得很广博，从容自得，有点小聪明的人则明察细别，锱铢必较；宏大的言论恢宏盛美，絮絮叨叨的细微言论则烦琐零碎。他们睡眠时精神交错，醒来后形体纵驰，与外物交接相应，整天钩心斗角。有的用心迟缓，反复揣测，有的心机重重，高深莫测，有的用心绵密，不露声色。碰到小恐惧则惴惴不安，遭遇大恐惧则惊恐失色。他们说话就好像弩机射出的箭一样快速，这是讲他们窥伺是非时的状态；他们将心思秘藏于内，有如遵守盟约誓言一样，这是讲持守现成的状态；他们衰败时有如秋冬的草木，这是讲他们心灵的日益颓丧；他们沉溺于所从事的各种活动之中，无法使他们恢复到原初的性状；他们的心灵闭塞好像被缄滕束缚一样，这是讲他们的衰老溃败；即将死去的心灵，无法使它恢复生机。欣喜、愤怒、悲哀、欢乐，忧虑、叹息、反复、惊恐，轻浮妄动、奢华放纵、情欲开放、骄矜作态。好像乐声从空虚的乐器中发出，又好像菌类在地气蒸腾之中产生。这些情态日夜交替地出现，而人的心灵却不知道它们是怎么萌生的。算了吧！算了吧！一旦知道了这些情状的发生，也就知道了它们所产生的根源了！

注释

1 **闲闲**:广博、从容自得的样子。

2 **间间**(jiān):明察细别的样子。

3 **炎炎**:盛美的样子;一说指说话时盛气凌人的样子。

4 **詹詹**:言语琐碎,喋喋不休。

5 **寐**:睡眠。**魂交**:精神交错。

6 **觉**:醒来时。**形开**:形体放纵。

7 **接**:交接,指人心与外物接触。**构**:同“构”,交结,结合。

8 **缦**(màn):通“慢”,迟缓,指用心迟缓,反复揣测。

9 **窖**:深沉,指用心深不可测。

10 **密**:隐秘,指用心绵密,不露声色。

11 **惴惴**(zhuì):忧惧不安的样子。

12 **缦缦**(màn):惊恐沮丧的样子。

13 **机**:弩的发射器。**栝**(kuò):箭的末端扣弦部位。

14 **司**:通“伺”,窥伺是非。

15 **留**:守住,指秘藏于心而不发。**诅**(zǔ)**盟**:誓约。

16 **守胜**:守成,指持守已有的状态。

17 **杀**(shài):凋敝,衰败。**如**:覆宋本作“若”。

18 **溺**:沉溺,指沉溺于言辞之中。

19 **厌**:闭塞。**缄**:缄封。

20 覆宋本无“其”字。**洫**(xù):陈景元《庄子阙误》引江南古藏本作“溢”,败坏。

21 覆宋本无“也”字。

22 **虑**:忧虑。**叹**:感叹。**慹**(zhé):畏惧。

23 **姚**:覆宋本作“始”,轻浮妄动。**佚**:奢华放纵。**启**:放纵情欲。**态**:故作姿态。一说“姚佚”是联绵词,又作“妖冶”“姚冶”“窈冶”,“姚佚启态”即惺惺作态。

24 **乐**:乐声。**虚**:虚空。这里指乐声发自中间空虚的乐器。

25 **蒸成菌**:地上蒸气的升腾产生了菌类。

26 **旦暮**:指极短的时间。**得此**:知道了这个道理。

原文

非彼[1]无我，非我无所取。是亦近矣，而不知其所为使。若有真宰[2]，而特不得其眹[3]。可行已信[4]，而不见其形，有情[5]而无形。百骸[6]、九窍[7]、六藏[8]，赅[9]而存焉，吾谁与为亲？汝皆悦[10]之乎？其有私[11]焉？如是皆有为臣妾乎？其臣妾不足以相治乎？其递相[12]为君臣乎？其有真君[13]存焉？如求得其情[14]与不得，无益损乎其真。一受其成形，不亡[15]以待尽。与物相刃相靡[16]，其行尽如驰[17]，而莫之能止，不亦悲乎！终身役役[18]而不见其成功，苶然[19]疲役而不知其所归，可不哀邪！人谓之不死，奚益！其形化，其心与之然，可不谓大哀乎？人之生也，固若是芒[20]乎？其我独芒，而人亦有不芒者乎？

译文

没有那些情态就没有我，没有我那些情态也无法呈现。这种认知虽已接近事物的本真，然而却不知道所有这些情态究竟受什么驱使。好像有一个真宰，却又找不到它的迹象。已经发生的一切都可以证实它的真实存在，却看不见它的形迹，有真实的存在，却没有任何形态。人的全身骨骸、九窍、六脏都完整具备，我跟哪个器官最亲近呢？你都同样地喜欢它们吗？还是对某些器官有所偏爱呢？如果是这样的话，你是把它们都当作奴仆看待吗？它们作为奴仆就不能相互支配了吗？还是轮流做主仆呢？果真有一个真君存在吗？不管是否能探求到它的真实存在，都不会对它的本真状态带来任何影响。人一旦禀受造化而成为有形的个体，就不能忘掉这个形体而等待着灭亡。他们与外物相互缠结、磨砺，他们的行动像快马奔驰，没有人能停下来，这不是很可悲吗！他们终身劳苦不息却看不到自己的成功，精神疲惫却不知道自己的归宿，这不很悲哀吗！这种人即便长生不死，又有什么好处！他们的形体相貌发生了改变，而他们的心灵也跟着一起发生改变，这不是最大的悲哀吗？人生在世，本来就像这样蒙昧无知吗？还是只有我才如此蒙昧无知，而别人也有不蒙昧无知的呢？

注释

1 **彼**:指上述描写的各种情态。

2 **真宰**:真正的主宰,指人的精神。

3 **特**:但,只。**眹**(zhèn):通“联”。征兆,迹象。

4 **行**:行迹。**信**:真实。

5 **情**:真实,指真实的存在。

6 **百骸**(hái):指人的全身骨骸。

7 **九窍**:指双耳、双目、口、双鼻及生殖道、肛门等九个与外相通的孔道。

8 **六藏**:即“六脏”,指心、肺、肝、脾、肾(左肾)、命门(右肾)。

9 **赅**(gāi):完备。

10 **悦**:影宋本作“说”,通“悦”,下文均同。

11 **私**:偏私,偏爱。

12 **递相**:轮流更换。

13 **真君**:即“真宰”,指身体中的真实主宰。

14 **情**:情实,真实。

15 **亡**:或作“忘”。一说“亡”为“化”之形讹。

16 **刃**:刀口。“相刃”指刀口互相磨砺。**靡**:通“磨”,摩擦。

17 **驰**:急速奔跑。

18 **役役**:劳苦不息。

19 **苶**(nié)**然**:疲倦,精神不振。

20 **芒**:通“茫”,茫然,蒙昧。

原文

夫随其成心[1]而师之,谁独且无师乎?奚必知代而心自取者[2]有之?愚者与有焉。未成乎心而有是非,是今日适越而昔至也[3],是以无

译文

依据自己内心的成见并且把这种成见当作老师,那么谁没有老师呢?何必只有那些知道万物变化更替而师心自用的人才有老师?愚蠢的人也有他们自己的老师。内心没有任何成见却有是非之分,这就好比说今天到越国去而昨天就已经到了,这是把不

有为有。无有为有，虽有神禹[4]，且不能知，吾独且奈何哉？

存在说成存在。把不存在说成存在，即便是神明的大禹，也不能明白其中的道理，我又有什么办法呢？

注释

1 **成心**：偏见，成见，指认知或评判事物之前已经潜藏于心的观念或知识。

2 **代**：更改，变化。"知代"意思是懂得变化更替的道理。

3 **今日适越而昔至**：惠施的名辩命题之一，《天下》作"今日适越而昔来"。不过庄子在此借用惠施的命题，是要否定这一命题。在庄子看来，有成心才有是非。人心首先界定了"今"与"昔"只能分别指"现在"和"过去"，即有成心，因此才有关于"今"与"昔"用法的是非判断，"今""昔"不能错乱。如果人心没有"今"与"昔"的界定，即没有成心，却有对"今"与"昔"用法的是非判断，这就好比说今天到越国去，昨天就到了，这是很荒谬的，是不可能的。

4 **神禹**：神明的夏禹。

原文

夫言非吹[1]也。言者有言，其所言者特未定也。果有言邪？其未尝有言邪？其以为异于鷇音[2]，亦有辩[3]乎？其无辩乎？

译文

人的言说不像吹风。说话的人有他自己的言论，但他们所要讲的东西却是不确定的。他们真的言说了？还是不曾言说呢？他们都认为自己的言说不同于雏鸟的叫声，到底有区别吗？还是没有区别呢？

注释

1 **吹**：风吹。

2 **鷇(kòu)音**：刚刚破壳而出的幼鸟的叫声。

3 **亦**：助词，无义。**辩**：通"辨"，区别。

原文

道恶乎隐而有真伪[1]？言恶乎隐而有是非？道恶乎往[2]而不存？言恶乎存而不可？道隐于小成[3]，言隐于荣华[4]。故有儒墨之是非，以是其所非而非其所是。欲是其所非而非其所是，则莫若以明[5]。

译文

大道被什么遮蔽，从而有了真实与虚假的区分？言论被什么遮蔽，从而有了是与非的判断呢？大道丧失到何处而不复存在？言论存在于何处而不被认可？大道被小见识隐蔽，言论被华美浮夸之辞掩盖。所以就有了儒家和墨家的是非之争，赞同对方所非议的，而非议对方所赞同的。想要赞同对方所非议的而非议对方所赞同的，那么不如用事物的本然之性的彻底呈现来消解各种是非之争。

注释

1 **恶**(wū)：疑问代词，何，哪里。**隐**：隐藏，遮蔽。

2 **往**：去，引申为丧失，失去。

3 **小成**：小见识。

4 **荣华**：华美浮夸之辞。

5 **莫若**：不如。**以**：用。**明**：指在光的朗照之下，万物一览无余，彻底彰显各自本性的光明状态。这里指从大道无所不包的全面视角考察事物所达到的认知上的澄明状态。

原文

物无非彼，物无非是。自彼则不见，自知则知之[1]。故曰彼出于是，是亦因彼。彼是方生之说[2]也。虽然，方生方死，方

译文

万物没有不是“彼”的，也没有不是“此”的。从“彼”的角度去考察，就看不到事物“此”的情形，只有真正明达彼此关系的人才能明白这一点。所以说“彼”生于“此”，“此”也依赖于“彼”。“彼”与“此”的关系，也就是惠施的“方生方死”之说。即便如此，生的同时也就意味

死方生;方可方不可,方不可方可;因是因非[3],因非因是。是以圣人不由[4],而照之于天[5],亦因是也。是亦彼也,彼亦是也。彼亦一是非,此亦一是非。果且[6]有彼是乎哉?果且无彼是乎哉?彼是莫得其偶[7],谓之道枢[8]。枢始得其环中[9],以应[10]无穷。是亦一无穷,非亦一无穷也。故曰莫若以明。

着死,死的同时也就意味着生;肯定的同时也就意味着否定,否定的同时也就意味着肯定;遵循"是"也就意味着遵循了"非",遵循"非"也就意味着遵循了"是"。所以圣人不采取辨析是非的方法,而是让天地万物的本然之性直接呈现,也就是遵循了这个道理。"此"也就是"彼","彼"也就是"此"。从"彼"的角度对事物区分出"是"与"非",从"此"的角度也对事物区分出"是"与"非"。事物真的存在"彼"与"此"两个方面吗?真的不存在"彼"与"此"两个方面吗?"彼"与"此"两个方面不再形成对立,这就是道的枢纽。这样一来,枢纽就处在圆环的中心,从而应对事物无穷无尽的变化。"是"是无穷的,"非"也是无穷的。所以说不如用事物的本然之性的彻底呈现来消解各种是非之争。

注释

1 **自知则知之**:疑此句当为"自是则知之"。

2 **方生之说**:方,并。方生即并生,同时产生。"方生之说"即下文引用惠施的学说,详见《天下》。

3 **因**:遵循。

4 **不由**:不通过,不采取。

5 **照**:观照,考察。**天**:指天地万物的本然之性。

6 **果且**:果真。

7 **偶**:对立面。"得其偶"则形成对峙,好比一条直线有背向的两端,相互对立。

8 **道枢**:道的关键。

9 **环中**:圆环的中心。"莫得其偶"则消解了对峙,好比直线围成了一个圆环,没有端点,道枢即处于圆环中心。

10 **应**:对应,顺应。

原文

以指喻指之非指[1],不若以非指喻指之非指也;以马喻马[2]之非马,不若以非马喻马之非马也。天地一指也,万物一马也。

译文

用手指来论证手指不是手指,不如用手指以外的事物来论证手指不是手指;以白马来论证白马不是马,不如用白马以外的事物来论证白马不是马。天地可以称之为一根手指,万物可以称之为一匹白马。

注释

1 **指**:手指。**喻**:论证,说明。

2 **马**:据公孙龙的《白马论》,这个“马”应是指“白马”。

原文

可乎可[1],不可乎不可。道行之而成,物谓之而然[2]。恶乎然?然于然[3]。恶乎不然?不然于不然[4]。物固有所然[5],物固有所可。无物不然,无物不可[6]。故为是举莛与楹[7],厉与西施[8],恢恑憰怪[9],道通为一[10]。其分[11]也,

译文

对事物的肯定之词源于事物本身值得肯定的性状,对事物的否定之词源于事物本身值得否定的性状。道路因人的行走而形成,事物因人的称谓而有了名称。为什么“如此”呢?“如此”源于事物本身“如此”的性状。为什么“不如此”呢?“不如此”源于事物本身“不如此”的性状。事物自身本有如此的性状,事物自身本有适可的性状。没有什么事物不如此,没有什么事物不适可。为了说明这一点,举以下几个事例:细小的草茎和高大的庭柱,丑人和西施,宽大、奇变、诡诈、怪异,从“道”的视角看,它们的本然之性相通,浑然一体。一个事物的消亡,也就是这个事

成[12]也;其成也,毁[13]也。凡物无成与毁,复通为一。唯达者[14]知通为一,为是不用而寓诸庸[15]。庸也者,用也;用也者,通也;通也者,得也。适得而几矣[16]。因是已[17],已[18]而不知其然,谓之道。劳神明为一而不知其同也[19],谓之朝三[20]。何谓朝三?狙公赋芧[21],曰:"朝三而暮四。"众狙皆怒。曰:"然则朝四而暮三。"众狙皆悦。名实未亏而喜怒为用[22],亦因是也。是以圣人和之以是非而休乎天均[23],是之谓两行[24]。

物另一种存在形态的诞生;一个事物的形成,就是这个事物先前形态的毁损。万物无论是形成还是毁灭,回归到它们的初始状态,都是彼此相通、浑然一体的。只有洞察到事物本真存在状态的人才知道天地万物本来就是浑然一体的,由于这个缘故,事物的无所可用总是寄寓在庸常事物之中。所谓"庸",就是"用";知道"用"之中蕴含着"不用",这就是"通";只有通达了这个道理的人,才是真正有所得。达到了对"用"与"不用"关系的理解,也就接近于大道。遵循"不用而寓诸庸"的道理,达到这种状态却不知道其中的原因,这就称之为"道"。费尽心智追求一种同一,却不知道万物原本就是浑然一体的,这就叫作"朝三"。什么叫作"朝三"呢?养猴的人给猴子分配橡子,说:"早上给你们三升,晚上给你们四升。"猴子们听了都非常恼怒。"那么就早上四升晚上三升吧。"猴子们听了都高兴起来。橡子的实际总数量并没有发生变化,然而猴子们的心情却因为名称的改变而有了高兴与恼怒的变化,也就是因循了"劳神明为一"。因此,圣人把是与非调和等同起来,顺应自然均衡之道,让是与非各得其所。

注释

1 **可乎可**:第一个"可"指认可,肯定之词。**乎**:于。第二个"可"指事物的本然之性,非人为认可或肯定之词。

2 **然**:指通过命名产生的称谓、名称。事物因人的命名而以所命之名的形象(即"然")出现在我们面前。

3 **然于然**:第一个“然”指人命名所产生的名称,是“名”。第二个“然”指事物自身固有的本然之性,是“实”。第一个“然”根源于第二个“然”,所以说“然于然”。

4 **不然于不然**:第一个“不然”指人命名所产生的名称,是“名”。第二个“不然”是指事物自身本有的性状,是“实”。“不然”(名)根源于事物自身固有的不然之性(实),所以说“不然于不然”。

5 **物固有所然**:这里的“然”是指事物自身固有的本然之性,指的是“实”,而非“名”。

6 **无物不然,无物不可**:既然每个事物自身都有其固有的本然之性,那么依据这种本然之性所命之名,不管是“然”“可”,还是“不然”“不可”,这种名称上的差异并不是真实的对立,因而可以并行不悖。因此,没有什么事物不是按照其自身本性来存在的。

7 **莛**(tíng):草茎。**楹**(yíng):厅堂前的柱子。

8 **厉**(lài):癞疮,此指丑陋的人。

9 **恢**:宽大。**恑**(guǐ):奇变。**憰**(jué):诡诈。**怪**:怪异。

10 **道通为一**:各种现实的区分源于命名以及名称,如果从道的视角来看,各种事物的本然之性是相通的,它们浑然一体,没有人为的辨析与区别。

11 **分**:分离,分开,引申为消亡。

12 **成**:生成,形成,引申为诞生。“成”和“分”是并立而成的,一个事物的消亡,同时也就意味着这个消亡事物的新形态的诞生。

13 **毁**:毁灭,指事物丧失本来的性状。“毁”与“成”也是并立而成的,一个事物的诞生,同时也就意味着这个事物原有性状的毁灭。

14 **达者**:指洞察到事物的本真存在状态的人。

15 **为是不用而寓诸庸**:为是:由于这个缘故。**寓**:寄托。**庸**:用。因此,不用的部分往往是寄寓在有用的部分之中。

16 **适**:达到,实现。**几**:接近。

17 **因**:顺应。**是**:此,指“不用而寓诸庸”的道理。

18 **已**:此,指万物混而为一的这种状况。

19 **劳**:操劳、耗费。**神明**:心智,指人的精神。**为一**:与上文的“道通为一”“复通为一”不同,此指通过名称上的辨析,费尽心思所追求的同一,似暗指惠施名家通过辨析名称所得出的“天地一体”结论。**同**:指万物本来就是同一的,浑然一体。

20 **朝三**:形式上是指朝三暮四的故事,实质上指那种费尽心智辨析名号而追求所谓同一的行为。

21 **狙(jū)公**:养猴子的人。**赋**:给予。**芧(xù)**:橡树,这里指橡子。

22 **名实**:“名”指“朝三”与“朝四”、“暮四”与“暮三”,名称实际上有所变化。“实”指“名”所指的实际对象,即橡子的实际总数量。“名实”在这里应是偏义复词,偏指“实”而不是指“名”和“实”。**亏**:亏损,引申为变化。

23 **和**:调和、混用。**休**:停止。**天均**:影宋本作“天钧”,自然的均衡。

24 **两行**:是与非并行。

原文

古之人,其知有所至矣[1]。恶乎至[2]?有以为未始有物者,至矣,尽矣,不可以加[3]矣。其次以为有物矣,而未始有封[4]也。其次以为有封焉,而未始有是非也。是非之彰也,道之所以亏也。道之所以亏,爱之所以成。果且有成与亏乎哉?果且无成与亏乎哉?有成与亏,故昭氏[5]之鼓琴也;无成与亏,故昭氏之不鼓琴

译文

古时候的人,他们的知识达到了一个极致。达到了何种程度呢?他们认为世上本来就没有任何事物,这种认知已经是极致了,彻底了,不可能再超越了。次一等者,认为世上存在着各种事物,但没有对万物进行辨析,因而事物之间没有界限。再次一等者,认为世上万物之间有界限,但没有是与非的分辨。是非观念的出现,导致对大道的理解出现了偏差。对大道的理解产生偏差,致使各种偏私观念的形成。真的有完整与欠缺之分吗?真的没有完整与欠缺之分吗?事物有完整与欠缺之别,就像昭文弹琴奏乐;事物没有完整与欠缺之分,就像昭文不去弹琴奏乐。昭文弹琴,师旷

也。昭文之鼓琴也，师旷[6]之枝策也[7]，惠子之据梧[8]也，三子之知，几乎[9]皆其盛者也，故载之末年[10]。唯其好之[11]也，以异于彼；其好之也，欲以明[12]之。彼非所明而明之，故以坚白之昧终[13]。而其子又以文之纶终[14]，终身无成。若是而可谓成乎？虽我亦成也[15]。若是而不可谓成乎？物与我无成也。是故滑疑[16]之耀，圣人之所图[17]也。为是不用而寓诸庸，此之谓以明。

打节拍，惠施倚靠着几案辩论，三个人的才智几乎都达到了他们所能成就的高度，所以他们从事于此以至晚年。正是他们都爱好各自的技艺，所以以之来表达与别人的不同；他们爱好自己的技艺，所以总想用这些技艺来晓谕别人。那并非别人一定要弄懂的却硬要别人去弄懂，因而终身纠缠在"坚白"之类的论题上迷惘不清。而昭文的儿子也继承其父亲的事业，以致终生没有成就。像这种情况可以称之为成功吗？即便是我，也可说是成功了。像这种情况不可以称之为成功吗？那么万物和我都无所谓成功。所以各种智巧善辩的炫耀，都是圣人所摒弃的。由于这个缘故，"不用"总是寄寓在"用"之中，这就是以事物本然之性的彻底呈现来消解各种是非之争。

注释

1 **知**：知识。**至**：极致的状态或境界。

2 **恶乎至**：达到何种程度。

3 **加**：增益，超过。

4 **封**：界域。

5 **昭氏**：即昭文，古时候善于弹琴的人。

6 **师旷**：春秋时期晋国的乐师，精通音律，因其目盲，故《胠箧》又称为瞽旷。

7 **枝策**：击打乐器。一说持杖击节。

8 **据**：倚靠。**梧**：树名，这里指用梧桐木制作的几案。可参看《德充符》："据槁梧而瞑。"《天运》："倚于槁梧而吟。"

9 **几**:尽,意即达到了顶点。

10 **载**:行,施行。此指从事。**末年**:晚年。

11 **好**(hào)**之**:嗜好各自的专长和学识。

12 **明**:晓谕。

13 **坚白**:公孙龙子所持的“坚白论”,是古代名家的著名辩题。它以石为喻,指石之白色与石之坚质都独立于“石”。这里指惠施所持守的名辩学说。**昧**:蒙昧迷惘。

14 **其子**:昭文之子。**纶**:余绪,指继承昭文的事业。

15 陈景元《庄子阙误》引江南古藏本作“虽我无成,亦可谓成矣”,文意较为通畅。

16 **滑**(gǔ)**疑**:即滑稽,颇有智巧的样子。

17 **图**:当作“啚”,古“鄙”字,摒弃。

原文

今且有言于此[1],不知其与是类[2]乎?其与是不类乎?类与不类,相与为类,则与彼无以异矣。虽然,请尝言之。有始[3]也者,有未始有始也者,有未始有夫未始有始也者。有有也者,有无也者,有未始有无也者,有未始有夫未始有无也者。俄而有无矣,而未知有无之果孰有孰无也。今我则已有谓[4]矣,而未知吾所谓之其果有

译文

现在假设有人在此发表了一番言论,不知道这番言论与我讲的这些话是相同呢,还是不同呢?不管相同还是不同,二者作为言论本身又是相同的。即便如此,请让我试着谈一谈。宇宙万物有一个开始,有一个未曾开始的开始,更有一个连未曾开始也没有的状态。存在着“有”这种状态,也存在着“无”这种状态,存在着一个未曾存在“无”的状态,还存在着一个未曾存在着未曾存在“无”的状态。忽然之间呈现了“有”与“无”,然而不知道“有”与“无”到底谁是“有”、谁是“无”。现在我已经发表了一番言论,却不知道我所说的内容真的有称谓的对象吗?还是真的没有称谓的对象呢?如果天下没有

谓乎？其果无谓乎？天下莫大于秋豪[5]之末，而太山[6]为小；莫寿于殇子[7]，而彭祖为夭[8]。天地与我并生，而万物与我为一。既已为一[9]矣，且得有言乎？既已谓之一[10]矣，且得无言乎？一与言为二，二与一为三，自此以往，巧历[11]不能得，而况其凡[12]乎！故自无适有以至于三，而况自有适有乎！无适[13]焉，因是已。

什么东西比秋毫之末更大，那么泰山也可以说是微小的；如果世上没有比夭折的人更长寿，那么活了八百岁的彭祖也可以说是短命。天地与我共同形成，万物与我浑然一体。既然已经浑然一体，那么还有什么要说的呢？既然已经称之为"一"，那么还能说没说过什么吗？实然状态之"一"与人的言说合称为"二"，"二"加上对实然状态之"一"所称谓的名称"一"就形成了"三"，以此类推，善于计算的人也无法获得最终的结论，又何况是芸芸众生呢！所以，从"无"推演到"有"，可以推论到"三"，又何况从"有"推演"有"呢！不要往这条推演的路上走下去了，还是顺应事物的本然吧。

注释

1 **且**：假设。

2 **类**：相似，相同。

3 **有始**：有一个初始阶段，有一个开端。

4 **谓**：言说。

5 **秋豪**："豪"通"毫"，鸟兽在秋天新长出来的细毛。

6 **太山**：影宋本作"大"，即泰山。

7 **殇子**：未成年而死的人。

8 **夭**：夭折，短命。

9 **为一**：指天地万物与我并生共存的实然状态。这里的"一"是指"实"，而非指"名"。

10 **谓之一**：以"一"这个"名称"来指称天地万物与我并生共存的实然状态。这里的"一"是"名"，而非"实"。

11 **巧历**：善于计算的人。

12 **凡**：普通人。

13 **无适**：不要往这条路上走下去。

原文

夫道未始有封，言未始有常，为是而有畛[1]也。请言其畛：有左有右，有伦有义[2]，有分有辩，有竞有争，此之谓八德[3]。六合[4]之外，圣人存而不论；六合之内，圣人论而不议。春秋经世先王之志[5]，圣人议而不辩。故分也者，有不分也；辩也者，有不辩也。曰：何也？圣人怀[6]之，众人辩之以相示[7]也。故曰：辩也者，有不见也。夫大道不称[8]，大辩不言，大仁不仁[9]，大廉不嗛[10]，大勇不忮[11]。道昭[12]而不道，言辩而不及，仁常而不成[13]，廉清而不信[14]，勇忮而不成[15]。五者园而几向方

译文

大道本没有界域，言论本没有定则，人们为了追求一个"是"，因而有了界限的划分。请让我试着谈谈这些界限：有左边有右边，有次序有仪则，有分析有辩论，有竞言有争持，这就是界限的八种表现。天地四方之外的世界，圣人任之自存而不去谈论；天地四方之内的世界，圣人虽谈论却不予以评议。至于历代先王治理天下的各种记载，圣人评议却不去分辨。因为分析时总有不曾分析到的，辩论总有不曾辩论到的。为何这么说呢？圣人将一切怀藏于心，而众人却辩论不已，相互夸耀。所以说，辩论时总有自己看不到的地方。真正的道无法用一个恰切的名来称谓它，真正的辩论并不借助于言说，真正的仁并不表现为仁爱，真正的廉洁并不表现为谦逊，真正的勇敢并不表现为逞强。完全彰显出来的道反而不是真正的大道，通过语言来进行辩论往往达不到目的，仁爱而直至以为常法，则有所偏私而不能周遍，廉洁而直至无所欲求，则往往不能取信于人，勇敢而直至逞强斗狠，则往往不能成事。大道、大辩、大仁、大廉、大勇这五者本来圆融浑成，却因昭、辩、常、清、忮而近乎具体有形之

矣[16]。故知止其所不知，至矣。孰知不言之辩，不道之道？若有能知，此之谓天府[17]。注焉而不满，酌[18]焉而不竭，而不知其所由来，此之谓葆光[19]。

物了。所以在自己所不知道的地方停止，那就达到极致了。谁能真正领悟不用语言的辩驳，不以名称来称谓的道？如果有谁能达到这种认知，那就叫作天然的府库。不论注入多少，它都不会溢满，不论舀出多少，它也不会枯竭，而且也不知它出自哪里，这就叫作蕴藏光亮而不外露。

注释

1 **畛**(zhěn)：界限。

2 **有伦有义**：伦，次序。义，通"仪"，仪则。

3 **八德**：八类。

4 **六合**：天地与东、西、南、北四方。

5 **春秋**：泛指史书。**经世**：治理社会。**志**：记载。

6 **怀**：怀藏，涵容。

7 **示**：夸示，炫耀。

8 **大道不称**：大道不能被任何名称来称谓。《知北游》："道不当名。"

9 **大仁不仁**："大仁"即"至仁"，真正的仁爱超越了"仁"这种"名称"所描述与限制的"爱"，因而并不体现为道德标准中具体的"仁爱"。可参看《老子·第五章》："天地不仁，以万物为刍狗；圣人不仁，以百姓为刍狗。"《天运》："至仁无亲。"

10 **嗛**(qiān)：通"谦"，谦逊。"大廉不嗛"指真正的廉洁并不表现为谦逊。

11 **忮**(zhì)：强狠，逞强。"大勇不忮"指真正的勇敢并不表现为强狠。

12 **昭**：彰明，显示。

13 **仁常而不成**：据陈景元《庄子阙误》引江南古藏本作"仁常而不周"。另据郭象注："物无常爱，而常爱必不周。"此文作"仁常而不周"较为顺畅。仁爱以至于奉为常法，就会有所偏私而不能周遍。

14 **廉清而不信**：廉洁以至于无所欲求，则往往不能取信于人。

15 **勇忮而不成**：勇敢以至于逞强斗狠，则往往不能成事。

16 **五者**：指大道、大辩、大仁、大廉、大勇。**园**：通"圆"，圆融浑成。**几**：近，近似。

17 **天府**：天然的府库，比喻圣人之心至虚体道的状态。

18 **酌**：舀取。

19 **葆**(bǎo)**光**：蕴藏光亮而不外露。

原文

故[1]昔者尧问于舜曰："我欲伐宗、脍、胥敖[2]，南面而不释然[3]，其故何也？"舜曰："夫三子[4]者，犹存乎蓬艾[5]之间。若不释然，何哉？昔者十日并出[6]，万物皆照，而况德之进[7]乎日者乎！"

译文

从前尧向舜问道："我想征伐宗、脍、胥敖三个小国，临朝听政时内心总不畅快，这是什么缘故呢？"舜说："那三个小国的国君，就像生活在蓬蒿艾草之中的小草一样。你却总是记挂在心，不能释怀，为什么呢？从前十个太阳同时升起，使万物都处在阳光的普照之下，何况德行超过太阳的人呢！"

注释

1 **故**：发语词，用同"夫"。

2 **宗、脍**(kuài)、**胥敖**：三个小国国名。《人间世》作："昔者尧攻丛、枝、胥敖。"

3 **南面**：古代帝王之位面南背北，这里指临朝听政。**释然**："释"通"怿"，愉悦的样子。

4 **三子**：指三国的国君。

5 **蓬艾**：蓬指蓬蒿，艾指艾草。蓬艾都是低矮的植物，喻指三个小国卑小，不足与争。

6 **十日并出**：这里指十个太阳同时普照大地，则天下无处不沐浴在阳光之中，比喻圣人德化天下，遍及万物而无遗漏。

7 **进**：超过，胜过。

原文

啮缺问乎王倪曰[1]："子知物之所同是[2]乎？"曰："吾恶乎知之！""子知子之所不知邪？"曰："吾恶乎知之！""然则物无知邪？"曰："吾恶乎知之！虽然，尝试言之。庸讵[3]知吾所谓知之非不知邪？庸讵知吾所谓不知之非知邪？且吾尝试问乎汝：民湿寝则腰疾偏死[4]，鳅[5]然乎哉？木处则惴栗恂惧[6]，猿猴然乎哉？三者孰知正处[7]？民食刍豢[8]，麋、鹿食荐[9]，蝍蛆甘带[10]，鸱鸦耆鼠[11]，四者孰知正味？猿，猵狙[12]以为雌，麋与鹿交，鳅与鱼游。毛嫱丽姬[13]，人之所美也；鱼见之深入，鸟见之高飞，麋鹿见之决骤[14]。四者孰知天下之正色哉？自我观之，仁义之端[15]，是非之涂[16]，樊然淆乱[17]，吾恶能知其辩！"

译文

啮缺问王倪："你知道事物的相同之处吗？"王倪说："我怎么知道呢！""你知道你所不知道的东西吗？"王倪回答说："我怎么知道呢！""那么对于万物我们没有任何知识吗？"王倪回答："我怎么知道呢！即便如此，我还是试着来谈一谈。怎么知道我所说的知道不是不知道呢？又怎么知道我所说的不知道不是知道呢？我且试着问你：人如果睡在潮湿的地方就会腰部生病，半身不遂，泥鳅也会这样吗？人如果待在树上就会惊恐不安，猿猴也会这样吗？这三者究竟谁知道真正的合适处所呢？人吃牲畜之肉，麋、鹿吃鲜草，蜈蚣爱吃小蛇，猫头鹰和乌鸦则爱吃老鼠，这四者究竟谁知道真正的口味？猵狙选择雌猿交配，麋与鹿交配，泥鳅则与鱼交尾。人们公认毛嫱和丽姬为美女，可是鱼儿见到她们就潜藏到水底，鸟儿见到她们就飞向高空，麋与鹿见到她们就急速地跑开。这四者究竟谁知道天底下真正的美貌呢？在我看来，仁义的发端，是非的标准，纷纷攘攘，错乱混淆，我怎么知道它们之间的区分呢！"

注释

1 **啮(niè)缺、王倪**:庄子虚构的人物,又见于《应帝王》《天地》等篇。

2 **同是**:共同认可,相同的是非观。

3 **庸讵(jù)**:怎么。

4 **湿寝**:在潮湿的地方睡觉。**偏死**:指偏瘫,半身不遂。

5 **鳅(qiū)**:泥鳅。

6 **惴栗恂(xún)惧**:恐惧发抖的样子。

7 **正处**:真正合适的处所。

8 **刍豢(chú huàn)**:草食曰刍,谷食曰豢。牛羊食草,故曰刍,犬豕食谷物,故曰豢。这里泛指各种家畜。

9 **麋(mí)**:一种与鹿相似的动物,也叫四不像。**荐**:美草。

10 **蝍蛆(jí jū)**:蜈蚣。**甘**:可口,甜美。**带**:小蛇。"甘带"即以小蛇为美食。

11 **鸱(chī)**:猫头鹰。**鸦**:乌鸦。**耆**:或作"嗜",爱好。

12 **猵狙(piàn jū)**:一种形体类似猿猴、头部像狗的动物,其雄性喜与雌猿交配。

13 **毛嫱(qiáng)、丽姬**:"丽姬"或作"西施",这里指古代的美女。

14 **决(xuè)**:迅疾的样子。**骤**:马急速奔跑。"决骤"指急速地奔跑。

15 **端**:端绪,条理。

16 **涂**:同"途",途径,引申为标准。

17 **樊然**:纷然。**淆(xiáo)**:混杂。

原文

啮缺曰:"子不知利害,则至人固不知利害乎?"王倪曰:"至人神矣!大泽焚而不能热,河汉冱[1]而不能寒,疾雷破山、[飘][2]风振海而不能惊。若然者,乘云气,骑日月,而游乎四

译文

啮缺说:"你不知道利与害的区分,难道至人原本也不知道利害之别吗?"王倪说:"至人真是神奇啊!山林焚烧却不能使他感到炎热,黄河、汉水冰冻了,却不能使他感到寒冷,迅雷击破山岩,暴风掀动大海,却不能使他感到惊怖。像这样的人,乘着云气,骑着日月,遨游于

海之外。死生无变于己，而况利害之端乎！”

四海之外，死和生都不会对他产生任何影响，何况利与害这些细枝末节呢！”

注释

1 冱(hù)：冰冻。

2 底本、覆宋本、影宋本均无“飘”字，今据陈景元《庄子阙误》引江南李氏本以及成玄英疏补正。

原文

瞿鹊子问乎长梧子曰[1]："吾闻诸夫子[2]：'圣人不从事于务[3]，不就利[4]，不违害[5]，不喜求，不缘[6]道，无谓有谓[7]，有谓无谓，而游乎尘垢之外。'夫子以为孟浪之言[8]，而我以为妙道之行也。吾子以为奚若？"

译文

瞿鹊子向长梧子问道："我听孔子说过：'圣人不操心俗世的事务，不追求私利，不回避祸害，不贪慕妄求，不因循俗世成规，不言谈却有一番言论，有一番言论却不言说，遨游于世俗之外。'孔子认为这些都是不着实际的言论，而我却认为这些是真正符合大道的行为。先生你以为如何？"

注释

1 **瞿鹊子、长梧子**：庄子虚构的人物。

2 **夫子**：据下文“而丘也何足以知之”，“夫子”当指孔子。

3 **务**：事务。

4 **就利**：趋利，逐利。

5 **违害**：避害。

6 **缘**：因循。

7 **谓**：言说。

8 **孟浪之言**：不着实际的言论。

原文

长梧子曰："是黄帝之所听莹也[1]，而丘也何足以知之？且汝亦大早计[2]，见卵而求时夜[3]，见弹而求鸮炙[4]。予尝为汝妄[5]言之，汝以[6]妄听之奚[7]？旁[8]日月，挟宇宙，为其吻合，置其滑涽[9]，以隶[10]相尊。众人役役[11]，圣人愚芚[12]，参万岁而一成纯[13]。万物尽然，而以是相蕴[14]。予恶乎知悦生之非惑邪？予恶乎知恶死之非弱丧[15]而不知归者邪？丽之姬[16]，艾封人[17]之子也。晋国之始得之也，涕泣沾襟；及其至于王所，与王同匡床[18]，食刍豢，而后悔其泣也。予恶乎知夫死者不悔其始之蕲[19]生乎？梦饮酒者，旦而哭泣；梦哭泣者，旦而田猎。方其梦也，不知其梦也。梦之中又占其梦焉，觉而后知其梦也。且有大觉而后知此其大梦也，而愚者自以

译文

长梧子说："这些话黄帝听了也会疑惑不解，孔丘又怎能理解呢？而且你也考虑得太早，好像见到鸡蛋就想获得报晓的公鸡，见到弹弓就想获取烤熟的鸮鸟。我试着跟你随意说说，你也就随意听听，如何？与日月相傍，胸怀宇宙，跟万物融为一体，抛弃各种混乱与晦暗，把卑贱与尊贵同等看待。众人劳苦疲惫不息，圣人敦厚无知，糅合古今万事万物之变异，而达到纯然一体的状态。万物彻底呈现其本性，并且相互蕴含在纯然一体的状态中。我怎么知道贪恋活着不是一种困惑呢？我怎么知道厌恶死亡不是像年幼的孩子流离失所而不知道回家呢？丽姬是艾地守边人的女儿。晋国刚得到她时，她哭得泪水沾满衣襟；等她进入晋国的王宫，跟晋侯一起睡在安稳舒适的床上，吃着山珍海味，之后就懊悔当初为什么要哭泣了。我怎么知道死去的人不后悔当初的求生行为呢？在睡梦中饮酒作乐的人，早晨醒来后却可能哭泣；在睡梦中哭泣的人，早晨醒来后却可能打猎作乐。当他在做梦的时候，他并不知道自己在做梦。睡梦中还占卜自己梦的吉凶，醒来以后才知道是在做梦。只有彻底觉醒之后才知道这是一场大梦，而愚昧的人还自以为很清醒，

为觉,窃窃然[20]知之。君乎,牧[21]乎,固哉!丘也与汝,皆梦也。予谓汝梦,亦梦也。是其言也,其名为吊诡[22]。万世之后而一遇大圣,知其解者,是旦暮遇之也!"

好像自己什么都知道一样。什么君尊啊,臣卑啊,真是太固陋了!孔丘和你都是在做梦。我说你们在做梦,我其实也在做梦。这一番言论,可称之奇谈怪论。千万年之后,也许碰到一位圣人能够领悟这番言论的真意,也像早晚相遇一样平常!"

注释

1 **黄帝**:覆宋本作"皇帝"。**莹**:影宋本作"荧",眩惑,疑惑。

2 **大早**:"大"通"太",过早。**计**:考虑。

3 **时夜**:即"司夜",本指鸡鸣报晓,这里指报晓的公鸡。

4 **鸮**(xiāo):猫头鹰。**炙**:烧烤。

5 **妄**:姑且。

6 **以**:亦。

7 **奚**:如何,怎么样。

8 **旁**(bàng):同"傍",依傍。

9 **滑**(gǔ):混乱。**涽**(hūn):暗。

10 **隶**:奴仆,这里指地位卑贱,与"尊"相对。

11 **役役**:疲惫劳苦。

12 **愚芚**(chūn):陈景元《庄子阙误》引刘得一本作"芼",无知敦厚的样子。

13 **参**:杂糅,混合。**万岁**:指千万年间万事万物。**纯**:浑然无别。

14 **相蕴**:相互蕴含。

15 **弱丧**:年幼的孩子流离失所。

16 **丽之姬**:即丽姬,晋献公的宠姬。

17 **艾**:地名。**封人**:守封疆的人。

18 **匡床**:影宋本作"筐床",安稳舒适的床。

19 **蕲**(qí):通"祈",祈求。

20 **窃窃然**:清楚明白的样子。

21 **牧**:放牧人,指卑贱的人。

22 **吊(diào)诡**：奇特怪异。

原文

“既使我与若[1]辩矣，若胜我，我不若胜，若果是也？我果非也邪？我胜若，若不吾胜，我果是也？而果非也邪？其或是也，其或非也邪？其俱是也，其俱非也邪？我与若不能相知也，则人固受其黮暗[2]，吾谁使正[3]之？使同乎若者正之，既与若同矣，恶能正之？使同乎我者正之，既同乎我矣，恶能正之？使异乎我与若者正之，既异乎我与若矣，恶能正之？使同乎我与若者正之，既同乎我与若矣，恶能正之？然则我与若与人俱不能相知也，而待彼[4]也邪？”“何谓和之以天倪[5]？”曰：“是不是[6]，然不然[7]。是若果是[8]也，则是之异乎不是也

译文

“假如让我与你辩论，你胜了我，我没有胜你，你果真是对的吗？我果真是错的吗？如果我胜了你，你没有胜我，我果真是对的吗？你果真是错的吗？还是有人是对的，有人是错的呢？还是我们两人都对，或是都错呢？我和你互相都无法知道，而世人本来就不清楚，我能让谁来评判呢？让一个与你的观点相同的人来评判吧，既然与你的观点相同了，又怎能评判呢？让一个与我的观点相同的人来评判吧，既然与我的观点相同了，又怎能评判呢？让一个与你我的观点都不同的人来评判，既然与你我的观点都不同，又怎能评判呢？让一个与你我的观点都相同的人来评判，既然与你我的观点都相同了，又怎能评判呢？既然如此，那么我与你以及第三人都不能相互知道了，难道还要去依赖别人吗？”“什么叫作以天然的分际来调和各种是非争辩？”长梧子说：“将‘不是’本身也看作一种‘是’，将‘不然’本身也看作一种‘然’。作为称谓判断的‘是’如果真的符合事物自身的本性，那么关于‘是’与‘不是’之间的差异也就不需要争辩；作为称谓判断的‘然’如果真的符合事物自身的本性，

亦无辩[9]；然若果然也，则然之异乎不然也亦无辩。化声[10]之相待，若其不相待，和之以天倪，因之以曼衍[11]，所以穷年[12]也。忘年忘义，振于无竟[13]，故寓诸无竟。”

那么关于‘然’与‘不然’之间的差异也就无须争辩了。是非乃相对而成，如要让它们不处于对立之中，那么只有用天然的分际去调和这种是非之辨，顺应事物的变化，以此穷尽对古今万物本真之性的认知。忘记时空，忘记理义，逍遥于无穷的境界，人的精神就能寄寓在这无穷无尽的境域之中。”

注释

1 **若**：你，指瞿鹊子。

2 **黮(dǎn)暗**：昏暗不明的样子。

3 **正**：评判，裁决。

4 **彼**：另外的人。

5 **天倪**：天然的分际。“何谓和之以天倪……则然之异乎不然也亦无辩”一段语义突兀，显然错置，此一段当在“化声之相待……所以穷年也”一段之后。

6 **是不是**：以“不是”为是，即将“不是”本身也看作一种“是”。

7 **然不然**：以“不然”为然，即将“不然”本身也看作一种“然”。

8 **是若果是**：第一个“是”指作为判断词的“是”，指判断事物的各种“名”；第二个“是”指作为事物自身本然之性的“是”，指事物的本然之“实”。该句意为：如果各种称谓(“是”)真的符合事物的本然之性(“是”)。

9 **是之异乎不是也亦无辩**：该句意为：作为判断词的“是”与作为判断词的“不是”就不再处在对立之中。因为“是”是对事物本然之性的描述，“不是”也是对事物本然之性的描述，“是”“不是”纯粹只是用词上的差异，作为对事物本然之性的指称，这一点是相同的。并且作为对事物自身本然之性的描述，这种差异就不再是建立在言辞上的，而是完全建立在事物本然之性上的，因此关于“是”与“不是”也就没有任何必要形成争辩。亦无辩，陈景元《庄子阙误》引江南古藏本作“其无辩矣”。

10 **化声**：是非对立之声。

11 **曼衍**:推衍。

12 **穷年**:穷尽一切时空范围内的事物本真之性。意为在消解了言辞上的是非之辩后,顺应万物之变化,能够彻底认知一切时空范围内事物的本真之性。

13 **无竟**:“竟”通“境”,“无竟”指无穷的境界。

原文

罔两问景曰[1]:“曩[2]子行,今子止;曩子坐,今子起。何其无特操[3]与?”景曰:“吾有待[4]而然者邪?吾所待又有待而然者邪?吾待蛇蚹蜩翼[5]邪?恶识所以然?恶识所以不然?”

译文

微影问影子:“刚才你走着,现在又停下;刚才你坐着,现在又站起。你为何这么没有独立的品行呢?”影子回答说:“我是有所依赖才这样的吧?我所依赖的东西又有所依赖才这样的吧?我所依赖的就像蛇需要腹鳞、蝉需要翅膀吗?我怎么知道为何会这样呢?我怎么知道为何不会这样呢?”

注释

1 **罔两**:影子周边的微影。**景**:同“影”,影子。

2 **曩**(nǎng):从前,这里指刚刚不久前。

3 **特操**:独立的操守或品行。

4 **有待**:有所依赖。

5 **蛇蚹**(fù):蛇腹下代足爬行的横鳞。**蜩**(tiáo)**翼**:蝉的翅膀。

原文

昔者庄周梦为胡蝶,栩栩然[1]胡蝶也,自喻适志与[2],不知周也。俄然[3]觉,则蘧蘧然[4]周也。不知周

译文

从前庄周梦见自己变成了一只蝴蝶,轻盈畅快地飞舞着的一只蝴蝶,自己觉得十分的快意啊,忘记了自己是庄周。突然醒来,惊疑之间才发觉自己原来是

之梦为胡蝶与，胡蝶之梦为周与？周与胡蝶，则必有分矣。此之谓物化[5]。

庄周。不知是庄周做梦变成了蝴蝶呢，还是蝴蝶做梦变成了庄周呢？庄周与蝴蝶，必定是有区别的。这就叫作物化。

注释

1 **栩栩然**：轻盈畅快的样子。

2 **自喻**：自己知晓或知觉。**适志**：快意。

3 **俄然**：突然。

4 **蘧蘧**(qú)**然**：惊疑的样子。

5 **物化**：事物的变化。这里意指人作为"物"混同万物，共同变化，在这种变化之中，人的精神真正超越了"物"与"我"的对立与区分，摆脱了人作为"物"的束缚，从而达到自得适意、不辨周蝶的状态。

养生主

导读

一般认为“养生主”有两种理解：一为养“生主”，“生主”指“性”或“神”，即《齐物论》中的“真宰”“真君”；一为“养生”之主旨。综观此篇，庄子主要探讨养生的根本原则与方法，同时也明确指出“神”才是生命的真正主宰。

首先，此篇通过庖丁解牛的故事，阐明养生的根本原则在于遵循天然的理路，顺应事物的本然之性，时刻对复杂的生存环境保持警惕。其次，公文轩见右师的故事提出“天”“人”之辩，庄子主张遵循天然之性，反对人为造作，就像草泽中的野鸡，宁愿在天然的环境中艰难地觅食，也不愿意被人畜养。再次，秦失吊唁老聃的故事，批评了遭受遁天之刑的世俗人，主张安于自然之道，顺应生命的自然规律，从而超越生死，获得解脱。最后，“薪尽火传”表明庄子思想中蕴含着灵魂不灭、精神永恒的观念。养生的终极目标就是要彻底超越形体的束缚，使人的精神回归于大道，从而达到一种终极自在与永恒。

原文

吾生也有涯[1]，而知[2]也无涯。以有涯随[3]无涯，殆已[4]。已[5]而为知者，殆而已矣。为善无近[6]名，为恶无近刑，

译文

人的生命是有限的，而知识却是无限的。以有限的生命去追求无限的知识，这是很危险的。已知如此却还要去追求无限的知识，那就只落个危险罢了。做善事但不要去追求名声，做坏事但不要触犯刑法，遵循

缘督[7]以为经，可以保身，可以全生[8]，可以养亲[9]，可以尽年[10]。

自然的常道，以之作为行动的根本准则，这样就可以保护自己的身体，保全天性，可以奉养父母，可以终享天年。

注释

1 **涯**：或作“崖”，边际。

2 **知**：知识。

3 **随**：追逐。

4 **殆已**：太危险了。殆，危险。已，语气词，相当于“矣”。

5 **已**：如此，这样，指前四句描述的情形。

6 **近**：接近。

7 **缘**：沿着，遵循。**督**：即督脉。因为督脉位于人的背脊正中间，故“督”又训为“中”。此指中庸之道，自然的常道。

8 **全生**：保全人的天性。

9 **养亲**：即奉养父母。此句顺承前文而言，意即能够做到依循常道，不因为善为恶而带来困扰，因而能够保全生命和本性，不会给父母带来麻烦。

10 **尽年**：享受天年。

原文

庖丁为文惠君解牛[1]，手之所触，肩之所倚[2]，足之所履[3]，膝之所踦[4]，砉然向然[5]，奏刀騞然[6]，莫不中音[7]，合于《桑林》[8]之舞，乃中《经首》之会[9]。文惠君曰：“嘻，善哉！技盖[10]至此乎？”

译文

厨师给文惠君宰牛，他的手所接触的地方，肩所靠着的地方，脚所踩踏的地方，膝盖所抵住的地方，皮骨分离，哗然而响，进刀入牛体时唰唰作响，无不合乎音乐的节奏，既符合《桑林》舞曲的旋律，又合乎《经首》乐曲的节拍。文惠君说：“啊，太妙呀！你的技艺怎么达到如此高超的地步呢？”

注释

1 **庖丁**:名叫丁的厨师。一说掌厨丁役之人。**文惠君**:人名。一说是梁惠王。

2 **倚**:靠。

3 **履**:踩。

4 **踦**(yǐ):弯膝用力抵住。

5 **砉**(xū)**然**:皮骨相离的声音。**向**:同“响”。

6 **奏刀**:进刀。**騞**(huō)**然**:进刀解牛的声音。

7 **中**(zhòng)**音**:合乎音乐节奏。

8《**桑林**》:商汤时期天子之乐曲名。

9《**经首**》:尧时的乐曲《咸池》的乐章名。**会**:韵律,节奏。

10 **盖**:通“盍”,何以。

原文

庖丁释[1]刀对曰:“臣之所好者道也,进[2]乎技矣。始臣之解牛之时,所见无非牛者。三年之后,未尝见全牛[3]也。方今之时,臣以神[4]遇而不以目视,官[5]知止而神欲行。依乎天理,批大郤[6],导大窾[7],因其固然。技经肯綮之未尝[8],而况大軱[9]乎!良庖岁更刀,割也;族庖[10]月更刀,折[11]也。今臣之刀十九年矣,所

译文

厨师放下刀,回答说:“我所喜好的是道,远远超过了技艺。我刚开始宰牛的时候,所看到的无不是一头头完整的牛。三年之后,我就再也没有看到过完整的一头牛了。如今宰牛时,我用心神去感知,而不用眼睛去观看,感官的活动已经停止了,而心神却在运转。顺着牛肌体的天然纹理,劈开筋骨相连处的缝隙,将刀导入骨骼间较大的间隙之中,完全按照这些地方的固有结构去分解。我的刀从没有尝试过去触碰经络汇聚与骨肉紧相连之处,何况那些大的骨骼呢!好的厨师一年换一把刀,他们用刀割肉;一般的厨师一个月换一把刀,他们用刀直接砍骨头。如今我这把刀已经用了十九年,宰的

解数千牛矣，而刀刃若新发于硎[12]。彼节者有间[13]，而刀刃者无厚，以无厚入有间，恢恢乎其于游刃必有余地矣，是以十九年而刀刃若新发于硎。虽然，每至于族[14]，吾见其难为，怵然[15]为戒，视为止，行为迟，动刀甚微。謋[16]然已解，如土委地[17]。提刀而立，为之四顾，为之踌躇满志[18]，善[19]刀而藏之。”文惠君曰：“善哉！吾闻庖丁之言，得养生[20]焉。”

牛也有好几千头了，然而刀刃就像刚从磨刀石上磨过一样锋利。牛的骨节之间都有缝隙，而刀刃却没有什么厚度，将没有厚度的刀刃放入缝隙之中，自然十分的宽阔，因而也就游刃有余了，所以我的这把刀使用了十九年，而刀刃却像刚从磨刀石上磨过一样锋利。即便如此，每当遇到筋骨交错的地方，我看到这些地方难以处理，便小心翼翼，对它们十分警惕，目光为之专注，行动为之放缓，动刀十分轻微。牛的肉体哗然而解，就像一堆土散落在地上。我于是提刀站起来，环顾四周，为顺利分解了牛体而心满意足，从容自得，然后擦拭好刀收藏起来。”文惠君说：“好啊！我听了厨师这番话，从中领悟到了养生的道理。”

注释

1 **释**：放下。

2 **进**：超越。

3 **全牛**：完整的牛。

4 **神**：精神。

5 **官**：感觉器官。

6 **批**：击。**郤**(xì)：通“隙”，指筋骨连接处的空隙。

7 **导**：导向。**窾**(kuǎn)：空隙，骨节间较大的空隙。

8 **技**：疑为“枝”，支脉。**经**：经脉。“技经”指经络汇聚的地方。**肯**：骨头上附着的肉。**綮**(qìng)：筋骨结合处。**未尝**：未曾尝试。

9 **軱**(gū)：大骨头。

10 **族庖**：一般的厨师。

11 **折**：断，指用刀砍断骨头。

12 **发**：磨出，磨开。**硎**(xíng)：磨刀石。

13 **间**(jiàn)：间隙。

14 **族**：指筋骨交错汇集的地方。

15 **怵**(chù)**然**：小心谨慎的样子。

16 **謋**(huò)：牛体分解开的声音。

17 陈景元《庄子阙误》引文如海本、刘得一本"如土委地"前有"牛不知其死也"。**委**：堆积。

18 **踌躇满志**：心满意足，从容自得的样子。踌躇，从容的样子。满志，满意。

19 **善**：擦拭。

20 **养生**：意即养生之道。

原文

公文轩见右师而惊曰[1]："是何人也？恶乎介[2]也？天与？其人与？"曰："天也，非人也。天之生是[3]使独也，人之貌有与[4]也。以是知其天也，非人也。"

译文

公文轩见到右师，惊讶地说："这是什么人？怎么只有一只脚呢？是天生如此吗？还是人为造成的呢？"接着又说："是天生如此，不是人为造成的。天生如此使他只有一只脚，人的形体相貌是天所赋予的。由此可知他是天生一只脚，不是人为造成的。"

注释

1 **公文轩**：姓公文，名轩，宋国人。**右师**：官名，这里指任职右师的人。

2 **介**：独，只有一只脚。

3 **是**：此，指代形体上只有一只脚的情况。

4 **与**：赋予，给予，人的形体相貌为天所赋予。

原文

泽雉[1]十步一啄，百步一饮，不蕲畜乎樊中[2]。神虽王[3]，不善也。

译文

沼泽中的野鸡走上十步才能吃到一口食物，走上百步才能喝到一口水，可是它却不希望被畜养在笼子中。生活在笼子里，虽然精力旺盛，却不自在。

注释

1 **泽雉**(zhì)：生长于沼泽地的野鸡。

2 **蕲**：祈求。**樊**：笼子。

3 王(wàng)：通“旺”，旺盛。

原文

老聃[1]死，秦失[2]吊之，三号[3]而出。弟子曰：“非夫子之友邪？”曰：“然。”“然则吊焉若此可乎？”曰：“然。始也吾以为其[4]人也，而今非也。向吾入而吊焉，有老者哭之，如哭其子；少者哭之，如哭其母。彼其所以会[5]之，必有不蕲言而言，不蕲哭而哭者。是遁天倍情[6]，忘其所受，古者谓之遁天之刑[7]。适来[8]，夫子时也；适去[9]，夫子顺也。

译文

老聃死了，秦失去吊唁，号哭了三声就出来了。老聃的弟子问道：“您不是老师的朋友吗？”秦失说：“是的。”“那么像您这样吊唁可以吗？”秦失说：“当然可以。刚开始我以为这些哭丧的人是老子的弟子门人，现在看来并不是的。刚才我进去吊唁，有老人家在痛哭，就像父母痛哭自己的孩子；有年轻人痛哭，就像孩子痛哭自己的父母。他们之所以聚集在这里，一定是有不想诉说却又情不自禁地诉说、不想痛哭却又不禁痛哭的原因。这些哭泣之人逃避天道，违背自然实情，忘记了人的生命之本源，古人称之为违背自然所受到的刑罚。正该来时，老子应时而生；正去时，老子顺理而离世。安于天

安时而处顺，哀乐不能入也，古者谓是帝之县解[10]。”

时，顺应自然，各种喜怒哀乐也就不能侵入人的心灵之中，古人把这个称之为天然的解脱。”

注释

1 **老聃**(dān)：即老子，姓李名耳，字聃，先秦道家学派的开创者。

2 **秦失**(yì)：或作“秦佚”，得道之人。

3 **号**：放声大哭。

4 陈景元《庄子阙误》引文如海本“其”作“至”。

5 **会**：聚集在一起。

6 **遁**：逃避，违背。**倍**：通“背”，违背。

7 **刑**：刑罚。

8 **适**：恰好。**来**：指人的出生。

9 **去**：指人的死去。

10 **帝**：天，天然的。**县**(xuán)：同“悬”。解除倒悬的状态，意为摆脱了危险的处境。

原文

指[1]穷于为薪，火传也，不知其尽也。

译文

油脂做成的烛薪有燃烧尽的时候，但是火种却可以不断地延续下去，没有穷尽。

注释

1 **指**：通“脂”，古时候以油脂作为照明的原料。

人间世

导读

《人间世》的中心是讨论处世之道。

首先，庄子深刻地揭示了君臣相处的艰难，并提出了自己的君臣相处之道。在颜回将赴卫国辅佐卫君的故事中，庄子借孔子之口指出世俗中的德行败坏是由于追逐名声、各种竞争的产生是由于崇尚才智的缘故。因此“名”“知”是产生各种纷争与混乱的根源，不超脱这两者，就很难在辅佐君主时全身而退。颜回提出辅佐卫君的三种方法都被孔子逐一驳回，从而引出“心斋”的处世之道。在叶公子高出使齐国的故事中，庄子借孔子之口提出了“命”与“义”两“大戒”，前者是天然的法则，后者是人间的规范。只有不逞一己之才智，抱着“知其不可奈何而安之若命”的态度，顺从万物本性，使心灵逍遥自在，在各种无法改变的环境中独守自己的纯真德行。在颜阖将为卫灵公太子师的故事中，庄子提出只有摒弃内心成见，顺从外物的本性，才能保全性命。这三个故事表达了相同的主题，即战国乱世之中处世艰难，只有虚己以应物，乘物以游心，才能在复杂的君臣关系中保全性命。

其次，庄子继续发挥《逍遥游》篇末的主题，从正反两面阐述无用之用。栎社树、南伯子綦所见之树都因不材而免遭砍伐，故能长寿，而荆地的楸树、柏树、桑树均因有用而中道夭折。由此可知，只有摒弃才智，无所作为，才能苟全于世。

再次，形体残缺的人可以全身。支离疏的故事表明形体残缺之人可以苟免于世道祸患而存身，弃绝才智才是生存下去的必然之路。

最后，庄子借楚狂接舆对孔子所说的话，揭示出在德行衰败的时代里，圣人也仅能免于刑罚而已，普通百姓生存就更艰难，由此暗示孔子的救世主张不可行。

原文

颜回[1]见仲尼，请行[2]。曰："奚之[3]？"曰："将之卫。"曰："奚为焉？"曰："回闻卫君，其年壮，其行独[4]，轻用其国，而不见其过；轻用民死，死者以国量乎泽，若蕉[5]，民其无如[6]矣。回尝闻之夫子曰：'治国去之，乱国就之，医门多疾[7]。'愿以所闻思其则[8]，庶几其国有瘳[9]乎！"

译文

颜回拜见孔子，向他辞行。孔子问："你要到哪里去？"颜回说："我准备去卫国。"孔子说："去那里干什么呢？"颜回说："我听说卫国的国君年轻气盛，行为专横独断，轻率地处理国政，却看不到自己的过错；轻视民力，不顾他们的生死，因为国事而死去的人像野草一样遍布泽野，百姓流离失所，无立锥之地。我曾听老师说过：'离开那些安定太平的国家，去救治那些危乱的国家，就像医生的门前总是聚集着很多病人。'我希望用我在您这里学到的东西，思考出治理卫国的办法，卫国或许可以得到救治吧！"

注释

1 **颜回**：字子渊，鲁国人，孔子的弟子。

2 **请行**：辞行。

3 **奚之**：到哪里去。

4 **独**：独断专横。

5 **死者以国量乎泽**："死者量乎泽"当是一贯用语，如《吕氏春秋·期贤》曰："无罪之民，其死者量于泽矣。"高诱注："量，犹满也。""以国"指因为国事。**蕉**：草芥。该句意为因为国事而死去的人如野草一样，遍布泽野。

6 **如**：往。"无如"即无所归依，无处可去。

7 **疾**：病，这里指病人。

8 **则**:法则,办法。陈景元《庄子阙误》引李氏本“其”后有“所行”两字。

9 **庶几**:也许,或许。**瘳**(chōu):病愈,这里指国家得到救治。

原文

仲尼曰:“嘻!若殆往而刑耳[1]!夫道不欲杂,杂则多,多则扰,扰则忧,忧而不救。古之至人,先存[2]诸己而后存诸人。所存于己者未定,何暇[3]至于暴人之所行!且若亦知夫德之所荡[4]而知之所为出乎哉?德荡乎名,知出乎争。名也者,相轧[5]也;知也者,争之器也。二者凶器,非所以尽行也。且德厚信矼[6],未达人气[7],名闻不争,未达人心。而强以仁义绳墨之言术[8]暴人之前者,是以人恶有[9]其美也,命之曰菑人[10]。菑人者,人必反菑之,若殆为人菑夫!且苟为悦贤而恶不肖,恶用而[11]求有以异?若唯无诏[12],王公必将乘人而斗其

译文

孔子说:“唉!你恐怕去了那里就会被杀害啊!大道纯粹,不求繁杂,繁杂就会头绪很多,头绪多就会扰乱心神,心神纷扰则自救都来不及。古时候的那些至人,总是先在自己身上践行大道,然后才向别人推行大道。自己对于大道都没有很好的体会,哪有空闲去用大道纠正暴君的行为呢!并且你也知道人的德行之所以败坏和各种智巧之所以昭彰的原因吧?德行的败坏由于追求名声,智巧的彰显由于竞争。名声是互相倾轧的根源,智巧是各种竞争的工具。这两者都是凶器,不可将它们完全施行。并且,一个人虽然德行纯厚,诚信笃实,却不能了解人们的心意,虽然不争夺名声,却不能被人理解。在这种情况之下,还勉强在暴君面前宣扬仁义规范之类的话,这就好比拿别人的丑行来彰显自己的美德,这种做法会被人叫作害人。害别人的人,别人必定会反过来害他,你恐怕就要被他人害了。况且,假如卫君能做到赏识贤良而厌恶佞人,哪里用得着你去在别人面前炫耀你的独特呢?你除非不向卫君进谏,否则卫君一定会以君主之威势凌驾于你之上,展示他的

捷[13]。而目将荧[14]之，而色将平[15]之，口将营[16]之，容将形之[17]，心且成之。是以火救火，以水救水，名之曰益多，顺始无穷[18]。若殆以不信厚言，必死于暴人之前矣！且昔者桀杀关龙逢[19]，纣杀王子比干[20]，是皆修其身以下伛拊[21]人之民，以下拂其上[22]者也，故其君因其修以挤之。是好名者也。

快言善辩。到那个时候，你的眼睛会眩惑迷乱，你的面色会勉强平和，你喃喃细语，唯唯诺诺，面容卑恭顺从之至，内心也就屈从于卫君了。这就好比用火救火，用水救水，这就叫作为虎作伥，这种曲从一旦开始，就没完没了。如果他听不进忠谏之言，你必将死于这位暴君之手。从前，夏桀杀害了关龙逢，商纣王杀害了王子比干，这些人都是修身养德，而以臣下的身份去怜爱君主的百姓，这样做就是以处下的人臣身份冒犯了他们的国君，所以那些国君就因为他们的德行而排挤他们。这就是喜好名声的结果。

注释

1 陈景元《庄子阙误》引张君房本作“若往而殆刑耳”。**殆**：恐怕。

2 **存**：确立。

3 **何暇**：哪有空闲。

4 **荡**：丧失。

5 **轧**：伤。

6 **德厚**：德行纯厚。**信矼**(kòng)：诚信笃实。矼，诚实的样子。

7 **人气**：人的心思、想法。

8 **术**：陈景元《庄子阙误》引江南古藏本作“衒”。“衒”(xuàn)与“術”(术)字形易混，“衒”本义为沿街叫卖，引申为炫耀、自夸。一说“术”通“述”，陈述。

9 **有**：或作“育”，卖弄。

10 **菑**(zāi)**人**：害人。菑，同“灾”。

11 **而**：尔，你。

12 **诏**:告,这里指进言、进谏。

13 **乘人**:凌驾于他人之上,这里指以君主之威势凌驾于人之上。**斗其捷**:展示其快言善辩的本事。

14 **而**:你。**荧**:目眩,眼花缭乱,这里指眩惑。

15 **平**:平和。这里指神色沮丧却不敢表现出来,勉强装出平和之色。

16 **营**:说话支支吾吾。这里指口欲辩解,而说话吞吞吐吐,含混不清。

17 **容**:面容。这里指内心畏惧,而面容表现出顺从卑恭之形象。

18 **顺始无穷**:顺,曲顺,曲从。一旦开始曲从,就无穷无尽。

19 **桀**:夏桀,夏朝的暴君。**关龙逄**:夏桀时代的贤臣,因直言劝谏而被夏桀杀害。

20 **纣**:商纣,商朝的暴君。**比干**:商纣王的叔父,因力谏而被纣王杀害。

21 **伛拊**(yǔ fǔ):怜爱。

22 **拂**:违逆。**上**:居于上位的人,这里指国君。

原文

"昔者尧攻丛、枝、胥敖[1],禹攻有扈[2],国为虚厉[3],身为刑戮,其用兵不止,其求实[4]无已。是皆求名实者也。而独不闻之乎?名实者,圣人之所不能胜[5]也,而况若乎!虽然,若必有以[6]也,尝以语我来!"

译文

"从前尧征伐丛、枝和胥敖,禹攻打有扈,这些国家的土地变成废墟,百姓都被灭绝,国君遭受杀戮,这是因为他们穷兵黩武,贪求实利而不厌,这都是贪名求利的结果。你难道没有听说过吗?名与利,就是圣人也不能超脱,何况是你呢!虽然如此,你必定有你的想法,你不妨把它告诉我吧!"

注释

1 **丛、枝、胥敖**:尧时的小国。疑即《齐物论》中的"宗、脍、胥敖"三个小国。

2 **有扈**:禹时的小国。

3 **虚厉**:"虚"覆宋本作"墟"。居宅无人曰虚,死而无后曰厉。这里指国家的灭亡。

4 **实**:实利。

5 **胜**:超脱。

6 **有以**:有所根据,有所想法。

原文

颜回曰:“端而虚[1],勉而一[2],则可乎?”曰:“恶[3]!恶可!夫以阳为充孔扬[4],采色不定[5],常人之所不违,因案人之所感[6],以求容与[7]其心。名之曰日渐之德[8]不成,而况大德乎?将执而不化,外合而内不訾[9],其庸讵可乎?”“然则我内直而外曲,成而上比[10]。内直者,与天为徒。与天为徒者,知天子之与己皆天之所子,而独以己言蕲乎而人善之,蕲乎而人不善之邪?若然者,人谓之童子[11],是之谓与天为徒。外曲者,与人之为徒[12]也。擎跽曲拳[13],人臣之礼也,人皆为之,吾敢不为邪?为人之所为者,人亦无疵[14]焉,是之谓与人为徒。成而上比者,与

译文

颜回说:“如果我外表端庄而内心谦逊,勤勉而专一,这样可以吗?”孔子说:“唉,这怎么可以呢!卫君内藏骄横之气,外显盛气凌人之态,喜怒无常,一般人都不敢去违逆他,因而他得以压抑别人的感受而追求自己内心的快意。这种人每天用小的德行去逐渐感化他都不能成功,何况以大德来劝告他呢?你坚持以这种方式去劝谏而不知道变化,外表谦逊与他相合,内心又不去加以指责,你这种做法怎么行呢?”颜回说:“那么我内心正直而外表顺从,引用成说以与上古之人相比。内心正直,就是与天地万物同类。与天地万物同类,就可知君主与自己都是天地万物之子,何必一定要将自己的话求得别人的赞同,或计较别人的不赞同呢?像这种情况,别人称之为天真的孩童,这就叫与天地万物同类。外表顺从曲就的人,就是与世俗之人同类。执笏跪拜,鞠躬弯腰,这是为人臣的礼节,大家都这么做,我敢不这样做吗?做别人都做的事,别人也就不会挑剔我的毛病,这就叫作与世俗之人同类。援引成说上比于古人,这叫作与古人

古为徒。其言虽教，谪[15]之实也。古之有也，非吾有也。若然者，虽直不为病[16]，是之谓与古为徒。若是则可乎？”仲尼曰：“恶！恶可！太多政法而不谍[17]，虽固亦无罪。虽然，止是耳矣，夫胡可以及化！犹师心者也。”

同类。所援引的话虽是古人的教诲，但实际上蕴含着批评。这是古时已有之的教诲，不是我创造的。像这样去做，虽然正直，却不会被挑剔出毛病，这就是叫作与古人同类。像这样的话，可以了吗？”孔子说：“唉，这怎么可以呢！你的方法过于繁杂，并且不合适，虽然固陋一些，但还不会招致罪责。即使这样，也不过如此而已，又怎么能感化他呢！你还是自以为是。”

注释

1 **端**：端庄，严整。**虚**：虚心，谦逊。

2 **勉**：勤勉，努力。**一**：专一。

3 **恶**(wū)：叹词。

4 **阳**：指刚猛，盛气凌人。照应前文“其年壮，其行独”。**充**：满，充斥于心。**孔**：甚。**扬**：露于外表。

5 **采色**：神色。

6 **案**：压抑。**感**：感触，触动。

7 **容与**：自得，快意。

8 **日渐之德**：每天浸渍之德，指小德。

9 **訾**(zī)：非议，诋毁。

10 **成而上比**：引用成说，上比于古人。

11 **童子**：未成年的人。

12 **与人之为徒**：“之”字疑衍。

13 **擎跽曲拳**：擎：拱手执笏。**跽**：长跪。**曲拳**：鞠躬弯腰。

14 **疵**(cī)：缺点，毛病，这里指挑剔、指责。

15 **谪**(zhé)：谴责。

16 **虽直不为病**：覆宋本作“虽直而不病”。

17 **太**：覆宋本、影宋本均作“大”。**政**：同“正”，端正、纠正的意思。**谍**：当。

原文

颜回曰："吾无以进矣，敢问其方？"仲尼曰："斋，吾将语若！有而为[之][1]，其易邪？易之者，皞天[2]不宜。"颜回曰："回之家贫，唯不饮酒、不茹荤[3]者数月矣。若此[4]，则可以为斋乎？"曰："是祭祀之斋，非心斋也。"回曰："敢问心斋。"仲尼曰："若一志[5]，无听之以耳而听之以心，无听之以心而听之以气！听止于耳，心止于符[6]。气也者，虚而待物者也。唯道集虚[7]。虚者，心斋也。"颜回曰："回之未始得使[8]，实自回也；得使之也，未始有回也。可谓虚乎？"夫子曰："尽矣。吾语若，若能入游其樊而无感其名[9]，入则鸣，不入则止。无门无毒[10]，一宅[11]而寓于不得已，则几矣。绝迹易，无行地难。为人使易以伪，为天使难以伪。闻

译文

颜回说："我没有更好的办法了，请问您有什么办法？"孔子说："你斋戒，我将告诉你！你带着成心去做这件事，能容易吗？如果认为这样做很容易，那必将与自然的天道不相适宜。"颜回说："我家境贫困，不饮酒、不吃荤食已经好几个月了。像这样，可以看作是斋戒了吗？"孔子说："这是祭祀上的斋戒，而不是心斋。"颜回说："请问什么是心斋？"孔子说："你必须使你的心志专一，对于外界事物，不要用耳去听而用心去听，不要用心去听而用气去听！耳的功用仅仅在于听到声音，心的功用仅仅在于符合外部事物。气是一种虚静待物的状态。只有虚静的状态，才是大道所停驻的地方。心灵虚静的状态，就是心斋。"颜回说："我没有听到'心斋'的道理时，自认为我就是颜回；当我听到'心斋'的道理后，我便忘了我自己。这种程度可以称作虚静吗？"孔子说："这就是虚静的极致状态。我告诉你，假若你能在卫国服侍卫君左右，却不为名声所动，卫君听得进你的意见，你就说，听不进，你就保持缄默。不立门户，不施壁垒，将心灵安放在通达天道自然的境界，那就差不多了。不行走很容易，在地上行走却不留下痕迹则很困难。被世人驱遣使唤，则容易

以有翼飞者矣，未闻以无翼飞者也；闻以有知知者矣，未闻以无知知者也。瞻彼阕者[12]，虚室生白[13]，吉祥止止[14]。夫且不止，是之谓坐驰[15]。夫徇耳目内通而外于心知[16]，鬼神将来舍，而况人乎！是万物之化也，禹、舜之所纽[17]也，伏羲、几蘧[18]之所行终，而况散焉者[19]乎！”

造假作伪，被天地万物驱遣使唤，则难以作伪。听说过有翅膀才能飞，没听说过没翅膀也能飞；听说过有才智才能认识事物，没听说过没有才智也能认识事物。看那虚空的心灵，在虚静与空灵之中，进入了澄明的境界，一切吉祥都汇聚在这里。如果心灵还没有停止感知外物，这就叫作‘坐驰’。使耳目感官都向内通达于心灵，摒弃各种世俗智巧，连鬼神都会来依附，何况是人呢！这就是万物的变化，是禹和舜治世之关键，也是伏羲、几蘧终生奉行的法则，何况是普通人呢！”

注释

1 底本无“之”，今据覆宋本、影宋本补正。陈景元《庄子阙误》引张君房本作“有心而为之”。

2 **暤(hào)天**：自然。

3 **茹**：吃。**荤**：葱蒜等有辛味的菜。

4 **若此**：覆宋本作“如此”。

5 **一志**：使心志专一。

6 **符**：合。

7 **唯道集虚**：只有内心保持虚静的状态，才能真正体悟道。

8 **未始得使**：没有获得心斋的教诲。

9 **樊**：樊笼，这里喻指进入卫国侍奉卫君左右。**感其名**：为名声所触动。

10 **毒**：借为“窦”，本义为空穴，引申为门洞，与“门”近义。

11 **一宅**：心灵安处至一之道。

12 **瞻(zhān)**：看。**阕(què)**：空，“阕者”即虚室。这里喻指人的心灵关闭了感知外界事物的通道，只留下一个纯粹空虚的心室。

13 **虚室**:虚静的心灵。**白**:日光朗照的状态,这里指心灵达到的澄明之境。
14 **吉祥止止**:疑当作"吉祥止之"或"吉祥止也"。"止",聚集,止息,即"唯道集虚"之"集"义。
15 **坐驰**:形体虽然静止而心灵驰骛于外。
16 **徇**:使。**内通**:向内通达。**外**:排除,摒弃。**心知**:心智,心机。
17 **纽**:枢纽,关键。
18 **伏羲**:影宋本作"伏戏"。**几蘧**(qú):传说中的古代帝王。
19 **散焉者**:疏散之人,指普通人。

原文

叶公子高[1]将使于齐,问于仲尼曰:"王使诸梁也甚重[2]。齐之待使者,盖将甚敬而不急。匹夫犹未可动也[3],而况诸侯乎!吾甚栗[4]之。子常语诸梁也曰:'凡事若小若大,寡不道以欢成[5]。事若不成,则必有人道之患[6];事若成,则必有阴阳之患[7]。若成若不成而后无患者,唯有德者能之。'吾食也,执粗而不臧[8],爨[9]无欲清之人。今吾朝受命而夕饮冰,我其内热[10]与!吾未至乎事之情,而既有阴阳之患矣。事若不成,必有人道之患。是两也,为人臣者

译文

叶公子高将要出使齐国,临行前向孔子请教:"楚王派我出使齐国,责任十分重大。齐国对待外国使节,通常是十分恭敬,但不会轻易答应别国的请求。我连普通人都不能感化,何况是诸侯呢!我对这个任务深感恐惧。您常对我说:'凡事无论大小,很少有不依循大道而能顺利完成的。事情如果没办成,那么必定遭受国君的责罚;事情如果办成了,那么必定会因喜忧交错而导致体内阴阳二气失调。不论事情是否成功,最终都没祸患,唯有具备道德的人才能做到。'我每天吃的都是粗茶淡饭,不求精美,因而烧火做饭时都没有人想着去寻找清凉之地。现在我早上接受国君的诏命,晚上就要喝冰水,我这恐怕是患了内热之症吧!我还没有着手这件事,就已经阴阳二气不调而患病了。事情如果没办成,那一定会遭受国君

不足以任之，子其有以语我来！”

的责罚。这两种遭遇，做臣子的实在不能够承受，您有什么办法可以教教我！”

注释

1 **叶公子高**：姓沈，名诸梁，字子高。楚国大夫，封于叶，僭号称“公”。
2 **甚重**：责任重大。
3 覆宋本无“也”字。
4 **栗**：恐惧。
5 陈景元《庄子阙误》引江南古藏本作“寡有不道以成欢”。很少有不依循大道而能够顺利完成。
6 **人道之患**：指遭受人世间的刑罚，这里指国君的惩罚。
7 **阴阳之患**：指因喜与忧的交集与转换而导致体内阴阳二气失调患病。
8 **臧**：好。
9 **爨**(cuàn)：烧火做饭。
10 **内热**：中医术语，内热是阴阳失调所致。此指内心煎熬焦灼。

原文

仲尼曰：“天下有大戒[1]二：其一，命也，其一，义也。子之爱亲，命也，不可解[2]于心；臣之事君，义也，无适而非君也[3]，无所逃于天地之间。是之谓大戒。是以夫事其亲者，不择地而安之，孝之至也；夫事其君者，不择事而安之，忠之盛也。自事其

译文

孔子说：“天下有两个无法规避的大法：一是自然的法则，一是人间的规范。子女敬爱自己的父母，这是人的天性，无法从人心中解除；臣子侍奉国君，这是世间的规范，不论走到哪里都有君主的统治，这是天地之间无法规避的。这就叫作无法规避的大法。所以那些奉养父母的人，无论什么境遇都要使父母安适，这是孝顺的极致；侍奉国君的人，无论什么事都能让国君放心，这是尽忠的极致。修养自己身心的人，哀伤与快乐不会交替呈现于前，知道事情无

心者，哀乐不易施[4]乎前，知其不可奈何而安之若命，德之至也。为人臣、子者，固有所不得已，行事之情而忘其身，何暇至于悦生而恶死！夫子其行可矣！丘请复以所闻：凡交近则必相靡[5]以信，远则必忠之以言。言必或传之。夫传两喜两怒之言，天下之难者也。夫两喜必多溢美之言[6]，两怒必多溢恶之言。凡溢之类妄[7]，妄则其信之也莫[8]，莫则传言者殃。故法言[9]曰：'传其常情，无传其溢言，则几乎全。'且以巧斗力者，始乎阳，常卒乎阴，泰至则多奇巧；以礼饮酒者，始乎治，常卒乎乱，泰至则多奇乐。凡事亦然：始乎谅[10]，常卒乎鄙[11]；其作始也简[12]，其将毕也必巨。

法改变却能安然面对，就像应对自然的法则一样，这是德行修养所达到的极致。作为臣下与子女，本就有不得不面对的事情，面对事情的真实状况而忘记自身，哪有时间去喜生厌死呢！你直接出使就行！我还是把我听到的道理告诉你：大凡国与国之间的交往，与相邻国家的交往一定是通过诚信来保持亲密接触，与远方国家的交往就一定要通过辞令来表达对它的忠信，辞令必定有人来传达。传达使双方都喜或都怒的言辞，是天下最困难的事。双方都喜悦，则言辞必定增添了一些过头的赞美，双方都愤怒，则言辞必定添附了很多过头的贬斥。凡是过头的言辞都是虚妄不实的，虚妄不实就没有人相信，没有人相信，则传达言辞的人必定会遭殃。所以格言说：'传达真实的言辞，不要传达过头的话，那就差不多可以保全自己。'况且以技巧来相互角斗的人，开始的时候都光明正大，最后常常使出阴谋诡计，达到极致就有很多不正当的智巧；遵循礼节饮酒的人，刚开始时都彬彬有礼，最后常常放浪形骸，达到极致就有很多淫乐。凡事大都如此：开始时诚信，最后常常尔虞我诈；开始时精简，快要结束时繁杂巨大。

注释

1 **戒**:法。

2 **解**:解除。

3 **无适而非君也**:没有一个可以前往但无君主统治的地方,意即不论走到哪里都有君主的统治。

4 **施**(yì):移易,改变。

5 **靡**:通“摩”,摩挲,爱抚。这里指亲近接触。

6 **溢**:满,过头。溢美之言指过头的赞美之辞。

7 **妄**:虚假。

8 **莫**:无。“信之也莫”指没有人相信。

9 **法言**:先圣的格言。

10 **谅**:诚信。

11 **鄙**:欺诈。

12 **简**:精简。

原文

“[夫][1]言者,风波也;行者,实丧[2]也。夫风波易以动[3],实丧易以危。故忿设无由[4],巧言偏辞[5]。兽死不择音,气息茀然[6],于是并生心厉[7]。克核太至[8],则必有不肖之心应之,而不知其然也。苟为不知其然也,孰知其所终!故法言曰:‘无迁令[9],无劝成[10]。过度,

译文

“言语就像风吹水波,行为就像果实从树上坠地。风吹水波容易动荡,果实坠地后容易被毁掉。所以愤怒的产生没有其他的缘由,就是因为浮华不实的言辞。野兽临死之时,只能凭尚存的气力发出一些声音,气息郁积不通,于是产生伤害别人的恶念。过分苛求时,别人就必然会萌发坏的念头来应对他,而他自己还不知道为什么。假如连自己做了什么都不知道,那么谁又能知道最终的结果呢!所以格言说:‘不要改变命令,不要勉强追求成功。超过限度都是一种人为增益。’改变成命或者勉强求成都会坏事。

原文	译文
益[11]也。迁令、劝成殆[12]事。美成[13]在久，恶成不及改，可不慎与！且夫乘物以游心，托不得已以养中[14]，至矣。何作为报也？莫若为致命[15]，此其难者？”	完成一件好事要经过很长时间，而坏事做成了就无法更改，能不谨慎吗！至于顺应万物之本性，使人的心灵逍遥自适，在遵循各种必然的事理中涵养自己的内在心灵，这就达到极致了。要怎么做才能算作是对国君的回报呢？不如实实在在地传达国君的命令，这难道是很困难的事吗？”

注释

1 底本无“夫”字，今据覆宋本补正。

2 **实丧**：果实从树上坠落。

3 覆宋本无“夫”。

4 **忿设无由**：愤怒的产生没有其他的原由。

5 **偏辞**：“偏”或作“谝”，浮华的言辞。

6 **茀(bó)然**：郁积不通。

7 **厉**：狠虐。“心厉”指伤害人的恶念。

8 **克核**：苛责。“太”，覆宋本作“大”。

9 **无迁令**：不要改变命令。

10 **无劝成**：不要勉强求得成功。

11 **益**：添加。

12 **殆**：危险。

13 **美成**：成就一件好事。

14 **养中**：涵养内在的心灵。

15 **致命**：传达国君之命。

原文	译文
颜阖将傅卫灵公太子[1]，而问于蘧伯玉[2]曰：“有人于此，其德天杀[3]。与之为	颜阖将要做卫灵公太子的师傅，他问蘧伯玉：“有这样一个人，天性凶残、刻薄。如果不遵循法度，为所欲为，就会危

无方[4]则危吾国，与之为有方则危吾身。其知[5]适足以知人之过，而不知其所以过。若然者，吾奈之何？”

害到自己的国家；如果遵循法度劝谏他，就会危害到自身。他很聪明，能够知道别人的过失，却不知道别人犯错的原因。像这种情况，我该怎么办呢？”

注释

1 **颜阖**(hé)：鲁国的贤人。又见于《达生》《让王》《列御寇》诸篇。太子，影宋本作“大子”。

2 **蘧**(qú)**伯玉**：名瑗，字伯玉，卫国的贤大夫。

3 **天杀**：天性凶残、刻薄。

4 **无方**：无道，指不遵循任何规范、法度。

5 **其知**：他的智力。

原文

蘧伯玉曰：“善哉问乎！戒之，慎之！正汝身哉[1]！形莫若就[2]，心莫若和[3]。虽然，之二者有患。就不欲入[4]，和不欲出[5]。形就而入，且为颠[6]为灭，为崩为蹶[7]。心和而出，且为声为名，为妖为孽[8]。彼且为婴儿，亦与之为婴儿；彼且为无町畦[9]，亦与之为无町畦；彼且为无崖，亦与之为无崖。达之，入于无疵。汝不知夫螳螂乎？怒其

译文

蘧伯玉说：“你问得好啊！警惕啊！小心啊！要端正你自己！表面上不如迁就亲附他，内心不如保持和顺。即便如此，这两种处理方法仍有隐患。亲附他不要完全和他一样，内心和顺不要表现出来。表面亲附而达到与他完全一样，就会导致倾覆灭亡，毁坏跌倒。内心和顺而彰显出来，就会带来名声，招致祸害。他如果像孩子一样无知，你也跟他像孩子一样无知；他如果和你不分界限，那你也和他不分界限；他如果放纵无约束，那你也和他一样放纵无约束。达到了这种境界，才会进入一个没有毛病的状态。你不知道那螳螂吗？奋力举起它的臂膀去阻挡车轮，

臂以当车辙，不知其不胜任也，是[10]其才之美者也。戒之，慎之！积伐[11]而美者以犯之，几矣！汝不知夫养虎者乎？不敢以生物与之，为其杀之之怒也；不敢以全物与之，为其决[12]之之怒也。时[13]其饥饱，达[14]其怒心。虎之与人异类而媚养己者，顺也，故其杀者，逆也。夫爱马者，以筐盛矢[15]，以蜃[16]盛溺。适有蚊虻仆缘[17]，而拊之不时[18]，则缺衔[19]毁首碎胸。意有所至而爱有所亡[20]，可不慎邪！"

不知道自己的力量根本不能胜任，还自以为自己的能力很强。警惕啊！小心啊！经常夸耀你自己的美德而去冒犯他，那就很危险了！你不知道那养虎的人吗？不敢用活物去喂它，因为捕杀活物时会激起老虎的凶残天性；也从不敢拿完整的动物去喂养它，因为撕裂动物时会激起老虎的残暴本性。知道老虎饥饱的时刻，了解老虎残暴的本性。老虎与人不同类却顺从养老虎的人，就在于养老虎的人能顺着老虎的本性，而老虎之所以伤害人，是因为那些人不了解老虎的本性。爱马的人，以竹筐来装马粪，用蛤壳盛马尿。碰到有蚊虻叮咬在马身上，爱马之人出其不意地去拍打，马受到惊吓咬断勒口，养马人往往遭受马带来的毁容踢胸之痛。本意是爱马，结果适得其反，能不谨慎吗！"

注释

1 覆宋本"身"后有"也"字，影宋本"汝"作"女"。

2 **形**：外表。**就**：依附，亲近。

3 **和**：和顺。

4 **入**：深入，陷入。这里指过于亲近，以致全无差异。

5 **出**：彰显，突出。

6 **颠**：倾覆。

7 **崩**：毁坏。**蹶**：失败。

8 **孽**(niè)：灾害。

9 **町**(tǐng)：田界。**畦**(qí)：田园中分成的小区。

10 **是**:自以为是。

11 **积**:累积,多次。**伐**:夸耀。

12 **决**:撕裂。

13 **时**:揣度时间。

14 **达**:通达,熟悉。

15 **矢**:屎,粪便。

16 **蜃**(shèn):大蛤,这里指蛤壳。

17 **仆缘**:附着,指叮在马身上。

18 **拊**(fǔ):拍打。**不时**:出其不意。这里指在马完全不知道的情况下,突然去拍打蚊虻。

19 **衔**:马嚼子。"缺衔"指咬断了勒口。

20 **意**:爱马的心意。

原文

匠石[1]之齐,至乎曲辕[2],见栎社树[3]。其大蔽[数千][4]牛,絜[5]之百围,其高临山十仞[6]而后有枝,其可以为舟者旁[7]十数。观者如市,匠伯不顾,遂行不辍[8]。弟子厌观之[9],走及[10]匠石,曰:"自吾执斧斤以随夫子,未尝见材如此其美也。先生不肯视,行不辍,何邪?"曰:"已矣,勿言之矣!散木[11]也,以为舟则沉[12],以为棺椁[13]则速腐,以为器则速

译文

匠石去齐国,来到曲辕,看见一棵当作社神的栎树。这棵栎树大到可以遮蔽数千头牛,用绳子量周身,有百余围,它高出山顶七八十尺处才长树枝,可用来造船的都有十余枝。观赏的人群好像赶集一样,而匠石看都不看一眼,直接往前走而不停留。他的徒弟在树旁看了个饱,看到师傅走远了,跑着赶上去说:"自我跟随师傅学艺,从来没看到过材质如此之美的树木。可是师傅您却不肯看一眼,脚不停歇,为什么呢?"匠石回答道:"算了,不要说它了!这是一棵材质很差的无用之树,用它来做船就会沉没,用它来做棺椁很快就会腐烂,用它来做器具很快就会毁掉,用

毁，以为门户则液樠[14]，以为柱则蠹[15]。是不材之木也。无所可用，故能若是之寿。”

它来做门户就会像樠树木一样流出树脂，用它来做屋柱就会被蛀虫腐蚀。这是一棵无可取材的树木，没有什么用处，所以它才能活得这么久。”

注释

1 **匠石**：一个名叫“石”的木匠。

2 **至乎**：覆宋本作“至于”。**曲辕**：地名。

3 **栎(lì)社树**：把栎树当作社神。

4 **蔽**：覆宋本作“敝”。底本无“数千”两字，今据覆宋本、陈景元《庄子阙误》引文如海本、成玄英本、李氏本、张君房本补正。

5 **絜(xié)**：用绳子度量粗细。

6 **十仞**：或作“千仞”。古代以七尺或八尺为一仞。

7 **旁**：近乎，大约。

8 **辍**：停。

9 **厌**：足。厌观即饱观，看个饱。

10 **走及**：跑着赶上。

11 **散木**：不成材的树木。

12 **沉**：没入水中。

13 **椁(guǒ)**：外棺。

14 **液樠(mán)**：液，浸渍。樠，树名，似松，其木心易出脂。“液樠”即言像樠树木一样流出树脂。

15 **蠹(dù)**：木内虫，这里指蛀虫腐蚀。

原文

匠石归，栎社见梦曰：“汝[1]将恶乎比予哉？若将比予于文木[2]邪？夫柤[3]梨橘柚，果蓏[4]之

译文

匠石回到家里，栎树托梦对他说：“你拿什么东西跟我相比呢？你要拿那些材质很美的树木和我相比吗？那些山楂、梨树、橘树和柚树等结果之类的树木，果实

属，实熟则剥，[剥][5]则辱，大枝折，小枝泄[6]。此以其能苦其生者也，故不终其天年而中道夭，自掊击于世俗者也。物莫不若是。且予求无所可用久矣，几死，乃今得之，为予大用。使予也而有用，且得有此大也邪？且也若与予也皆物也，奈何哉其相[7]物也？而几死之散人，又恶知散木？”

成熟时就会被扑打，扑打则受尽摧残，大枝干被折断，小枝丫被扯拽。这就是因它们的才能害苦了自己一生，所以常常不能享尽天年而中途夭折，它们都是自己招致了世俗的打击。世上万物无不如此。况且我寻求无所可用已经很久了，差点死去，如今终于达到无所可用，这才是我最大的用处。假如我真的有具体的用途，我还能长得这么大吗？并且你和我都是“物”，你又有何能去评价别的物呢？你不过是一个即将要死亡的无用之人，又怎知无用的树木呢？”

注释

1 **汝**：影宋本作“女”。

2 **文木**：材质很美的树木。

3 **柤**(zhā)：山楂。

4 **果蓏**(luǒ)：树上结的为果，地上结的为蓏。这里泛指瓜果之类。

5 底本、影宋本均无“剥”字，今据覆宋本补正。

6 **泄**：通“曳”，牵扯。

7 **相**：看待。

原文

匠石觉而诊[1]其梦。弟子曰：“趣取[2]无用，则为社何邪？”曰：“密[3]！若无言！彼亦直[4]寄焉，以为不知己者诟厉[5]也。

译文

匠石醒来后，把梦告诉了他的弟子。弟子说：“既然栎树的志向在于追求无所可用，那又为何要做社树呢？”匠人石说：“安静！你不要说了！它也只是寄寓在社神中而已，以抵挡那些不了解自己的人的訾议

不为社者，且几有剪[6]乎？且也彼其所保[7]与众异，而以义誉[8]之，不亦远乎！”

与辱骂。假使它不做社树，岂不有砍伐之灾？况且它所用来保全自己的办法与众不同，你根据常理来评价它，这不相差太远了吗！”

注释

1 **诊**：通“畛”，告诉。

2 **趣**：意趣，志向。“趣取”即志在追求。

3 **密**：借为“谧”，保持安静。

4 **直**：不过。

5 **诟厉**：辱骂，訾议。

6 **剪**：砍伐。

7 **所保**：所用来保全性命的方法。

8 **义**：常理。**誉**：评价。

原文

南伯子綦游乎商之丘[1]，见大木焉有异，结驷[2]千乘，隐将芘其所藾[3]。子綦曰：“此何木也哉？此必有异材夫！”仰而视其细枝，则拳曲[4]而不可以为栋梁；俯而视[5]其大根，则轴解[6]而不可以为棺椁；咶[7]其叶，则口烂而为伤；嗅之，则使人狂酲[8]，三日而不已。子綦曰：“此果不材之木也，以至于此其大也。嗟呼！神人以此不材！”

译文

南伯子綦在商丘游玩，看见一棵大树，长得很特殊，集结上千辆马车，都可以遮蔽在大树的树荫之下。子綦说：“这是什么树呢？这必定有奇异的材质啊！”仰头看树的细枝，弯弯曲曲不能用来做栋梁；低头看大树的树干，树心开裂而不可以用来做棺椁；用舌舔它的树叶，则口舌溃烂而受伤；用鼻子闻它的气味，则使人醉倒癫狂，三天都不能清醒。子綦说：“这真是一棵不成材的树，所以才长得这么高大。哎呀！传说中的神人就是以这种不成材的方式存世啊！”

注释

1 **南伯子綦**:人名,见《齐物论》。**商之丘**:即商丘,在宋国。

2 **驷**(sì):一乘(shèng)。古时一车四马为一乘。

3 **隐将**:陈景元《庄子阙误》引张君房本作"将隐"。**芘**(bì):通"庇",荫庇的意思。**藾**(lài):树荫。

4 **拳曲**:卷曲,弯曲。

5 **视**:覆宋本作"见"。

6 **轴解**:树木轴心出现开裂。

7 **咶**(shì):同"舐",用舌舔。

8 **酲**(chéng):醉酒后头脑昏沉、身体困乏的状态。

原文

宋有荆氏者,宜楸[1]、柏、桑。其拱把[2]而上者,求狙猴之杙[3]者斩之;三围四围,求高名之丽[4]者斩之;七围八围,贵人富商之家求樿傍[5]者斩之。故未终其天年,而中道之夭于斧斤,此材之患也。故解[6]之以牛之白颡[7]者,与豚之亢鼻[8]者,与人有痔病者不可以适河[9]。此皆巫祝以知之矣,所以为不祥也。此乃神人之所以为大祥也。

译文

宋国荆氏这个地方,适合楸树、柏树和桑树的生长。当这些树长到一两把那么粗时,那些寻找拴猴子的木桩的人便把它砍了;当树干长到三四围粗时,那些寻求高大栋梁的人便把它砍去;当树干长到七八围粗时,寻求用整块木板做棺材的贵人及富商便把它砍去。所以这些树木不能尽享天年,而是在生长过程中遭受砍伐而亡,这就是有用之材招致的祸患。因此通过祭祀来祈祷神灵消除灾祸时,额头为白色的牛、鼻子朝天的猪以及患有痔疮病的人不能被用来祭祀河神。这些都是巫祝们已经知道的,并且认为不吉祥的。而这些却是神人所认为的最大的吉祥。

注释

1 **楸**(qiū):楸树。

2 **拱**:两手合握。**把**:一手所握。

3 **杙**(yì):小木桩。

4 **高名**:高大。**丽**:通“欐”,房屋的栋柱。“高名之丽”即高大的栋材。

5 **樿**(shàn)**傍**:用整块木板做成的棺材。

6 **解**:祭祀之名,祷告。这里指通过祭祀祈祷神灵消除灾祸。

7 **颡**(sǎng):额。

8 **亢鼻**:鼻孔朝天。

9 **适河**:沉入河中以祭祀河神。

原文

支离疏[1]者,颐隐于齐[2],肩高于顶,会撮[3]指天,五管[4]在上,两髀为胁[5]。挫针治繲[6],足以糊口;鼓策播精[7],足以食十人。上[8]征武士,则支离攘臂[而游][9]于其间;上有大役[10],则支离以有常疾不受功[11];上与病者粟,则受三钟[12]与十束薪。夫支离其形者,犹足以养其身,终其天年,又况支离其德[13]者乎!

译文

有个名叫支离疏的人,下巴陷在肚脐下,双肩高于头顶,发髻指向天空,脊椎骨突出于背,两条大腿和两侧肋骨紧贴在一起。他给人缝补、洗衣,足够糊口过日子;卜卦占兆,足可养活十口人。官府征兵时,他捋袖扬臂在征兵人面前走来走去;官府有大的差役,他因身有残疾而免除劳役;官府向残疾人发放救济粮,他还领得三钟粮食和十捆柴草。像支离疏那样形体残缺不全的人,尚且能够养活自己,终享天年,又何况那些忘德的人呢!

注释

1 **支离疏**:假托的人名。“支离”指形体错位,“疏”指疏离智慧。

2 **颐**:下巴。**齐**:覆宋本作“脐”,肚脐。

3 **会**(kuò)**撮**:发髻。

4 **五管**:五脏的腧穴,位于脊椎。此指脊椎。

5 **髀**(bì):股骨。**胁**:从腋下到肋骨末端的部位。

6 **挫针治繲**(jiè):指缝补、洗衣。繲,洗衣。

7 **鼓策**:指揲蓍钻龟。**播精**:或作"播糈",卜卦占兆。

8 **上**:官府,朝廷。

9 **攘**(rǎng)**臂**:捋起衣袖伸出手臂。**而游**:底本、影宋本均无,今据覆宋本及成玄英疏补正。

10 **大役**:大的劳役。

11 **功**:指劳役之事。

12 **钟**:古代计量单位,六斛四斗为一钟。

13 **支离其德**:犹忘德。有德而借不德以自覆,以无用为大用。

原文

孔子适楚,楚狂接舆[1]游其门曰:"凤[2]兮凤兮,何如德之衰也!来世不可待[3],往世不可追也。天下有道[4],圣人成[5]焉;天下无道,圣人生[6]焉。方今之时,仅免刑焉[7]。福轻乎羽,莫之知载[8];祸重乎地,莫之知避。已乎已乎[9],临人以德!殆乎殆乎,画地[10]而趋!迷阳迷阳[11],无伤吾行[12]!郤曲郤曲[13],无伤吾足。"

译文

孔子到了楚国,楚国隐士接舆游荡于孔子门前唱到:"凤鸟啊,凤鸟啊!这个时代的道德怎么衰败到这个地步!未来的时代不可期待,过去的时日无法追回。天下大治,圣人便成就了他的事业;天下混乱,圣人只求保全性命。当今这个时代,圣人仅仅免遭刑戮而已。幸福比羽毛还轻,却没有人知道怎么去承载;灾祸比大地还重,没有人知道怎么回避。算了吧,算了吧!在别人面前炫耀德行!危险啊,危险啊!人为设置出规范让人去遵守!路途迷茫,不要影响我前行的道路!道路曲折不通,不要伤害我的脚!"

注释

1 **楚狂接舆**:楚国隐士,相传姓陆名通,字接舆。

2 **凤**:凤鸟。相传凤鸟是吉祥的征兆,只有在治世才会出现。

3 **待**:期待。

4 **有道**:太平之世。

5 **成**:成就事业。

6 **生**:保全性命。

7 **仅免刑焉**:仅仅免于刑戮而已。

8 **莫**:没有人。**载**:承载。

9 **已乎**:算了吧。

10 **画地**:在地面上画出路线来,喻指设置人为的规范让人们去遵守。

11 **迷阳**:联绵词,茫然、迷茫的样子。

12 **行**:道路。

13 **郤(xì)曲郤曲**:底本及覆宋本、影宋本均作"吾行郤曲",今据陈景元《庄子阙误》引张君房本改。**郤曲**:联绵词,弯曲不通。指道路曲折难行。

原文

山木自寇[1]也,膏[2]火自煎也。桂[3]可食,故伐之;漆可用,故割之。人皆知有用之用,而莫知无用之用也。

译文

山上的树木自己招致了砍伐,膏火自己招致了煎熬。桂树皮可以食用,因而遭到砍伐;树漆可以利用,所以遭人割取。人们都知道有用的用处,却不知道无用的用处。

注释

1 **寇**:劫取。

2 **膏**:油脂。

3 **桂**:树名,其皮可作香料。

德充符

导读

《德充符》主要通过外在形体的残缺与内在德行的充盈之间的鲜明对照，探讨人的本质性规定问题。在庄子看来，“德”是“本”，而“形”是“末”，人的内在德行才是人的根本。所谓“德充符”，指的是德行充实于内，万物应验于外，就像符契的相合。本篇所列举的形体残缺之人，都是德行充实于内，而万物亲附于外的。

那么如何才能实现德行的充盈？关键在于心灵的作用。纵观此篇，“用心”成为凝聚德行、超越外在形貌的一个核心观念。王骀的故事以“心成”“用心”“游心”“常心”“心未尝死”为线索，首尾相贯，表明王骀的精神已经超越生死，达到与天地万物浑然一体的境界。申徒嘉与子产的对话揭示出“形骸之内”与“形骸之外”的区别，两人之间的真正交往应当是心灵的交往，是灵魂相交。叔山无趾批评孔子的心灵未能摆脱俗世之名的困扰，远未达到至人死生一体、是非一贯的境界。在哀骀它的故事中，孔子借小猪遗弃死母猪的故事，阐明了形体与主导形体的心灵是“末”与“本”的关系，哀骀它获得外物亲附主要在于他的“才全”而“德不形”。“才全”就是“接而生时乎心”。鲁哀公终于领悟到他与孔丘之间不是俗世的君臣关系，而是“德友”。最后，借闉跂支离无脤以及庄惠辩情的故事回归到天人之辩上。圣人德行充盈，忘记了外在的形骸，抛弃各种智巧诈伪等行为，而与天合一。庄子批判惠施以是非好恶之情伤害内在本性，崇尚私智雄辩，劳精费神，戕害了天性。只有因顺万物之本性，放弃智巧行为，用心持守内在德行，超越外物的束缚，才能获得精神的自由。

原文

鲁有兀者王骀[1]，从之游者与仲尼相若[2]。常季[3]问于仲尼曰："王骀，兀者也，从之游者与夫子中分鲁。立不教，坐不议，虚而往，实而归。固有不言之教、无形而心成[4]者邪？是何人也？"仲尼曰："夫子，圣人也，丘也直后[5]而未往耳。丘将以为师，而况不若丘者乎！奚假[6]鲁国！丘将引天下而与从之。"

译文

鲁国有个被砍掉一只脚的人，名叫王骀，跟他学习的人与孔子的门徒相当。常季问孔子道："王骀是个被砍去了一只脚的人，在鲁国，跟他学习的人与跟先生学习的人数相当。他立不施教，坐不议论，而弟子们却虚怀而往，满载而归。难道真有不用言语的教诲，不着形迹而使内心潜移默化吗？这是什么人呢？"孔子回答说："这位先生是圣人啊，我只是落在其他求学者之后尚未去向他学习而已。我将把他当作老师，何况那些不如我的人呢！岂止鲁国人，我要引领天下的人都去向他学习。"

注释

1 **兀**：刖一只脚称为兀。**王骀**(tái)：庄子虚构的人名。

2 **相若**：相当，意即下文的"与夫子中分鲁"。

3 **常季**：鲁国贤人，一说为孔子弟子。

4 **无形**：不着形迹。**心成**：内心有所收获。

5 **直后**：只是落在其他求学者之后。

6 **奚假**：何止。

原文

常季曰："彼兀者也，而王[1]先生，其与庸[2]亦远矣。若然者，其用心[3]也独若之何？"仲尼曰：

译文

常季说："他是个被砍去一只脚的人，却胜过了先生，那常人和他的差距就更大了。果真如此，那么他的思想境界有什么独特之处呢？"孔子说："死生是人生中的大

"死生亦大矣,而不得与之变,虽天地覆坠,亦将不与之遗[4]。审乎无假[5],而不与物迁,命物之化,而守其宗也。"常季曰:"何谓也?"仲尼曰:"自其异者视之,肝胆楚越[6]也;自其同者视之,万物皆一也。夫若然者,且不知耳目之所宜,而游心乎德之和。物视其所一[7]而不见其所丧,视丧其足犹遗土也。"

事,可是他却不会因生死而有任何变化,即便天翻地覆,他也不会随之发生改变。他洞察到人的心灵本是卓然独立的,无所假借,不随外物发生变迁,顺任天地万物的变化而持守万物之根本。"常季说:"这是什么意思呢?"孔子说:"从事物的差异性角度去看,人体中的肝与胆虽相邻却如同楚国与越国那样相距遥远;从事物的同一性角度去看,万物都是一样的。如果做到了这一点,他就不会去关心耳目适宜于何种声色,而让自己的心灵畅游于万物德行纯和玄同的境界。把万物视为浑然一体,而不知道有所谓的丧失,把被砍掉的一只脚看作是掉了一块土一样。"

注释

1 **王**:超过、胜过。

2 **庸**:常人。

3 **用心**:心智活动。此指思想境界。

4 **遗**:亡失,这里指改变。

5 **审**:深明,洞察。**无假**:不借助于外物,这里指寄寓形体之中的真宰。

6 **肝胆楚越**:肝胆两种器官性状不同,功能各异,如果从事物的差异性角度去审视,肝胆虽然同居一体之中,彼此相邻,却如同楚越两国相去甚远一样。

7 **物视其所一**:对于事物只看到它们所本之源是相同的。

原文

常季曰："彼为己，以其知得其心，以其心得其常心，物何为最[1]之哉？"仲尼曰："人莫鉴于流水而鉴于止水，唯止能止众止。受命于地，唯松柏独也[正][2]，在冬夏青青；受命于天，唯[尧][3]舜独也正，[在万物之首。][4]幸能正生，以正众生。夫保始之征[5]，不惧之实；勇士一人，雄入于九军。将求名而能自要[6]者而犹若是，而况官[7]天地，府[8]万物，直寓六骸[9]，象耳目[10]，一知之所知[11]，而心未尝死者乎！彼且择日而登假[12]，人则从是也。彼且何肯以物为事乎！"

译文

常季说："他的修身，是通过自己的智慧来获得认知之心，通过认知之心获得永恒的超越之心，那么人们为什么会聚集在他那里呢？"孔子说："人们不在流水上照镜子，而在静止的水面上照，只有静止，才能使所有的事物都静止下来。生长在大地上的树木，只有松柏独得性命之纯正，无论冬夏都常青；禀受性命于天，只有尧舜独得性命之纯正，为万物的首长。他们幸而能够端正自身的性命，从而能端正天地万物的性命。善于持守生命本源的征验，体现在无所畏惧之人的真实表现上。勇士孤身一人，威武地闯入千军万马之中。为了获得功名而自我要求的人尚且能够如此，何况那主宰天地，包蕴万物，只将躯体当作寓所，把耳目视为虚象，将具体的认知对象混同为一，从而达到整体之知，而内心未尝丧失其本真的人呢！他不久将升登至玄远的境界，人们都将跟从他而去。他怎么会把众人聚集在他身边当成一回事呢！"

注释

1 **最**：聚集。

2 底本、覆宋本、影宋本均无"正"字，今据陈景元《庄子阙误》引张君房本补正。

3 底本、覆宋本、影宋本均无"尧"字，今据陈景元《庄子阙误》引张君房本补正。

4 底本、覆宋本、影宋本均无此句，今据陈景元《庄子阙误》引张君房本补正。

5 **始**：本源。**征**：征验。持守生命之本源而不丧失，则必征验于外。

6 **自要**：自我要求。

7 **官**：主宰，统领。

8 **府**：包藏，囊括。

9 **寓六骸**：将躯体当作精神寄寓之所。

10 **象耳目**：将耳目视为虚象。

11 **一知之所知**：将具体的认知对象混同为一，达到整体上的认知。

12 **登假**：即"登遐"，升于玄远的境界，超越俗世。

原文

申徒嘉[1]，兀者也，而与郑子产同师于伯昏无人[2]。子产谓申徒嘉曰："我先出则子止[3]，子先出则我止。"其明日，又与合堂同席而坐。子产谓申徒嘉曰："我先出则子止，子先出则我止。今我将出，子可以止乎？其未邪？且子见执政而不违[4]，子齐[5]执政乎？"申徒嘉曰："先生之门，固有执政焉如此哉？子而悦[6]子之执政而后人者也？闻之曰：'鉴[7]明则尘垢不止，止则不明也。久与贤人处则无过。'今子之所取大[8]者，

译文

申徒嘉是个被砍掉一只脚的人，与郑国的子产同时向伯昏无人求学。子产对申徒嘉说："我如果先出去，你就留下；你如果先出去，我就留下。"第二天，子产和申徒嘉又同堂合坐在一张席子上。子产对申徒嘉说："我如果先出去，你就留下；你要先出去，那我就留下。现在我要出去，你可以留下等会再出去吗？还是不能呢？况且你见了我这个执政官却不知道回避，你和执政官是平等的吗？"申徒嘉说："在老师的门下，哪有像你这样的执政官？你得意于自己的执政官地位而看不起别人吗？我听说：'镜子明净，尘垢就不会停留在上面，落了灰尘就不会明净。长时间与贤人相处就会没有什么过错。'如今你所追求

先生也，而犹出言若是，不亦过乎！”

的重要东西是先生之道，而你却说出这种话来，这不是一种过错吗！”

注释

1 **申徒嘉**：庄子虚构的人名。

2 **子产**：姓公孙，名侨，字子产，郑国的贤大夫，曾执政郑国，故下文自称“执政”。**伯昏无人**：庄子虚构的人名，又作伯昏瞀人，见于《田子方》《列御寇》诸篇。

3 **止**：暂停，留下。

4 **违**：避讳，回避。

5 **齐**：与之相同。

6 **悦**：影宋本作“说”。

7 **鉴**：镜子。

8 **取大**：尊信，尊崇。

原文

子产曰：“子既若是矣，犹与尧争善，计子之德，不[1]足以自反邪？”申徒嘉曰：“自状[2]其过，以不当亡者众；不状其过，以不当存者寡。知不可奈何而安之若命，唯有德者能之。游于羿之彀[3]中，中央者，中地[4]也；然而不中者，命也。人以其全足笑吾不全足者众[5]矣，我怫然[6]而怒；而适先生之所，则废然[7]

译文

子产说：“你都已经这样了，还想要达到尧那样的善德，看看你自己的德行，难道还不足以自我反省吗？”申徒嘉说：“自己文饰所犯过错，认为不应当遭受刑罚的人很多；不去文饰自己的过错，认为不应当免于刑罚的人很少。知道事情不可能改变，对待命运安然处之，只有真正具备善德的人才能做到。就像处在后羿的射程之内，中心的地方是必中区域；然而没有被射中，这就是命运。以其完整的双脚嘲笑我只有一只脚的人很多，我常常勃然而怒；等到了先生这里，我的怒气全消而

而反。不知先生之洗我以善邪[8]？吾与夫子游十九年矣，而未尝知吾兀者也。今子与我游于形骸之内，而子索我于形骸之外，不亦过乎？”子产蹴然[9]改容更貌曰：“子无乃称！”

恢复常态。岂不知这是先生在用善道来教化我？我跟随先生游学十九年了，可是他却从不知道我是一个断了一只脚的人。如今你与我以形骸之内的真性相交，可是你却以我的外在形体相貌来评价我，这岂不是过错吗？”子产惊惧不安，马上恭敬地说：“你不要再说下去了！”

注释

1 陈景元《庄子阙误》引文如海本、成玄英本、李氏本、张君房本等无“不”字。

2 **状**：粉饰，辩解。

3 **羿**：古时候的神射手。**彀**(gòu)**中**：弓箭射程之内。

4 **中地**：弓箭射中的地方。

5 **众**：覆宋本作“多”。

6 **怫**(fú)**然**：发怒的样子。

7 **废然**：怒气消解的样子。

8 **洗**：洗涤，这里指教导。陈景元《庄子阙误》引张君房本在此句后还有“吾之自寤邪”。

9 **蹴**(cù)**然**：惊惧不安的样子。

原文

鲁有兀者叔山无趾[1]，踵见[2]仲尼。仲尼曰：“子不谨，前既犯患[3]若是矣。虽今来，何及[4]矣！”无趾曰：“吾唯不知务[5]而轻用吾身，吾是以亡足。今吾

译文

鲁国有个被砍去脚趾的人叫叔山无趾，他用脚后跟走路去拜见孔子。孔子对他说：“你不谨慎，以前犯了过错遭受如此祸患。虽然你今天来到我这里，可是怎么挽得回呢！”叔山无趾说：“我由于不识时务，轻率地对待自己的身体，因

来也，犹有尊足者存，吾是以务全之也。夫天无不覆，地无不载，吾以夫子为天地，安知夫子之犹若是也！"孔子曰："丘则陋[6]矣。夫子胡不入乎？请讲以所闻！"无趾出。孔子曰："弟子勉之！夫无趾，兀者也，犹务学以复补前行之恶，而况全德[7]之人乎！"

此丧失了脚趾。如今我来到你这里，还有比脚趾更为珍贵的东西在，我因此想要保全它。天无不覆，地无不载，我把先生看作天地一样宽广，哪知先生还是这样的人！"孔子说："我实在浅薄。您为什么不进来呢？请把您所知道的讲给我听。"叔山无趾走了。孔子对弟子们说："你们要努力啊！叔山无趾是一个被砍掉脚趾的人，他还在努力求学以弥补先前所犯下的过失，何况形体健全的人呢！"

注释

1 **叔山无趾**：庄子虚构的人物。

2 **踵见**：用脚后跟行走去拜见。

3 **犯患**：犯下祸患。

4 **何及**：怎么挽回。

5 **不知务**：不知时务。

6 **陋**：浅薄固陋。

7 **全德**：天生形体相貌完整，没有残缺。

原文

无趾语老聃曰："孔丘之于至人，其未邪[1]？彼何宾宾[2]以学子为？彼且蕲以諔诡[3]幻怪之名闻，不知至人之以是为己桎梏[4]邪？"老聃曰："胡不直使彼以死生为一条[5]，以可不可为一贯[6]者，

译文

叔山无趾对老子说："孔丘恐怕还没有达到至人的境界吧？他为什么还频繁地向您请教呢？他还在想通过奇异虚妄的名声为人所知，却不知至人把这些看作是禁锢自己的枷锁吗？"老子说："你为何不直接让他认识到死生一体，是非相互贯通，解除他的枷锁，这样

解其桎梏，其可乎？”无趾曰：“天刑之，安可解！”

可以吗？”叔山无趾说：“这是上天给他带来的刑罚，怎么可以解除！”

注释

1 陈景元《庄子阙误》引张君房本无“其”字。

2 **宾宾**：频频。

3 **諔(chù)诡**：奇异。

4 **桎梏**：古代的一种刑具，喻为束缚。

5 **一条**：一体。

6 **一贯**：相贯通。

原文

鲁哀公问于仲尼曰：“卫有恶人[1]焉，曰哀骀它[2]。丈夫[3]与之处者，思而不能去[4]也。妇人见之，请于父母曰‘与为人妻，宁为夫子妾’者，十数而未止也。未尝有闻其唱[5]者也，常和人而已矣。无君人之位以济[6]乎人之死，无聚禄以望[7]人之腹。又以恶骇[8]天下，和而不唱，知不出乎四域[9]，且而雌雄合乎前[10]，是必有异乎人者也。寡人召而观之，果以恶骇天下。与寡人处，不至以月数，而寡人有意乎其为人也；不至乎期年，而寡人信

译文

鲁哀公向孔子问道：“卫国有个长相丑陋的人，名叫哀骀它。男人与他相处，留恋他而不愿离去。女人见到他，便向父母请求说‘与其做别人的妻子，不如做哀骀它先生的妾’，这样的人不止十多个。从没有听到他倡导什么，常常附和别人而已。他没有权位以救助他人于危难之中，也没有敛聚财富以让人丰衣足食。又因丑陋而惊骇天下人，常附和而不倡导，他的见识没有超出他的周边范围，而男男女女都聚集在他的左右，这一定有不同于常人之处。我把他召来一看，果真相貌丑陋得足以让天下人都惊骇不已。他跟我相处不到一个月，我便对他的为人颇感兴趣；不到一年，我就信任他。国家没有主政的官，

之。国无宰[11]，寡人传国焉。闷然[12]而后应，泛而若辞[13]。寡人丑[14]乎，卒授之国。无几何也，去寡人而行，寡人恤[15]焉，若有亡也，若无与乐是国也。是何人者也？”

我便把国事托付给他。他沉默半天才回应我，漠不关心地推辞。我深感惭愧，最终把整个国家都交给他。没过多久，他就离开我走了，我郁郁寡欢，怅然若失，好像这个国家再也没有人可以和我一起共享快乐了。这是什么样的人呢？”

注释

1 **恶人**：丑陋的人。
2 **哀骀它**(tuó)：虚构的人名。
3 **丈夫**：古代成年男子的通称。
4 **去**：离开。
5 **唱**：倡导，引导。
6 **济**：救助，救济。
7 **禄**：俸禄，这里指财富。**望**：月满，引申为满足。
8 **骇**：惊骇。
9 **四域**：四周，周围附近。
10 **雌雄**：妇人和男子。**合**：亲近。
11 **宰**：执政的官员。
12 **闷然**：沉默的样子。
13 **泛**：漠不关心的样子。
14 **丑**：惭愧。
15 **恤**：忧虑。

原文

仲尼曰：“丘也尝使于楚矣，适见豚子[1]食于其死母者，少焉眴若[2]皆弃之而走。不见己[3]焉尔，不得

译文

孔子说：“我曾经出使楚国，碰巧看见一群小猪在已死去的母猪身上吸奶，不一会又眼神惊慌地抛弃母猪逃跑了。这是因为母猪不再亲昵小猪，而小猪也得

类[4]焉尔。所爱其母者，非爱其形也，爱使其形者也。战而死者，其人之葬也不以翣资[5]；刖者之屦[6]，无为爱之，皆无其本矣。为天子之诸御[7]，不爪剪，不穿耳；取妻者止于外[8]，不得复使。形全犹足以为尔，而况全德之人乎！今哀骀它未言而信，无功而亲，使人授己国，唯恐其不受也，是必才全而德不形者也。”

不到母猪的呼应。可见小猪爱它们的母亲，不是爱它的形体，而是爱主宰形体的精神。战死沙场的人，下葬时不用棺材；砍掉了脚的人，没有理由去爱惜鞋子，这都是因为丧失了根本。做天子的御女，不剪指甲，不穿耳眼；婚娶之人留在宫外，不得再去驱使他们服役。为了保持形体的完整尚要如此去做，何况要保持德行完整的人呢！如今哀骀它不说话也能取信于人，没有功劳而被人亲近，使人将国政托付给他，还唯恐他不肯接受，这一定是‘才全’而‘德不形’之人。”

注释

1 **豚**(tún)：小猪。

2 **眴**(shùn)**若**：眼神惊慌的样子。

3 **见己**：看见自己，“不见己”指母猪不再对吃奶的小猪有所回应。

4 **类**：同类。

5 **翣**(shà)：棺材上的饰物，形状像扇子。**资**：送。

6 **刖**(yuè)：古代断足的刑罚。**屦**(jù)：鞋子。

7 **诸御**：宫中御女。

8 **取妻者止于外**：男女婚娶之后免于服役。

原文

哀公曰：“何谓才全？”仲尼曰：“死生存亡，穷达贫富，贤与不肖，毁誉，饥渴寒暑，是事之变，命之

译文

鲁哀公问：“什么叫‘才全’呢？”孔子说：“死生存亡，穷达贫富，贤能与不肖，诋毁与称誉，饥渴寒暑，这些都是人事的变化，命运的运行。日夜互相交替，每天

行也。日夜相代乎前，而知不能规[1]乎其始者也。故不足以滑[2]和，不可入于灵府[3]。使之和豫[4]，通而不失于兑[5]，使日夜无郤[6]而与物为春，是接而生时乎心者也[7]，是之谓才全。”“何谓德不形？”曰：“平者，水停之盛也。其可以为法也，内保之而外不荡也。德者，成和之修也。德不形者，物不能离也。”

都出现在我们面前，然而人的才智却不能窥见它们的开端。因此这些变化都不足以去扰乱人的平和本性，也不应侵入人的心灵。要使人的心灵平和安适，畅达而不丧失愉悦，要使人的心灵时刻与万物保持暖春一般的祥和，在接续事物之中顺应时令发展，这就叫作‘才全’。”鲁哀公问：“那什么叫作‘德不形’呢？”孔子说：“平静是水停止时的最佳状态。这种平静可以作为一种准则，内心保持静止而不摇荡于外。德是达到和谐修养的状态。德行不彰显于外，外物亲附而不会离开。”

注释

1 **规**：窥。

2 **滑**(gǔ)：扰乱。

3 **灵府**：心灵。

4 **豫**：安适。

5 **通**：通畅。**兑**：通“悦”，欢乐。

6 **郤**(xì)：同“隙”，间隙。

7 **接**：与物交接。**时**：顺时。

原文

哀公异日以告闵子[1]曰：“始也吾以南面而君天下，执民之纪而忧其死，吾自以为至通矣。今吾闻至人之言，恐吾无其

译文

有一天，鲁哀公把这件事告诉了闵子，说：“先前我以国君之位去治理天下，掌管治理百姓的纲纪而心忧他们的生死，我自认为这是最通达了。如今我听到了孔子这番话，恐怕我先前治理天下都是有

实，轻用吾身，而亡吾[2]国。吾与孔丘，非君臣也，德友而已矣。”

名无实，轻率地对待自身而丧失了国家。我跟孔子不是君臣关系，而是以德相交的朋友呢。”

注释

1 **闵子**：人名，孔子的弟子。

2 覆宋本“吾”作“其”。

原文

闉跂支离无脤[1]说卫灵公，灵公悦[2]之，而视全人，其脰肩肩[3]。瓮㼜大瘿说齐桓公[4]，桓公悦之，而视全人，其脰肩肩。故德有所长[5]而形有所忘，人不忘其所忘而忘其所不忘，此谓诚忘[6]。故圣人有所游，而知为孽[7]，约为胶[8]，德为接[9]，工为商[10]。圣人不谋，恶用知？不斫[11]，恶用胶？无丧[12]，恶用德？不货[13]，恶用商？四者，天鬻[14]也。天鬻也者[15]，天食[16]也。既受食于天，又恶用人！

译文

一个驼背、跛脚、形体残缺、无唇的人游说卫灵公，卫灵公十分喜欢他，再看形体健全的人，反而觉得他们的脖颈太细长了。一个长有瓮盎那般大颈瘤的人游说齐桓公，齐桓公十分喜欢他，再看那些形体健全的人，反而觉得他们脖颈太细长了。所以，德行充实的人，别人对他的形体就会有所遗忘，人如果不去忘记他所应当忘记的东西，却忘记了不应当忘记的东西，这就叫作真正的遗忘。所以圣人游于自得之域，把智巧看作灾祸，把誓约看作是枷锁，把道德看作是打交道的工具，把工巧看作是算计的行为。圣人从不去谋虑什么，哪里用得着智巧？不割裂，哪里用得着胶黏？德行完备，没有缺失，哪里用得着仁义道德？从不买卖交易，哪里用得着精明算计？这四种表现被称作“天鬻”。所谓“天鬻”，就是天然的养育。既然禀受自天然，又哪里用得着人为呢！

注释

1 **闉**(yīn):蜷曲。**跂**(qǐ):抬起脚后跟站立,引申为跛行。**支离**:肢体伛偻残病。**无脤**:无唇。脤,同"唇"。

2 **悦**:影宋本作"说",通"悦",下同。

3 **脰**(dòu):颈项。**肩肩**:细长的样子。

4 **瓮**(wèng):一种盛水或酒的陶器。**盎**(àng):或作"盎",盆。**大瘿**(yǐng):大瘤子。**齐桓公**:姜姓,吕氏,名小白,打败公子纠获得王位,后任用管仲为相,推行改革,使齐国成为春秋时期的霸主。

5 **长**:增加,这里指充实、充盈。

6 **诚忘**:真正的忘记。

7 **知**:智慧。这里含有贬义,指各种智巧。**孽**(niè):灾祸。

8 **约**:信约,规范。**胶**:黏附,束缚。

9 **德为接**:这里的"德"是指仁义之类的道德规范或准则。**接**:人与人之间的交接,打交道。

10 **工**:工巧。**商**:揣度,算计。

11 **斫**(zhuó):砍削,这里指侵害或破坏。

12 **丧**:丢失,缺损。

13 **货**:买卖交易。

14 **鬻**(yù):通"育",养育的意思。

15 覆宋本无"也"字。

16 **天食**(sì):天然的养育。

原文

有人之形,无人之情。有人之形,故群于人;无人之情,故是非不得于身。眇[1]乎小哉,所以属于人也!謷[2]乎大哉,独成其天!

译文

圣人具有众人的形体相貌,但没有众人的私情。拥有众人的形体相貌,所以生活在众人之中;没有众人的私情,所以是非都不附着于身。多么渺小啊,因为圣人和众人属于同类!多么伟大啊,只有圣人能超越人的形体相貌,与天地万物一体。

注释

1 **眇**(miǎo):渺小。

2 **謷**(ào):高大的样子。

原文

惠子谓庄子曰:“人故[1]无情乎?”庄子曰:“然。”惠子曰:“人而无情,何以谓之人?”庄子曰:“道与[2]之貌,天[3]与之形,恶得不谓之人?”惠子曰:“既谓之人,恶得无情?”庄子曰:“是[4]非吾所谓情也。吾所谓无情者,言人之不以好恶内伤其身,常因自然而不益生[5]也。”惠子曰:“不益生,何以有其身?”庄子曰:“道与之貌,天与之形,无以好恶内伤其身。今子外乎子之神,劳[6]乎子之精,倚树而吟,据槁梧而瞑[7]。天选子之形[8],子以坚白鸣[9]!”

译文

惠子对庄子说:“人本来就没有情感吗?”庄子说:“是的。”惠子说:“人如果没有情感,怎么还能称作人呢?”庄子说:“道赋予人容貌,天赋予人形体,怎么不能称作人呢?”惠子说:“既然称之为人,又怎能没有情感?”庄子回答说:“这不是我所说的情感。我所说的无情,是说人不要因好恶之情伤害自身的内在本性,常常顺任自然而不去增益生命。”惠子说:“不增益生命,怎么能保有自己的身体呢?”庄子回答说:“道赋予人容貌,天赋予人形体,不要因人的好恶之情伤害自身的内在本性。如今你放逐你的神明,劳损你的精力,靠着树吟唱,倚着几案小睡。自然赋予你形体,你却在‘坚白’之辩中争论不休!”

注释

1 **故**:本来。

2 **与**(yǔ):赋予。

3 **天**:这里的“天”与“道”的内涵相同。

4 **是**:指示代词,这。

5 **益生**:增益生命。可参看《老子·第五十五章》:"益生曰祥。"增益生命违背自然,是灾异。

6 **劳**:劳损,耗费。

7 **据**:倚靠。**槁梧**:几案。**瞑**(mián):通"眠",小睡。

8 **选**:选择,决定。

9 **鸣**:争鸣。

大宗师

导读

大宗师,即以道为天地万物的本宗、大师,该篇从大道的视角阐述了人的精神与形体之间的关系,主张超越有限的形体生命,而将精神契合于大道,以达到永恒的逍遥。

首先,此篇从认知的角度考察了天人关系,主张只有真人才具有真知,才能使精神超越生死,达到天人合一。其次,人的生死只是物的无穷变化,拘执于有限的形体,在相濡以沫中挣扎求生,不若相忘于江湖,在万物一体之中追寻大道,以获得真正的自由。通过子祀、子舆、子犁、子来四个人相交的故事,指出生命本源于虚无的大道,在大道之中,"死生一体"。只有忘却外在的形体相貌,一任造化,人的精神才能真正通达大道。再次,超越生死,也就能超越俗世的礼仪制度,从而真正解放人的精神。作者通过子桑户、孟子反、子琴张的故事以及孟孙才居母丧的故事,揭示出道家与儒家在对待死亡问题上存在着"方内"与"方外"之别,借此批判了俗世的礼仪制度对人性的束缚与限制。最后,大道真实存在,大道无情而化育万物,而人世间有为的道德规范局限在狭隘的仁义是非之上,终不能进入大道境界。

只有通过“坐忘”的体道方法，超越形体的限制，绝弃知识与智巧，才能实现与道同体的境界。

原文

知天[1]之所为，知人之所为者，至矣。知天之所为者，天而生也[2]；知人之所为者，以其知之所知[3]以养其知之所不知，终其天年而不中道夭者，是知之盛也。虽然，有患。夫知有所待而后当[4]，其所待者特未定也。庸讵知吾所谓天之非人乎？所谓人之非天乎？

译文

知道哪些变化是天地万物自身带来的，知道哪些改变是人类的行为造成的，这就是认识的极致。知道天地万物自身所带来的变化，是天然生就的；知道人类的行为所带来的改变，以人自身的才智所能知道的，去顺应自身才智所不能知道的，从而享尽年寿而不会中途夭折，这就是人类认知所达到的极致。尽管如此，这种认知方式还是有不足。因为人类的知识必须借助于认知对象才能形成，而认知的对象是不确定的。怎么知道我所说的天然的变化不是人为所致呢？怎么知道我所说的人为的东西不是天然的呢？

注释

1 **天**：天地万物的总称。

2 **天而生也**：天然生就的。

3 **知**(zhì)**之所知**(zhī)：人的智力所能知道的。

4 **待**：凭借。**当**：成，合。

原文

且有真人而后有真知。何谓真人？古之真人，不逆寡[1]，不雄成[2]，不谟士[3]。若然者，过而弗悔，当而不自得也。若然者，登高不栗，入水不濡[4]，入火不热。是知之能登假于道[5]也若此。古之真人，其寝不梦，其觉无忧，其食不甘，其息深深。真人之息以踵[6]，众人之息以喉。屈服者，其嗌言若哇[7]。其耆欲深者，其天机浅。古之真人，不知悦[8]生，不知恶死。其出不䜣[9]，其入不距[10]，翛然[11]而往，翛然而来而已矣。不忘[12]其所始，不求其所终；受而喜之，忘而复之。是之谓不以心捐[13]道，不以人助天。是之谓真人。若然者，其心志[14]，其容寂[15]，其颡頯[16]。凄然[17]似秋，暖然[18]似春，喜怒通四时，与物有宜而莫知其极。

译文

并且只有真人才拥有真知。什么叫作真人呢？古时候的真人，不违逆少数人，不炫耀成功，不谋划事务。像这样的人，有过失却不后悔，事情做得恰当也不自鸣得意。像这样的人，登高而不战栗，入水不会浸湿身体，投入火中不觉炙热。这种认知契合于大道的人就像这样。古时候的真人，睡觉时不做梦，醒来时不忧愁，他饮食不求甘美，他的呼吸气息深沉。真人通过脚后跟来呼吸，俗人通过咽喉来呼吸。屈从于人时，言语哽咽，气息进出不畅。那些嗜欲很深的人，他天然的灵性也就很浅了。古时候的真人，不知道欢庆新生，不知道厌恶死亡。他们出生不感到欣喜，死亡也不去抵制，顺应自然而来到人世，又顺应自然洒脱地离开人世而已。不忘记自己生命的本始，不探求自己最终要去向何方；禀受天然的生命形态而怡然自得，忘掉自己的死生而回归到生命的本然。这就叫作不以人的心灵损害大道，不以人力去改变天然所赋予的。这就叫真人。像这样的人，他们的心灵专注，他们的面容平和，他们的面额宽广厚实。冷峻寒凉有如秋天，温暖和煦有如春天，他们的喜怒与四时相顺应，与外物和谐共处而没有人能知道其原因。

注释

1 **逆**:违逆。**寡**:少,不足。

2 **雄成**:夸耀成功。

3 **谟**(mó):谋划,谋虑。**士**:事。

4 **濡**(rú):浸湿。

5 覆宋本“道”后有“者”字。**登**:升。**假**(gé):至。

6 **踵**:脚后跟。

7 **嗌**(ài):噎,哽咽。**哇**(huá):咽喉进出气不畅。

8 **悦**:覆宋本、影宋本均作“说”,通“悦”。

9 **出**:出生。**䜣**(xīn):同“欣”,高兴。

10 **入**:死亡。**距**:或作“拒”,抵制。

11 **翛**(xiāo)**然**:无拘束的样子。

12 **不忘**:“忘”很可能是“志”之误,字形相近而混。

13 **捐**:伤害。一说“捐”为“损”,字形相近而误。

14 **志**:专一。

15 **容寂**:面容平和。

16 **颡**(sǎng):额。**頯**(kuí):厚实宽广的样子。

17 **凄然**:寒凉,冷峻。

18 **暖然**:温暖,和煦。

原文

故圣人之用兵也,亡国而不失人心;利泽施乎万世,不为爱人[1]。故乐通物,非圣人也;有亲,非仁也[2];天时,非贤也;利害不通,非君子也;行名失己,非士也;亡身不真,

译文

所以圣人动用武力,灭亡了他国,却没有丧失他国的民心;实利和恩泽惠及万世,却不自认是仁爱百姓。有心去通达了解万物的人,不是圣人;有亲疏有选择地爱人不是“仁”;占候天时而作,不是贤人;不能通达利害关系的,不是君子;做事追求名声而丧失自己的本性,不是士人;丧

非役人[3]也。若狐不偕、务光、伯夷、叔齐、箕子、胥余、纪他、申徒狄[4]，是役人之役，适人之适[5]，而不自适其适者也。

失生命，违背真性，不是独立自主之人。像狐不偕、务光、伯夷、叔齐、箕子、胥余、纪他、申徒狄，这些都是被那些自主之人所役使，都是使别人安适，而不使自己也安适的人。

注释

1《论语·颜渊》："樊迟问仁。子曰：'爱人。'"儒家主张仁者爱人，而老子则主张"上德不德，是以有德""上德无为而无以为"（《老子·第三十八章》），庄子则曰："利泽施乎万世，不为爱人。"此即下文"泽及万世而不为仁"的意思。

2 儒家主张仁爱，《论语·学而》："泛爱众，而亲仁。"《论语·泰伯》："君子笃于亲，则民兴于仁。"《孟子·梁惠王上》："未有仁而遗其亲者也。"《孟子·尽心上》："亲亲，仁也。""亲亲而仁民，仁民而爱物。"道家则认为有了亲疏之别，则不再是仁的体现，《庄子·天运》："至仁无亲。"

3 **役**：使，主使。役人即主使之人，这里指自主之人。

4 **狐不偕**：姓狐，字不偕，古时候的贤人。**务光**：夏朝末年的隐士，汤让天下而不受，投河而死。**伯夷、叔齐**：商朝时孤竹国君的两个儿子，周武王灭商，他们不食周粟，饿死首阳山。**箕子**：商纣王的庶兄，劝谏纣王不被采纳，装疯而被囚禁。**胥余**：伍子胥，吴王夫差大臣，劝谏不从，被杀害。**纪他**：商朝隐士，担心汤让位，投水而死。**申徒狄**：商朝人，进谏不被接受，投河而死。

5 **适**：安适。

原文

古之真人，其状义而不朋[1]，若不足而不承[2]，与乎其觚而不坚也[3]，张乎其虚而不华也[4]，邴邴乎其似喜乎[5]，崔乎其不得已乎[6]。滀乎[7]进我色也，与[8]乎止我德也，厉乎其似世乎[9]。謷乎其未可制[10]也，连乎其似好闭也[11]，悗乎[12]忘其言也。以刑为体，以礼为翼，以知为时，以德为循[13]。以刑为体者，绰乎其杀也[14]；以礼为翼者，所以行于世也；以知为时者，不得已于事也；以德为循者，言其与有足者至于丘也，而人真以为勤行者也。故其好之也一，其弗好之也一。其一也一，其不一也一。其一与天为徒[15]，其不一与人为徒。天与人不相胜也，是之谓真人。

译文

古时候的真人，其神情巍然独立而不结朋党，好像德行不足而不愿承受虚誉，悠然自适，卓然独立却不固执，心灵宽广恢宏却不浮华，畅然和适好像很高兴一样！一举一动好像是出于不得已。德行充盈而神色可亲，接人待物以德行为归依，境界宏大犹如世界宽广。高放自得不受限制，踌躇迟缓好像从容自若，无心散漫好像忘记了他要说的话。以刑罚为根本，以礼仪为辅助，以知识去把握时机，以德行作为顺应万物的依据。把刑罚作为根本的人，杀人也就宽绰了；把礼仪作为辅助的人，是为了在俗世中推行；以知识把握时机的人，行为是出于不得已；以德行作为顺应万物的依据的人，就好像和有脚的人一起登上山丘一样平常，而人们却以为他是勤于践行的人。所以不管人们喜好也罢，不喜好也罢，天地万物与人总是浑然一体。那些认识到这种同一性的人与天地万物浑然一体，那种没有认识到这种同一性的人实际上也与天地万物浑然一体。认识到这种同一性的人与天地万物同属一类，那些没有认识到这种同一性的人与俗世中的人同属一类。天地万物与人类不是互相克制的，达到这种认知程度的人就叫作真人。

注释

1 **义**:通“峨”,高大巍峨。**朋**:朋党,结党。

2 **不承**:不接受。

3 **与乎**:悠然自适。**觚**(gū):或作“孤”,独立不群。**坚**:坚持,固执。

4 **张乎**:广大,恢宏。**华**:浮华。

5 **邴邴**(bǐng):喜悦的样子。陈景元《庄子阙误》引文如海本、成玄英本、张君房本“喜乎”作“喜也”。

6 **崔乎**:运动的样子。陈景元《庄子阙误》引文如海本、成玄英本、张君房本作“崔崔乎”,“已乎”作“已也”。

7 **滀**(chù):积聚。这里指内心充实。

8 **与**:交往,待人接物。

9 **厉**:为“广”之形讹。**世**:世界,世间。陈景元《庄子阙误》引文如海本、成玄英本、张君房本“世乎”作“世也”。

10 **謷**(ào):高远的样子,引申为志向高远。**制**:限制,迫止。

11 **连乎**:绵长不绝。一说是迟缓、舒缓的样子。**闭**:缄默。一说“闭”当为“闲”,指从容,闲适。

12 **悗**(mèn)**乎**:心不在焉的样子。

13 **循**:遵循,依循。

14 **绰乎**:宽大的样子。

15 **徒**:徒属,这里指同类。

原文

死生,命[1]也,其有夜旦之常[2],天也。人之有所不得与[3],皆物之情[4]也。彼特以天为父,而身犹爱之,而况其卓[5]乎!人特以有君为愈[6]

译文

死和生是生命体必然的存在状态,就像日夜交相更替一样的永恒,这是自然的。有些情形是人力不能去改变的,这是事物发展的真实状态。人们唯独把天尊为君父,并且终身爱戴它,何况那卓绝高超的“道”呢!人们只将君王看作是超越自己的,并

乎己，而身犹死之，而况其真[7]乎！

且终身为之舍命效忠，又何况那生命的真君呢！

注释

1 **命**：必然的存在状态。

2 **常**：恒常的规律。

3 **与**：干预，干涉。

4 **情**：真实状态。

5 **卓**：超绝，卓越。

6 **愈**：胜过，超过。

7 **真**：与俗世间"君"相对，指人形骸之中的真君、真宰。

原文

泉涸[1]，鱼相与处于陆，相呴[2]以湿，相濡以沫[3]，不如相忘于江湖。与其誉尧而非桀也，不如两忘而化其道[4]。夫大块载我以形[5]，劳我以生[6]，佚我以老[7]，息我以死[8]。故善吾生者，乃所以善吾死也。

译文

泉水干了，鱼儿在陆地上相互依偎，相互吹出湿气来滋润对方，互相以唾沫来沾湿对方，不如在有水的江湖里自由生活而彼此相忘。与其赞誉尧的高尚而非议桀的残暴，不如忘记双方的德行而混同于大道。天地赋予我形体，用生存来让我劳累，用衰老来让我安逸，用死亡让我安息。所以善待我的生存，也就可以善待我的死亡了。

注释

1 **涸**(hé)：水干。

2 **呴**(xǔ)：吹，开口呼气。

3 **相濡以沫**：互相用唾沫来沾湿对方。

4 **化其道**：化于大道。

5 此句到"乃所以善吾死也"又出现在下文，放置在此，语义不相连贯，疑为错简。大块：天地，一说是大地。这里指造物者。

6 **劳我以生**：以生存让我劳累。

7 **佚**(yì)：安逸。**老**：衰老。

8 **息我以死**：以死亡来让我安息。

原文

夫藏舟于壑[1]，藏山于泽，谓之固[2]矣。然而夜半有力者负之而走，昧[3]者不知也。藏小大有宜，犹有所遁[4]。若夫藏天下于天下，而不得所遁，是恒[5]物之大情也。特犯人之形而犹喜之[6]，若人之形者，万化而未始有极[7]也，其为乐可胜计邪？故圣人将游于物之所不得遁而皆存。善夭[8]善老，善始善终，人犹效[9]之，又况万物之所系[10]而一化[11]之所待乎！

译文

将船藏在沟壑之中，将山藏在水泽里，可以称得上牢固了。然而半夜里有个大力士把它们都背走了，睡梦中的人却不知道。把小物体藏在大物体之中，这是通行适当的做法，然而还会有丢失。如果把天下藏于天下，就无所谓丢失，这就是事物恒常的真实存在状态。一旦形成人形就高兴不已，却不知像人这种形态，千变万化而没有一个尽头，那快乐又岂能数得清呢？所以圣人遨游于天地万物浑然一体的境界而没有任何亡失，因而得以永存。善待年幼与老迈，善待出生与终结，人们尚且去效法这种做法，又何况万物所从属以及一切变化所凭借的道呢！

注释

1 **壑**(hè)：山谷。

2 **固**：牢固，稳固。

3 **昧**：通"寐"，睡着。一说是愚昧。

4 **遁**：丢失。

5 **恒**:常有,固有。

6 此句到"其为乐可胜计邪"又出现在下文,放置在此,语义不相连贯,疑为错简。**犯**:通"范",模子,铸模。这里指形成。

7 **极**:尽头。

8 **夭**:或作"妖",陈景元《庄子阙误》引张君房本作"少",年幼之意。

9 **犹**:底本作"酋",今据覆宋本、影宋本改。**效**:效法,取法。

10 **系**:从属。

11 **一化**:天地万物的一切变化。

原文

夫道有情有信[1],无为无形;可传而不可受[2],可得而不可见[3];自本自根,未有天地,自古以固存;神鬼神帝[4],生天生地;在太极[5]之先而不为高,在六极[6]之下而不为深,先天地生而不为久,长于上古而不为老。狶韦氏[7]得之,以挈[8]天地;伏戏[9]得之,以袭气母[10];维斗[11]得之,终古不忒[12];日月得之,终古不息;堪坏[13]得之,以袭[14]昆仑;冯夷[15]得之,以游大川;肩吾得之,以处大山[16];黄帝得之,以登云天;颛顼[17]得之,以处玄宫;禺强[18]得之,立乎北极;西王母[19]得之,坐乎少广。莫知其始,莫知其

译文

"道"是真实的存在,然而它又是无为和无形的;"道"可以传承却不可以授予,可以为万物所得而不可见;"道"是本源性的存在,在天地出现之前就已经存在;它使鬼神神妙,产生了天地;它在太极之上却不算高,它在六极之下却不算深,它在天地产生之前就已经存在,却不算长久,它自上古以来就存在,却不算年老。狶韦氏得到它,用来统括天地;伏羲氏得到它,用来调和元气;北斗星得到它,运行从无差错;太阳和月亮得到它,运行不息;堪坏得到它,入居昆仑山;冯夷得到它,遨游于江河;肩吾得到它,安处于泰山;黄帝得到它,得以升天;颛顼得到它,居处玄宫;禺强得到它,立足于北极;西王母得到它,居住于少广山。没有谁知道它的开端,也没有谁知道它的终点。彭

终。彭祖得之，上及有虞[20]，下及五伯[21]；傅说[22]得之，以相武丁，奄[23]有天下，乘东维[24]，骑箕尾[25]，而比于列星。

祖得到它，从虞舜时代一直活到五霸时代；傅说得到它，用来辅佐武丁，统治整个天下，死后乘驾东维星，骑坐箕宿和尾宿，与众星并列。

注释

1 **情、信**：真实

2 **传**：传承，流传。**受**：通“授”，交与。

3 **得**：万物得道而为“德”，故曰“可得”。但道本无形，故曰“不可见”。

4 **神**：使……神妙。

5 **太极**：太极是战国中后期形成的重要观念，最先出现在《易·系辞》：“易有太极，是生两仪。”用以指称宇宙万物之初始。

6 **六极**：即六合。

7 **狶(shǐ)韦氏**：传说中的远古帝王。

8 **挈(qiè)**：提挈。

9 **伏戏**：覆宋本作“伏牺氏”。

10 **袭**：合，引申为调和。**气母**：元气之母，即古人心目中宇宙万物初始的物质。

11 **维斗**：北斗星。

12 **忒(tè)**：差错。

13 **堪坏(péi)**：昆仑山之神。

14 **袭**：入居。

15 **冯夷**：河神。

16 **大山**：覆宋本作“太山”。

17 **颛顼(zhuān xū)**：传说为黄帝之孙，即帝高阳。颛顼又称玄帝，即北方之帝，玄为黑色，为北方之色，所以下句说“处玄宫”。

18 **禺(yú)强**：北海之神。

19 **西王母**：传说中的女神，居于西方少广山。

20 **有虞**：虞舜。

21 **五伯**(bà):“伯”为诸侯之长。“五伯”指夏朝的昆吾,殷朝的大彭、豕韦,周朝的齐桓、晋文。相传彭祖活了八百岁,上从虞舜时期开始,下至五伯,一共八百年。

22 **傅说**(yuè):殷商时代的贤才,殷商高宗武丁时期为相。传说傅说死后成了星精,故下文有“乘东维,骑箕尾”之说。

23 **奄**:包括。

24 **东维**:星名,在箕星、尾星之间。

25 **箕、尾**:星名,为二十八宿中的两个星宿。

原文

南伯子葵问乎女偊[1]曰:“子之年长矣,而色若孺子[2],何也?”曰:“吾闻道矣。”南伯子葵曰:“[道][3]可得学邪?”曰:“恶!恶可!子非其人也。夫卜梁倚[4]有圣人之才,而无圣人之道,我有圣人之道,而无圣人之才,吾欲以教之,庶几其果为圣人乎!不然,以圣人之道告圣人[之][5]才,亦易矣。吾犹守[6]而告之,参日而后能外天下[7];已外天下矣,吾又守之,七日而后能外物[8];已外物矣,吾又守之,九日而后能外生[9];已外生矣,而后能朝彻[10];朝彻,而后能见独[11];见独,而

译文

南伯子葵问女偊:“你的年纪很老了,而你的容颜却像小孩,这是为什么呢?”女偊回答:“我得道了。”南伯子葵说:“道可以学习吗?”女偊回答说:“不!不可以!你不是学道那一类人。卜梁倚有圣人的材质却没有圣人之道,我有圣人之道却没有圣人的材质,我想用圣人之道来教导他,或许他真能成为圣人吧!然而并非如此,把圣人之道传授给具有圣人材质的人,似乎是很容易的。我持守大道告诉他,三天之后便能遗忘天下;已经遗忘了天下,我又持守,七天之后便能遗忘万物;已经遗忘了万物,我又持守,九天之后便能遗忘生死;已经遗忘了生死,然后内心一时彻悟;彻悟后,就能洞察大道的独存无待境界;洞察了大道独存无待的境界后,就能超越古今;超越古今,然后进入无生无死的境界。大道毁灭万物

后能无古今；无古今，而后能入于不死不生。杀生者不死[12]，生生者不生。其为物，无不将[13]也，无不迎[14]也，无不毁也，无不成也。其名为撄宁[15]。撄宁也者，撄而后成者也。”

而自身却不灭亡，造就万物而自身却没有诞生之时。大道在万物之中，随时应化而消解其原有的形态，又随时应化而迎来新的形态，无时不处在毁灭与形成之中。这种存在状态就叫作‘撄宁’。撄宁，就是在纷纷扰扰之中达到内心的宁静状态。”

注释

1 **南伯子葵**、**女偊**(yǔ)：均为虚构的人名。

2 **孺子**：幼儿，孩童。

3 底本无“道”字，今据覆宋本、影宋本补正。

4 **卜梁倚**：虚构的人名。

5 底本无“之”字，今据覆宋本、影宋本补正。

6 **守**：持守，修守，这里指内心凝寂，善于自持而不容懈怠。

7 **参**(sān)：通“三”。外天下：遗忘天下。

8 **外物**：遗忘万物。

9 **外生**：遗忘生死。

10 **朝**：早晨，表达的是时间观念，这里非特指早晨，而是指较短的时间。“朝彻”指在较短的时间内彻悟。

11 **独**：道家主张只有大道才是绝对的、独立无待的。“见独”指体悟大道。

12 **杀生者**：陈景元《庄子阙误》引江南古藏本“杀”前有“故”字。造就与毁灭天地万物的都是大道，而只有大道才是独立自存、不生不死的，故“杀生者不死”指大道没有死，而下文的“生生者不生”指大道不存在诞生的问题。

13 **将**：送往，“无不将”指无不随大道而化去其原有的形态。

14 **迎**：迎来，“无不迎”指无不随大道而迎来其新的形态。

15 **撄**(yīng)：纷扰。**宁**：宁静。“撄宁”指在纷纷扰扰之中进入宁静的状态。

原文

南伯子葵曰："子独恶乎闻之？"曰："闻诸副墨之子[1]，副墨之子闻诸洛诵之孙[2]，洛诵之孙闻之瞻明[3]，瞻明闻之聂许[4]，聂许闻之需役[5]，需役闻之於讴[6]，於讴闻之玄冥[7]，玄冥闻之参寥[8]，参寥闻之疑始[9]。"

译文

南伯子葵又问："你怎么得道了呢？"女偊说："我从文字流传之中领悟了道，文字流传源于言说的相传，言说相传源于眼睛所看到的，眼睛所看到的源于耳朵所听到的，耳朵所听到的源于践行，践行源于沉吟咏叹，沉吟咏叹源于幽深冥合，幽深冥合源于高旷空虚，高旷空虚源于不可知的本始。"

注释

1 **副墨**：文字。"副墨之子"指文字的不断流传。

2 **洛诵**：诵读，这里指语言。"洛诵之孙"指语言的不断流传。

3 **瞻明**：目视，这里指所看到的。

4 **聂许**：附耳私语，这里指所听到的。

5 **需役**：践行，实践。

6 **於讴**(wū ōu)：吟咏领会。

7 **玄冥**：幽深浑然的状态。

8 **参寥**：高旷空虚的状态。

9 **疑始**：模糊的本始。

原文

子祀、子舆、子犁、子来[1]四人相与语曰："孰能以无为首，以生为脊，以死为尻[2]，孰知死生存亡之一体者，吾与之友矣。"四人相视而笑，莫逆于心[3]，遂相与为友。

译文

子祀、子舆、子犁、子来四个人一起交谈说："谁能把初始的无当作头部，把生存当作脊柱，把死亡当作臀部，洞察生死存亡浑然一体的道理，我就和他成为朋友。"四个人都相视而笑，彼此心神默契，于是相互成为朋友。

注释

1 **子祀、子舆、子犁、子来**：庄子虚构的人名。

2 **尻**(kāo)：脊椎的底端，泛指臀部。

3 **莫逆于心**：内心相契，心照不宣。

原文

俄而[1]子舆有病，子祀往问之。曰："伟哉！夫造物者[2]将以予为此拘拘也[3]！"曲偻发背[4]，上有五管，颐隐于齐，肩高于顶，句赘[5]指天。阴阳之气有沴[6]，其心闲[7]而无事，跰𨇤而鉴于井[8]，曰："嗟乎！夫造物者又将以予为此拘拘也！"

译文

不久子舆生病了，子祀前去慰问。子舆说："伟大啊！造物者将要把我变得身形如此弯曲！"他佝偻着背，背骨外露，脊椎突出于背，下巴卷缩在肚脐下，双肩高过头顶，颈椎朝天。子舆体内阴阳之气错乱，而他却悠然自适，若无其事，他步履蹒跚地对着井水照自己的身影，说："哎呀！造物者又要把我变得身形如此弯曲！"

注释

1 **俄而**：不久。

2 **造物者**：指大道。

3 **拘拘**(gōu)：身体弯曲不能伸展的样子。

4 **曲偻**(lǚ)：伛偻，弯腰。**发背**：背骨外露。

5 **句**(gōu)**赘**：颈椎隆起，状如赘瘤。

6 **沴**(lì)：错乱。

7 **闲**：闲适。

8 **跰𨇤**(pián xiān)：步履蹒跚。**鉴**：照。

原文

子祀曰："汝恶之乎？"曰："亡，予何恶！浸假[1]而化予之左臂以为鸡，予因以求时夜；浸假而化予之右臂以为弹，予因以求鸮炙；浸假而化予之尻以为轮，以神[2]为马，予因而[3]乘之，岂更驾[4]哉！且夫得者[5]，时也；失者，顺也。安时而处顺，哀乐不能入也。此古之所谓县解也，而不能自解者，物有结之[6]。且夫物不胜天久矣，吾又何恶焉？"

译文

子祀说："你厌恶这个样子吗？"子舆说："不！我怎么会厌恶呢！假使造物者把我的左臂变成公鸡，我就用它来报晓；假使造物者把我的右臂变成弹弓，我就用它来打鸱鸮烧烤；假使造物者把我的屁股变成车轮，把我的精神变成马，我就用来乘坐，哪里还用另找车驾！并且生命的形成是应时而生，生命的灭失是一种顺应。安于天时，顺应自然，悲哀和快乐就不能进入人的心灵。这就是古人所说的天然的解脱，而不能自行解除这种状态的人，是为外物所束缚的。任何具体的事物都无法抵抗住天道，我又为何要厌恶呢？"

注释

1 **浸假**：假使。

2 **神**：精神。

3 **因而**：覆宋本作"因以"。

4 **更**(gēng)**驾**：更换车驾，另找车驾。

5 "且夫得者"至"此古之所谓县解也"又见于《养生主》。

6 **物有结之**：为外物所束缚。

原文

俄而子来有病，喘喘然[1]将死，其妻子环而泣之。[子][2]犁往问之，曰："叱[3]！

译文

不久子来生病了，气喘吁吁地将要死去，他的妻子儿女围在他身边哭泣。子犁前往探视，说："去！走开！不要惊

避！无怛[4]化！”倚其户与之语，曰：“伟哉！造化又将奚以汝为？将奚以汝适？以汝为鼠肝乎？以汝为虫臂乎？”

扰他的变化！”子犁靠着门跟子来说话：“伟大啊！造物者又将把你变成什么呢？将把你带到什么地方去？把你变成老鼠的肝脏吗？把你变成虫子的臂膀吗？”

注释

1 **喘喘然**：气息急促的样子。

2 底本、影宋本均无“子”，今据覆宋本补正。

3 **叱**：呵斥声。

4 **怛**(dá)：惊扰。

原文

子来曰：“父母于子，东西南北，唯命之从。阴阳于人，不翅[1]于父母。彼近[2]吾死而我不听，我则捍[3]矣，彼何罪焉！夫大块载我以形，劳我以生，佚我以老，息我以死。故善吾生者，乃所以善吾死也。今大冶铸金[4]，金踊跃[5]曰‘我且必为镆铘[6]’，大冶必以为不祥之金。今一犯[7]人之形，而曰‘人耳！人耳’，夫造化者必以为不祥之人。今一以天地为大炉，以造化为大冶，

译文

子来说：“父母对子女的命令，不论何方，子女都只能服从命令前往。造化的阴阳二气对于人来说，不啻于父母。它迫使我死去而我不听从，那是我在抵制，它有什么罪责呢！天地赋予我以形体，用生存来让我劳累，用衰老来让我安逸，用死亡来让我安息。所以善待我的生存，也就可以善待我的死亡了。假若一个冶金工匠在锻造金铁，金铁跳出来说‘我一定要成为镆铘那样的宝剑’，冶金工匠必将认为这是一块不吉祥的金铁。假若一旦成了人形，便说‘我是人！我是人’，造物者必将以为这是一个不吉祥的人。现在把天地当作大熔炉，把造物者当作冶炼的工匠，把我变化成什么

恶乎往而不可哉！”成然寐[8]，蘧然[9]觉。

不可以呢！”于是子来安然地酣睡过去，又惊喜地醒过来。

注释

1 **不翅**：不啻，不止。

2 **近**：迫近，迫使。

3 **捍**：影宋本作“悍”，忤逆，违逆。

4 覆宋本“今”字后有“之”字。**大冶**：熔炼金属的工匠。**铸金**：熔铸金铁。

5 **踊跃**：跃起。

6 **镆铘**：或作“莫邪”，宝剑名。

7 **犯**：通“范”，范铸，铸造。这里指形成。

8 **成然**：熟睡的样子。**寐**：入睡。

9 **蘧**(qú)**然**：惊喜的样子。

原文

子桑户、孟子反、子琴张[1]三人相与友，曰：“孰能相与于无相与，相为于无相为？孰能登天游雾，挠挑无极[2]，相忘以生，无所终穷？”三人相视而笑，莫逆于心，遂相与[为][3]友。

译文

子桑户、孟子反、子琴张三人彼此都是朋友，他们说：“谁能在不相互交往中相互交往，在不互相影响之中影响彼此？谁能登至高旷的天空，遨游于云雾之中，在无尽的虚空之中宛转游荡，彼此忘记对方的生死，而没有终极与穷尽？”三人相视而笑，彼此心神默契，于是相互成为朋友。

注释

1 **子桑户、孟子反、子琴张**：庄子虚构的人名。

2 **挠挑**：宛转运动的状态。**无极**：无尽的虚空。

3 底本、影宋本无“为”字，今据覆宋本补正。

原文

莫然有间[1]，而子桑户死，未葬。孔子闻之，使子贡往待事[2]焉。或编曲[3]，或鼓琴，相和而歌曰："嗟来[4]桑户乎！嗟来桑户乎！而已反其真[5]，而我犹为人猗[6]！"子贡趋而进曰："敢问临尸而歌，礼乎？"二人相视而笑，曰："是恶知礼意！"

译文

不久，子桑户死了，还没有下葬。孔子听说了，派子贡前去帮忙料理丧事。只见孟子反和子琴张有一个在编曲，有一个在弹琴，相应和着唱道："哎呀！子桑户啊！哎呀！子桑户啊！你已经回归本真，而我还是作为人而存在啊！"子贡快步走上前说："请问面对着死人唱歌，这合乎礼仪吗？"二人相视而笑，说："这种人怎么会懂得'礼'的真实内涵！"

注释

1 **莫然有间**(jiān)：顷刻之间。
2 **待事**：覆宋本作"侍事"。帮助料理丧事。
3 **编曲**：编次歌曲，以与琴相和。
4 **嗟来**：犹"嗟乎"，哎呀。
5 **真**：本真，指人作为物回归于大道的状态。
6 **猗**(yī)：表示感叹语气。

原文

子贡反，以告孔子，曰："彼何人者邪？修行无有[1]，而外其形骸，临尸而歌，颜色不变，无以命之。彼何人者邪？"孔子曰："彼游方[2]之外者也，而丘游方之内者也。外内不相及，而丘使汝[3]往

译文

子贡回去后，把所看到的情况告诉孔子，问："他们是些什么人呢？没有践行礼仪，放纵自己的形骸，面对着死人唱歌，脸上没有悲戚之色，真不知怎么称呼他们才好。他们究竟是些什么人呢？"孔子说："他们都是逍遥于世俗生活之外的人，而我却是活在俗世之中的人。俗世之外与俗世之内互不通达，我却让你前去吊

吊之，丘则陋矣！彼方且与造物者为人[4]，而游乎天地之一气。彼以生为附赘县疣[5]，以死为决疣溃痈[6]，夫若然者，又恶知死生先后之所在！假[7]于异物，托于同体，忘其肝胆，遗其耳目，反覆终始，不知端倪。芒然彷徨乎尘垢之外[8]，逍遥乎无为之业，彼又恶能愦愦然[9]为世俗之礼，以观[10]众人之耳目哉！”

唁，我实在是固陋啊！他们将要和造物者为伴，而畅游于天地万物浑然一体的境界。他们把活着看作是悬附的肉瘤，把死亡看作是毒疮的溃烂，像这样的人，又怎么知道死生的先后所在！借助于不同的事物，寄托在万物的浑然一体之中，他们忘记了形体内的肝胆等器官，摒弃了形体外的耳目感官，反复经历着事物的生生死死，却不知何处是开端。无知无欲，在尘世之外自得适意，无所事事，在俗世之中自由自在，他们又怎会去烦琐地履行世俗的礼仪，而展示给众人看呢！”

注释

1 **修行无有**：没有践行礼仪。

2 **方**：区域，这里指俗世生活。一说礼教、礼法。

3 **汝**：影宋本作“女”。

4 **人**：偶，偶伴。

5 **附赘**：附生的赘肉。**县疣**(xuán yóu)：悬附而生的肉瘤，喻指多余的东西。

6 **决**：指挑破毒疮。**疣**(huàn)：毒疮。**溃**：脓疮溃烂。**痈**(yōng)：恶性脓疮。

7 **假**：假借。

8 **芒然**：无知的样子。**彷徨**：自得适意。**尘垢**：尘世。

9 **愦愦**(kuì)**然**：纷乱的样子。

10 **观**：显示，展示。

原文

子贡曰:“然则夫子何方[11]之依?”[孔子][12]曰:“丘,天之戮民[13]也。虽然,吾与汝共之。”子贡曰:“敢问其方[14]。”孔子曰:“鱼相造[15]乎水,人相造乎道。相造乎水者,穿池而养给;相造乎道者,无事而生定[16]。故曰:鱼相忘乎江湖,人相忘乎道术。”子贡曰:“敢问畸人[17]。”曰:“畸人者,畸于人而侔[18]于天。故曰:天之小人,人之君子;人之君子,天之小人也。”

译文

子贡说:“那么您将遵循哪种准则呢?”孔子说:“我是命中注定要接受礼仪束缚的人。即便如此,我仍和你一起去探寻方外之道。”子贡问:“请问具体的方法是什么?”孔子回答:“鱼儿在水中相互通达,人们在大道之中相互通达。在水中相通达的,挖出一个池塘就可以提供充分的给养;在大道中通达的人,清静无为而本性恬然安适。所以说:鱼相忘于江湖里,人相忘于道术之中。”子贡说:“请问什么是畸人?”孔子说:“畸人就是与世俗之人不同类但又齐同于宇宙万物的人。所以说:宇宙万物中的小人却是俗世间的君子;俗世间的君子却是宇宙万物中的小人。”

注释

1 **方**:方术,准则。

2 底本、影宋本均无“孔子”两字,此段文字均有言说主词,体例当一致,今据覆宋本补正。

3 **戮民**:遭受刑戮的人,这里指受世俗礼仪约束的人。《德充符》中叔山无趾批评孔子曰:“天刑之,安可解?”与“天之戮民”意思相同。

4 **方**:方法,道术。

5 **相造**:相互通达。

6 **生定**:生性泰然安定。生,通“性”。

7 **畸人**:与世俗不同类的人。

8 **侔**(móu):等同,齐同。

原文

颜回问仲尼曰："孟孙才[1]，其母死，哭泣无涕[2]，中心不戚[3]，居丧不哀。无是三者，以善［处］[4]丧盖[5]鲁国。固有无其实而得其名者乎？回壹[6]怪之。"

译文

颜回问孔子："孟孙才这个人，他的母亲死了，哭泣时不流眼泪，心中没有悲伤，守丧时不悲痛。没有这三方面的表现，却以善于守丧而名闻鲁国。难道没有真实的表现却能获得虚名吗？我很是觉得奇怪。"

注释

1 **孟孙才**：庄子虚构的人物。

2 **涕**：泪水。

3 **戚**：悲痛。

4 底本无"处"字，今据覆宋本补正。

5 **盖**：覆盖，超出。

6 **壹**：的确，实在。

原文

仲尼曰："夫孟孙氏尽之矣，进[1]于知矣。唯简[2]之而不得，夫已有所简矣。孟孙氏不知所以生，不知所以死；不知就先，不知就后[3]。若化为物，以待其所不知之化已乎！且方将化，恶知不化哉？方将不化，恶知已化哉？吾特[4]与汝，其梦未始觉者邪！且彼有骇形

译文

孔子说："孟孙才已经尽孝了，远远超过了知道丧礼的程度。对于丧礼总希望能有所简化却没能做到，而孟孙才已经有所简化了。孟孙才不知道生的原因，也不知道死的原因；不去趋近生，也不趋近死。人如果顺应万物的变化而变成某一种事物，那不过意味着在等待那些还不知道的变化而已。况且将要发生变化，怎么知道哪些会不变呢？将要不变化，又怎么知道哪些已经变化了呢？我和你大概都是在梦中还没有醒来吧！人有让人惊骇的形体改变却

而无损心[5]，有旦宅而无情死[6]。孟孙氏特觉，人哭亦哭，是自其所以乃[7]。且也相与[8]吾之耳矣，庸讵知吾所谓吾之乎？且汝梦为鸟而厉[9]乎天，梦为鱼而没于渊。不识今之言者，其觉者乎，其梦者乎？造适[10]不及笑，献笑不及排[11]，安排[12]而去化，乃入于寥天一[13]。”

不会损害心神，有不断变化的躯体却没有精神的死亡。只有孟孙才清醒地知道这一点，别人哭他也跟着哭，这就是他所以那个样子的原因。众人彼此都说‘这是我’，又怎么知道自己所谓的‘我’的真正意义呢？并且你梦见自己变成鸟而飞跃到高空，梦见自己变成鱼而潜入深渊。不知道现在说话的这个人，是清醒的呢，还是在梦中呢？猝然而至的适意来不及笑，突然发出的笑来不及事先安排，听任自然的安排而任物之变化，这样就可进入虚静的天人合一境界。”

注释

1 **进**：超过。

2 **简**：简化丧事中的繁文缛节。

3 **就**：趋近。生死与先后对应。前文曰：“又恶知死生先后之所在。”可与此处对照看。

4 **特**：但。

5《淮南子·精神训》引作：“有戒形而无损于心。”**骇形**：让人惊骇的形体改变。**损心**：损伤心神。

6《淮南子·精神训》引此文作：“有缀宅而无耗精。”**旦宅**：不断变化的居所。这里指精神寓居的躯体并非恒常不变。**情死**：当作“精死”，与上文“损心”对应，亦即“耗精”，指精神耗费丧失。

7 **乃**：覆宋本作“宜”。

8 **相与**：彼此，互相。

9 **厉**：至，上。

10 **造适**：猝然适意。

11 **献**：发出。

12 **安排**:安于自然的推移。

13 **寥**:寥远,虚空。

原文

意而子[1]见许由。许由曰:"尧何以资[2]汝?"意而子曰:"尧谓我:'汝必躬服仁义,而明言[3]是非。'"许由曰:"而奚来为轵[4]?夫尧既已黥[5]汝以仁义,而劓[6]汝以是非矣,汝将何以游夫遥荡恣睢转徙[7]之途乎?"意而子曰:"虽然,吾愿游于其藩[8]。"许由曰:"不然。夫盲者无以与乎眉目颜色之好,瞽者无以与乎青黄黼黻之观。"意而子曰:"夫无庄[9]之失其美,据梁[10]之失其力,黄帝之亡其知,皆在炉锤[11]之间耳。庸讵知夫造物者之不息我黥而补我劓,使我乘成[12]以随先生邪?"许由曰:"噫!未可知也。我为汝言其大略。吾师[13]乎!吾师乎!韲[14]万物而不为义,泽及万世而不为仁,长于上古而不为老,覆载天

译文

意而子拜访许由。许由说:"尧教给你什么?"意而子说:"尧对我说:'你一定要亲身践行仁义,明辨是非。'"许由说:"你为何来我这里呢?尧既然已经用仁义毒害了你,又用是非戕害你,你将怎么达到逍遥放纵、辗转变化的畅游境界呢?"意而子说:"即便如此,我还是希望能畅游于这种境界的边缘。"许由说:"不行的。盲人没法欣赏美丽的眉目和容颜,瞎子没法欣赏礼服上的华美纹饰。"意而子说:"无庄不再修饰而忘记了自身的美艳,据梁不逞强而忘掉了自身的勇力,黄帝忘掉了自己的知识,他们都是在大道的熔炉之中经过锤炼才如此。怎知造物者不会消除我受到的伤害,补全我遭受的残损,使我保全完整的身体而跟随先生求道呢?"许由说:"唉!这是不可知的。我给你大致说说吧。我的宗师啊!我的宗师啊!它把万物研成碎末却不被认为是正义,它的恩泽惠及万世却不被认为是仁爱,它从上古至今一直存在,却不能说是老迈,统括天地、雕刻出万物的

地、刻雕众形而不为巧。此所游已。”

形态却不能说是精巧。这就是所要畅游的境界。”

注释

1 **意而子**:庄子虚构的人物。

2 **资**:帮助,引申为教诲。

3 **明言**:明辨。

4 **轵**(zhǐ):同“只”,句末语气词用法。

5 **黥**(qíng):古代在面额上刺刻后涂墨的刑罚。

6 **劓**(yì):古代割去鼻子的酷刑。

7 **遥荡**:逍遥放荡。**恣睢**:放纵不拘。**转徙**:辗转变化。

8 **藩**:篱笆,这里喻指受到一定约束的境域。

9 **无庄**:虚构的古代美人之名,不修饰自身而忘记了自己的美艳。

10 **据梁**:虚构的古代勇夫之名,不逞强而忘了自身的勇力。

11 **炉锤**:或作“炉捶”,冶炼铸造。

12 **乘**:承载。**成**:完备。“乘成”即承载精神的身躯不再残缺。

13 **吾师**:指以大道为师。

14 **整**:粉碎,调和。

原文

颜回曰:“回益[1]矣。”仲尼曰:“何谓也?”曰:“回忘仁义矣。”曰:“可矣,犹未也。”它[2]日复见,曰:“回益矣。”曰:“何谓也?”曰:“回忘礼乐[3]矣。”曰:“可矣,犹未也。”它日复见,

译文

颜回说:“我有进步了。”孔子问道:“你说的是什么?”颜回说:“我忘记了仁义。”孔子说:“不错,但还不够。”过了几天,颜回又去见孔子,说:“我有进步了。”孔子问:“你说的是什么?”颜回说:“我忘记了礼乐。”孔子说:“不错,但还不够。”过了几天,颜回又去见孔子,说:

曰:“回益矣。”曰:“何谓也?”曰:“回坐忘矣。”仲尼蹴然曰:“何谓坐忘?”颜回曰:“堕枝体[4],黜[5]聪明,离形去知[6],同于大通[7],此谓坐忘。”仲尼曰:“同则无好[8]也,化则无常[9]也。而果其贤乎!丘也请从而后也。”

“我有进步了。”孔子问:“你说的是什么?”颜回说:“我能坐忘了。”孔子惊奇地问:“什么叫‘坐忘’?”颜回答道:“摒弃自己的形体,弃绝各种感官知觉,超脱出形体,抛弃知识,与大道合一,这就叫‘坐忘’。”孔子说:“与万物混同则没有好恶,与万物共化则没有固定不变的形态,你真是贤人啊!我也希望跟随你学习。”

注释

1 **益**:增益,进步。

2 覆宋本作“他”。

3 **忘礼乐**:一说“礼乐”与“仁义”互倒。

4 **堕枝体**:覆宋本作“隳肢体”。

5 **黜**:摒除,废弃。

6 **离形**:脱离形体。**去知**:抛弃知识。

7 **大通**:大道。

8 **无好**:没有好恶。

9 **无常**:没有恒常不变的形态。

原文

子舆与子桑友,而淋[1]雨十日。子舆曰:“子桑殆[2]病矣!”裹饭而往食[3]之。至子桑之门,则若歌若哭,鼓琴曰:“父邪!母邪!天乎!人乎!”有不任[4]其

译文

子舆和子桑是朋友,淫雨霏霏,接连下了十天。子舆说:“子桑恐怕病倒了吧。”便包着饭食去送给他吃。刚来到子桑门前,就听见既像唱歌又像哭泣的声音,弹着琴唱道:“父亲啊!母亲啊!天啊!人啊!”声音微弱不堪,言辞急促。

声而趋举[5]其诗焉。子舆入，曰："子之歌诗，何故若是？"曰："吾思夫使我至此极者而弗得也。父母岂欲吾贫哉？天无私覆，地无私载，天地岂私贫我哉？求其为之者而不得也。然而至此极者，命也夫！"

子舆走进门说："你歌唱的诗句，为什么是这样？"子桑说："我在思考使我如此困窘的原因，却没有找到。父母难道想要我贫困吗？天没有偏私地覆盖着万物，地没有偏私地承载着万物，天地难道想要让我贫困吗？我探求使我贫困的原因却找不到。然而我却处在如此困窘的状态，这是命吧！"

注释

1 **淋**：覆宋本、影宋本均作"霖"。

2 **殆**：恐怕。

3 **食**（sì）：给人吃东西。

4 **不任**：不胜，不堪。

5 **趋**：急促。**举**：称引，言说，这里指吟唱。

应帝王

导读

《应帝王》主要讲庄子的外王之道。

首先，理想的治世之君超越物我，德行纯真，无为而治而天下大治。肩吾与接舆的对话、天根与无名人的故事，主要批判了依靠各种政令自上而下地强行推进教化来治理天下的方式，表达了对现实政治的厌恶，主张道家的圣人之治，以治身为本，保全真性，追求心灵的逍遥自适，顺应万物之自然，确保百姓能真正自己而然。这一主旨在《让王》中概括为“道之真以治身，其绪余以为国家，其土苴以治天下”。

其次，圣人之治本质上是自治其身而无心治天下，但客观上又使天下得到治理。阳子居与老聃关于“明王之治”的对话揭示出，圣人虽然客观上促成了天下大治，但主观上毫无私心，不居功，因而百姓都能按照自己的想法生活。这一思想实际上是对《老子·第十七章》的“功成事遂，百姓皆谓我自然”的阐释。

再次，列子引季咸给壶子看相的故事，阐述了大道隐而不显，处虚而不处实的特征，表明治世之道在于虚心应物，不藏私意。由此，圣人不为俗世的名声、智巧所奴役，不为俗事所牵制，使心灵处于虚静状态，就像明镜无心照物，而万物毕照。

最后，混沌之喻揭示出天性遭受损害必将导致灭亡的道理，以此表明只有奉行无为之治，不去戕害百姓的质朴本性，天下才能真正得到治理。

原文

啮缺问于王倪[1]，四问而四不知。啮缺因跃而大喜，行以告蒲衣子[2]。蒲衣子曰：“而乃今知之乎？有虞氏不及泰氏[3]。有虞氏其犹臧仁以要人[4]，亦得人矣，而未始出于非人[5]。泰氏其卧徐徐[6]，其觉于于[7]；一[8]以己为马，一以己为牛；其知情信，其德甚真，而未始入于非人。”

译文

啮缺向王倪请教，四次提问而王倪四次都说不知道。啮缺因而高兴地跳起来，去把这件事告诉了蒲衣子。蒲衣子说：“你现在知道了吗？虞舜比不上伏羲氏。虞舜还是心怀仁爱以交结人心，也得到了民心，然而他从来没有超出物我之辨析与区分。伏羲氏睡着时安稳舒泰，醒来时自得无虑；听任人称自己为马，听任人称自己为牛；他的智慧很真实，他的德行很纯真，而且从来没有对物我进行辨析与区分。”

注释

1 **啮缺、王倪**：虚构的人物，见《齐物论》。

2 **蒲衣子**：人名，传说中的古代贤人。

3 **泰氏**：旧注指太昊，即伏羲氏。

4 **臧**：通"藏"，覆宋本、影宋本作"藏"。**要**(yāo)：交结。

5 **未始出于非人**：有虞氏治理天下，以仁爱来教化人民，故其治天下从来没有超出物我的辨析与区分。

6 **徐徐**：安稳舒泰的样子。

7 **于于**：安然自得的样子。

8 **一**：或。

原文

肩吾见狂接舆。狂接舆曰："日中始[1]何以语汝[2]？"肩吾曰："告我君人者以己出经式义度[3]，人[4]孰敢不听而化诸？"狂[5]接舆曰："是欺德[6]也。其于治天下也，犹涉海凿河而使蚊负山也。夫圣人之治也，治外[7]乎？正[8]而后行，确乎能其事[9]者而已矣。且鸟高飞以避矰弋[10]之害，鼷鼠深穴乎神丘[11]之下，以避熏凿之患，而曾[12]二虫之无知！"

译文

肩吾拜见楚国狂人接舆。接舆说："日中始向你说了些什么？"肩吾说："他告诉我，国君按照自己的意志制定出各种规范法度，百姓谁敢不听从而归化呢？"接舆说："这是欺诈不实的做法。以这种方式来治理天下，就好像下海去开凿河道、让蚊虫背负大山一样。圣人治理天下，难道是用法度去匡正社会秩序吗？端正自身的本性，天下得到治理，确实让人民能够按照自身本性来生活而已。鸟儿高高地飞起，以便躲避弓箭的伤害，鼷鼠在神坛下挖深洞以逃避熏烟挖掘的祸患，而你竟然连这两种动物躲避灾祸的本能都不知道！"

注释

1 **日中始**：庄子虚构的人物。

2 **汝**：影宋本作“女”。

3 **义**：经、式、义、度都是指法度。陈景元《庄子阙误》引张君房本“度”作“庶”，从下句。

4 陈景元《庄子阙误》引张君房本作“民”。

5 影宋本无“狂”字。

6 **欺德**：欺诈不实的行为。

7 **治外**：以法度匡正社会的秩序。

8 **正**：性命、本性，这里指顺应人的本性。

9 **确**：确实。**能其事**：各自所从事的能够尽其本性。

10 **矰**(zēng)：系有丝绳以射飞鸟的短箭。**弋**(yì)：以带丝绳的箭射鸟。

11 **鼷**(xī)**鼠**：小鼠。**神丘**：社坛。

12 **曾**：竟。

原文

天根游于殷阳[1]，至蓼水[2]之上，适遭无名人[3]而问焉，曰：“请问为[4]天下。”无名人曰：“去[5]！汝鄙人也，何问之不豫[6]也！予方将与造物者为人，厌[7]则又乘夫莽眇[8]之鸟，以出六极之外，而游无何有之乡，以处圹埌[9]之野。汝又何帠[10]以治天下感予之心为？”又复问。无名人曰：“汝游心于淡[11]，合

译文

天根遨游于殷山之南，来到蓼水之上，恰好遇见无名人，因而向他请教：“请问如何治理天下？”无名人说：“走开！你这个浅薄鄙陋的人，为何一提问就让人不愉快！我正要与造物者为伴，心满意足之后，便又乘清虚缥缈之气，出游于六极之外，而逍遥于无何有之乡，处于空旷寂寥之境。你又为何要说梦话一样拿治理天下的事来扰乱我的心思呢？”天根再次请教。无名人说：“使你的心灵处于虚静恬淡的境界，与太和冲虚之气相合于寂寥清虚的状态，顺应事物的本性

气于漠[12]，顺物自然而无容私焉，而天下治矣。”

而不掺杂个人的私心，天下也就治理好了。”

注释

1 **天根**：庄子虚构的人物。**殷阳**：殷山之南。

2 **蓼**(liǎo)**水**：水名。

3 **无名人**：庄子虚构的人物。

4 **为**：治理。

5 **去**：走开。

6 **不豫**：不悦，不愉快。

7 **厌**：足，饱。

8 **莽眇**(miǎo)：清虚缥缈。

9 **圹埌**(kuàng làng)：空旷寂寥。

10 **帠**(yì)：为“寱”字之误，同“呓”，呓语，说梦话。

11 **淡**：恬淡虚静的状态。

12 **漠**：寂寥清虚的状态。

原文

阳子居[1]见老聃，曰：“有人于此，向疾强梁[2]，物彻疏明[3]，学道不倦[4]。如是者，可比明王乎？”老聃曰：“是于圣人也，胥易技系[5]、劳形怵心[6]者也。且也[7]虎豹之文来田[8]，猿狙之便、执斄之狗来藉[9]。如是者，可比明王乎？”阳子居蹴然曰：

译文

阳子居拜见老聃，说：“现在有这么一个人，行动快速敏捷、强干果断，洞察明敏，学道勤勉不怠。像这样的人，可以与圣王相比吗？”老聃说：“这样的人在圣人看来，只不过是被才识役使，被技能束缚，形体劳累，内心惊惧的人。况且虎豹因为皮毛的花纹而招致猎人的围捕，猕猴因为行动敏捷、狗因为善于捕捉狸而招致拘系。像这种情形，可以跟圣王相比吗？”阳子居惊惧不安地说：“请问圣王是如何治理天下的？”

"敢问明王之治。"老聃曰:"明王之治,功盖天下而似不自己[10],化贷[11]万物而民弗恃。有莫举[12]名,使物自喜,立乎不测,而游于无有者也。"

老聃说:"圣王治理天下,功绩遍及天下却像不是出于自己,教化惠及万物而百姓不依赖于他。圣王真实存在却没有人知道如何称道他,他使万物能各依本性而存在,他处于玄妙莫测的境地,遨游于空虚无有的境界。"

注释

1 **阳子居**:即杨朱,或称"阳子","朱"是"子居"的合音。杨朱是战国前期道家学派的重要人物,主张贵生。

2 **向疾**:"向"通"响",像回声一样迅疾。**强梁**:强干果断。

3 **物彻**:对物理明达洞彻。**疏明**:通达明敏。

4 **倦**:懈怠。

5 **胥**:有才识之名。**易**:借为"役"。"胥易"即为才识所役使。**技系**:为技术所束缚。一说"胥易"即"胥靡",拘束的样子。"技系"即"枝格",又作"扞格",相互排斥的样子。

6 **劳形**:使形体劳累。**怵**(chù)**心**:使内心惊惧、害怕。

7 覆宋本"也"作"曰"。

8 **文**:花纹,纹饰。**来**:招来,致使。

9 **便**:敏捷。**斄**(lí):借为"狸",狐狸。**藉**:用绳索拘系。

10 **自己**:出自自己。

11 **贷**:施。

12 **举**:称道。有圣王的存在却没有人知道如何称呼他。

原文

郑有神巫曰季咸[1]，知人之死生存亡、祸福寿夭，期[2]以岁月旬日，若神。郑人见之，皆弃而走。列子见之而心醉[3]，归，以告壶子[4]，曰："始吾以夫子之道为至矣，则又有至焉者矣。"壶子曰："吾与汝既其文[5]，未既其实，而固得道与？众雌而无雄，而又奚卵[6]焉！而以道与世亢[7]，必信，夫故使人得而相汝。尝试与来，以予示之。"

译文

郑国有个很神异的巫师叫作季咸，他知道人的生死存亡和祸福寿夭，能预测到具体的年、月、旬、日，有如神灵一般灵验。郑国人见到他，害怕知道自己的死亡日期而躲避他跑开去。列子见到他，内心十分折服，回来后告诉壶子说："当初我以为您的道术是最高深的，如今又有比您更为高深的道术了。"壶子说："我传授给你的全是一些大道的表征，还未及大道的本真，你难道认为就得道了吗？只有很多雌鸟而无雄鸟，又怎能生育繁衍呢！你拿大道的各种表象与俗世中的各种技巧相对抗，必会相信俗世的小技，所以让人家可以看准你的相。你试着和他一起过来，让他帮我看看相。"

注释

1 **神巫**：占卜识相的人。**季咸**：人名。

2 **期**：预测日期。

3 **心醉**：内心迷恋、沉醉。

4 **壶子**：郑国人，名林，号壶子，列子的老师。

5 陈景元《庄子阙误》引江南古本"既"作"无"。**既**：尽。**文**：外表，表象，这里指大道的各种外在表现。

6 **卵**：生育，繁衍。

7 **亢**：或作"抗"，匹敌、抗衡。

原文

明日，列子与之见壶子。出而谓列子曰："嘻！子之先生死矣！弗活矣！不以旬数矣[1]！吾见怪焉，见湿灰[2]焉。"列子入，泣涕沾襟以告壶子。壶子曰："向吾示之以地文[3]，萌乎不震不正[4]。是殆见吾杜德机[5]也。尝又与来。"

译文

第二天，列子与季咸一起来见壶子。季咸走出门对列子说："唉！你的老师快要死了！活不了了！活不了十天了！我看他神色怪异，就像看见浇湿了的灰烬一样。"列子进门，双泪直流，沾湿了衣襟，把季咸的话告诉了壶子。壶子说："刚才我把大地静寂不动的表象呈现给他看，茫茫然不动不息。他恐怕看到的是我闭塞生机后所呈现的状态吧。试试再和他一起来看看。"

注释

1 **不以旬数**：不能以十天来计数了，意即活不了十天了。

2 **湿灰**：湿灰不能复燃，比喻必死之情态，绝无生机。

3 **向**：覆宋本、影宋本作"乡"，通"向"，下同。从前，以往。**地文**：大地无心而寂静，故以不动为大地所呈现的表象。

4 **萌乎**：茫茫然。**震**：动。**正**：陈景元《庄子阙误》引江南古藏本作"止"，"止""正"形近相混而误。

5 **杜**：闭塞。**德机**：生机。

原文

明日，又与之见壶子。出而谓列子曰："幸矣，子之先生遇我也！有瘳[1]矣，全然有生矣！吾见其杜权[2]矣。"列子入，以告壶子。壶子曰："向

译文

第二天，列子又与季咸一起来见壶子。季咸走出门对列子说："幸运啊！你的老师遇上了我！快要好起来了，完全有生气了！我看到他闭塞了的生机。"列子进门，把季咸的话告诉了壶子。壶子说："刚才我把变化的天象展示给他看，名和

吾示之以天壤[3]，名实不入，而机发于踵。是殆见吾善者机[4]也。尝又与来。”

实都不曾侵入内心，而生机从本源处生发。他恐怕看到的是我彰显活力的生机吧。试着再和他一起来看看。”

注释

1 **瘳**(chōu)：病愈。

2 **杜权**：闭塞之中彰显出生机。

3 **天壤**：即天所呈现出来的象，与地文相对应。

4 **善者机**：彰显活力的生机。

原文

明日，又与之见壶子。出而谓列子曰：“子之先生不齐[1]，吾无得而相焉。试齐，且复相之。”列子入，以告壶子。壶子曰：“吾向示之以太冲莫胜[2]。是殆见吾衡气机[3]也。鲵桓之审[4]为渊，止水之审为渊，流水之审为渊。渊有九名，此处三焉。尝又与来。”

译文

第二天，列子又与季咸一起来见壶子。季咸走出门对列子说：“你的先生神色不定，我无法获得稳定的表象来帮他看相。等到他神色稳定，再来帮他看相。”列子进门，把季咸的话告诉了壶子。壶子说：“我刚才显示给他看的是太虚之气，毫无迹象。他恐怕看到的是我内心平和、气息浑然的生机所呈现的状态。鲸鱼回旋的深水叫作渊，静止的深水叫作渊，流动的深水叫作渊。渊有九种名称，这里只展示了三种。试着再和他一起来看看。”

注释

1 **不齐**：神色不定的状态。

2 **太冲**：太虚。**莫胜**：“胜”通“朕”，“莫胜”即无朕兆。

3 **衡**：平。“衡气机”指神气平和的征兆。

4 **鲵**(ní)：鲸鱼。**桓**：盘桓。**审**：通“瀋”，深水。

原文

明日，又与之见壶子。立未定，自失而走[1]。壶子曰："追之！"列子追之不及，反，以报壶子，曰："已灭[2]矣，已失矣，吾弗及已。"壶子曰："向吾示之以未始出吾宗[3]。吾与之虚而委蛇[4]，不知其谁何，因以为弟靡[5]，因以为波流，故逃也。"

译文

第二天，列子又与季咸一起来见壶子。季咸还没站稳，惊慌失措地跑了。壶子说："赶快去追！"列子没有追上，回来对壶子说："已经无影无踪了，不知去向了，我赶不上了。"壶子说："刚才我展示给他看的没有超出我所宗奉的大道。我呈现给他的是虚己忘怀，随顺应物，他不知道我的真实存在状态，只看到我放任顺从，随波逐流，所以他逃跑了。"

注释

1 **自失**：神色慌张的样子。**走**：跑，逃离。

2 **灭**：消失了踪迹。

3 **宗**：本源。

4 **委蛇**(yí)：至顺的样子。

5 **弟**(tuí)**靡**：覆宋本作"第靡"，放任而顺从。

原文

然后列子自以为未始学而归，三年不出。为其妻爨[1]，食豕如食人。于事无与亲，雕琢复朴[2]，块然[3]独以其形立。纷而封[4]哉，一以是终。

译文

自此以后，列子自认为从没有学过道，回到家中，闭门三年不出。他帮妻子烧火做饭，像侍候人一样喂猪。对于世事不存亲疏偏私之心，从雕琢有为的状态回归于质朴纯真，以他本然的形体卓然独立于世间。他在纷纭的世界中持守真朴，终身保持这种生存状态。

注释

1 **爨**(cuàn):烧火做饭。

2 **雕琢复朴**:由雕琢有为的状态复归于质朴的状态。

3 **块然**:木然无知的样子。形容去琢复朴之状。

4 **纷**:陈景元《庄子阙误》引张君房本作“纷然”,纷扰、纷乱。**封**:封闭,这里指持守。

原文

无为名尸[1],无为谋府[2],无为事任[3],无为知主[4]。体[5]尽无穷,而游无朕[6];尽其所受乎天,而无见[7]得,亦虚而已。至人之用心若镜,不将不迎[8],应而不藏[9],故能胜物而不伤。

译文

人的心灵不要为名声所主导,不要为谋虑所聚藏,不要为俗事所担负,不要为智识所主宰。体悟大道,畅游而不留痕迹;充分地顺应与生俱来的本性,从不展现有所得,只是保持内心虚静恬淡而已。至人用心好比镜子照物,物来则照,无意遣送与迎候,映射万物而无所私藏,所以能穷尽万物而又不耗损心神。

注释

1 **名**:名声。**尸**:主。

2 **谋**:谋虑,智谋。**府**:聚藏。

3 **任**:负担。

4 **知**:智识。**主**:主使。

5 **体**:领悟,体察。

6 **朕**:痕迹。

7 **见**(xiàn):表露。

8 **将**:送,与“迎”相对。“不将不迎”指圣人没有内心成见,不去有意识地迎送外物,而是像镜子照物一样,听之任之,物来即照,物去不留。

9 **藏**:留藏,隐藏。“不藏”指无意留藏。

原文

南海之帝为倏[1]，北海之帝为忽[2]，中央之帝为浑沌[3]。倏与忽时相与遇于浑沌之地，浑沌待之甚善。倏与忽谋报浑沌之德，曰："人皆有七窍[4]以视听食息，此独无有，尝试凿之。"日凿一窍，七日而浑沌死。

译文

南海之帝的名字叫作倏，北海之帝的名字叫作忽，中央之帝的名字叫作浑沌。倏与忽时常相会于浑沌之处，浑沌招待他们十分友善。倏和忽商量报答浑沌的盛情，说："人人都有眼、耳、口、鼻七个孔窍用来看、听、吃喝与呼吸，唯独浑沌没有，我们试着为他凿出七窍吧。"于是他们每天给浑沌凿出一个孔窍，凿了七天，结果浑沌死了。

注释

1 **倏**(shū)：疾速的意思，庄子借以虚构为名字。

2 **忽**：迅疾的样子，庄子借以虚构为名字。

3 **浑沌**：浑然未分的状态，庄子借以虚构为名字。

4 **七窍**：指双眼、双耳、双鼻孔、口七个孔窍。

外篇

庄子

骈 拇

导读

此篇主要批判了现实中的仁义观念，主张回归人性的真实状态。作者在论证方面十分巧妙，一方面开篇借用俗世中的“骈拇枝指”“附赘县疣”现象与观念痛斥现实中矫饰仁义从而侵害人的纯真本性的行为，这些人为的“骈枝”之道，不是最淳朴的德行。另一方面，最淳朴至真的本性是天然生成的，没有丧失性命之真，因此作者又转而批判俗世中的“骈拇枝指”观念，进而批判各种人为设置的价值标准，尤其是有虞氏以来的仁义观念，并且尝试超越这些价值评价，提出一种更高的价值追求，即保全人的质朴本性。由此，俗世观念中的赞誉伯夷与非议盗跖的对立、君子与小人之别都归于消解。最后，再次论证了这种价值追求，即真正的善是“自闻”“自见”“自得其得”“自适其适”，回归质朴的本性。

原文

骈拇枝指[1]，出乎性哉，而侈于德[2]。附赘县疣，出乎形哉，而侈于性[3]。多方[4]乎仁义而用之者，列于五藏[5]哉，而非道德之正[6]也。是故骈于足者，连无用之肉也；枝于手者，树无用之指也；多方骈枝

译文

并生的脚趾与歧生的手指，是天生如此，然而却比一般人多了一部分。悬附的赘肉与瘤子，是形体长出来的，却比天生的要多。在仁义上旁生出繁杂的德目，并且把它们比拟于人的五脏，然而却不是道德的本真状态。所以，并生的脚趾，连接着一块无用的赘肉；旁生的手指，支起的是一根无用的指头；在五脏真

于五藏之情者，淫僻[7]于仁义之行，而多方于聪明之用也。

性之外旁生各种性情之说，沉溺于邪乱的仁义行径，是滥用了耳目之力。

注释

1 **骈(pián)拇**：脚的大拇指与第二个脚趾并生。**枝指**：手的大拇指边旁生的手指。

2 **侈**：多。**德**：通“得”，这里指一般人共同具有的。

3 **性**：指与生俱来的，生性。

4 **多方**：多端，多方面。

5 **藏(zàng)**：脏。

6 **正**：本性，本然。

7 **淫**：迷乱。**僻**：邪恶。

原文

是故骈于明者，乱五色[1]，淫文章，青黄黼黻之煌煌[2]，非乎？而离朱[3]是已。多于聪者，乱五声[4]，淫六律[5]，金、石、丝、竹、黄钟、大吕[6]之声，非乎？而师旷是已。枝于仁者，擢德塞性以收名声[7]，使天下簧鼓[8]以奉不及之法，非乎？而曾、史[9]是已。骈于辩者，累瓦结绳窜句[10]，游心于坚白同异之间，

译文

由此，视觉的本性遭到滥用的人，就会扰乱五色，混淆文采，青、黄、黑、白等各种色彩交相错杂，让人眼花缭乱，不就是如此吗？像离朱就是这样的人。听觉的本性遭到滥用的人，就会扰乱五音，混淆六律，金、石、丝、竹、黄钟、大吕等各种音调的形成，不就是如此吗？像师旷就是这样的人。仁爱的本性遭到滥用的人，提取各种德目，损害人的真性以获得名声，使天下人喧嚷着去尊奉那无法做到的礼法，不就是如此吗？像曾参和史鳍就是这样的人。言说的本性遭到滥用的人，堆砌无用的文辞，犹如瓦块的累积与绳子的结头一样，穿凿文句，将心思钻营在坚

原文	译文
而敝跬誉[11]无用之言，非乎？而杨、墨[12]是已。故此皆多骈旁枝之道，非天下之至正也。	白同异的辩难之中，身心疲惫地去罗致瞬间的声誉和无用的言论，不就是如此吗？像杨朱和墨翟就是这样的人。所以这都是一些偏离本性的旁门左道，而不是天下的正道。

注释

1 **五色**：青、黄、赤、白、黑五种基本颜色。

2 **煌煌**：明亮光耀，这里指色彩斑驳，让人眼花缭乱。

3 **离朱**：即《孟子》中的离娄，黄帝时人，相传他百步见秋毫，视力过人。

4 **五声**：指古代音乐中的宫、商、角、徵、羽五个音阶。

5 **六律**：《汉书·律历志》："律十有二，阳六为律，阴六为吕。律以统气类物，一曰黄钟，二曰太族，三曰姑洗，四曰蕤宾，五曰夷则，六曰亡射。吕以旅阳宣气，一曰林钟，二曰南吕，三曰应钟，四曰大吕，五曰夹钟，六曰中吕。"

6 **金**、**石**：泛指钟磬类乐器。**丝**、**竹**：泛指琴箫类乐器。**黄钟**、**大吕**：这里取六律和六吕中的各一种指代乐器的声调。

7 **擢**(zhuó)：拔。**塞**：疑当为"搴"，字形相混而误，拔取。

8 **簧鼓**：本指吹奏的乐器和打击的乐器，这里指喧嚷，犹如吹笙打鼓一般。

9 **曾**：曾参，字子舆，孔子的学生。**史**：史鳍(qiū)，字子鱼，卫灵公的大臣。

10 **累瓦结绳**：堆砌无用的文辞，犹如瓦块的累积与绳子的结头一样。**窜句**：穿凿文句。

11 **敝**：疲敝。**跬**(kuǐ)：半步。"跬誉"指短暂的声誉。

12 **杨**：杨朱，详见《应帝王》。**墨**：墨翟，战国前期著名思想家，墨家学派创始人。

原文

彼正正[1]者，不失其性命之情[2]。故合者不为骈，而枝者不为跂[3]；长者不为有余，短者不为不足。是故凫胫[4]虽短，续之则忧；鹤胫虽长，断之则悲。故性长非所断，性短非所续，无所去忧也。意[5]仁义其非人情乎！彼仁人何其多忧也？

译文

真正的正道，不违背事物本性的真实状态。所以脚趾连在一起不称之为骈，歧生的手指不称之为枝；长的不算有余，短的不算不足。因此，野鸭的腿虽然短，接长一段就有忧患；鹤的腿虽然很长，但截掉一段就会带来痛苦。所以本性是长的就不能随便截短，本性是短的就不能随便加长，这样就不会有祸患。大概仁义并不是人的本性吧！那些仁德之人为什么如此忧心忡忡呢？

注释

1 **正正**：疑当是“至正”之误。

2 **性命之情**：本性的真实状态。“性”即与生俱来，强调了天然性。“命”强调了必然性。

3 **跂**：陈景元《庄子阙误》引江南古藏本作“歧”。依照前文“骈”与“枝”对称，则此文当作“歧者不为枝”，与“合者不为骈”相对应。

4 **凫**(fú)：水鸟，俗称野鸭。**胫**(jìng)：小腿。

5 **意**：覆宋本作“噫”，发语词。

原文

且夫骈于拇者，决之则泣；枝于手者，龁[1]之则啼。二者，或有余于数，或不足于数，其于忧一也。今世之仁人，蒿目[2]而忧世之患；不仁之人，

译文

况且脚趾并生的人，割开两脚趾就会大哭；旁生了手指的人，咬断歧生的手指就会痛哭。这两种情形，一是超过了常人的手指数，一是比常人的脚趾数要少，然而一旦要去损害它，则带来的忧患是相同的。当今世上的仁德之人，蹙额凝眉，深忧世间

决性命之情而饕[3]贵富。故意仁义其非人情乎！自三代以下者，天下何其嚣嚣[4]也？

的祸患；那些不仁的人，毁弃人的纯真本性而贪求富贵。所以说仁义恐怕不是人的本性吧！自从三代以来，天下为何如此喧嚣争竞呢？

注释

1 **龁**（hé）：咬断。
2 **蒿目**：极目远望，这里指凝眉忧思的样子。
3 **饕**（tāo）：贪。
4 **嚣嚣**：喧哗，吵闹。

原文

且夫待钩绳规矩而正者，是削其性[1]也；待绳约胶漆而固者，是侵其德[2]也；屈折礼乐[3]，呴俞[4]仁义，以慰天下之心者，此失其常然也。天下有常然。常然者，曲者不以钩，直者不以绳，圆者不以规，方者不以矩，附离[5]不以胶漆，约束不以纆索[6]。故天下诱然[7]皆生，而不知其所以生；同焉皆得，而不知其所以得。故古今不二，不可亏也。则仁义又奚连连如胶漆纆索而游乎道德之间为哉？使天下惑也！

译文

况且靠曲尺、墨线、圆规、角尺来校正事物，就会损害事物的本性；靠绳索胶漆来固定事物，就会损害事物的天性；弯曲身形以展现各种礼乐活动，鼓吹仁义，以宽慰天下的人心，这是改变人性常态的做法。天下万物都有各自固有的本性。所谓固有的本性，是指弯曲不是靠曲尺来测定，笔直不是靠墨线来裁断，圆不是靠规来衡量，方不是靠角尺来裁剪，把离散的事物黏附在一起不是靠胶漆，把事物捆缚在一起不是靠绳索。由此天下万物层出不穷，生生不息，却不知为什么会生长；同样地被赋予了天性，却不知为什么会有这些禀赋。所以古往今来，事物的发展都是如此，不会出现盈亏。那么仁义为何要像胶漆绳索那样黏附不分地窜行于道德之间呢？这就让天下人困惑不已！

注释

1 覆宋本“性”后有“者”字。

2 覆宋本“德”后有“者”字。

3 **屈折礼乐**:屈折肢体为礼乐。

4 **呴(xǔ)俞**:吹嘘,鼓吹。

5 **附离**:使离散的事物彼此黏附。

6 **纆(mò)索**:绳索。

7 **诱然**:层层推进、欣欣向荣的样子。

原文

夫小惑易方[1],大惑易性。何以知其然邪?自虞氏招仁义以挠天下也[2],天下莫不奔命于仁义,是非以仁义易其性与?故尝试论之。自三代以下者,天下莫不以物易其性矣。小人则以身殉[3]利,士则以身殉名,大夫则以身殉家,圣人则以身殉天下。故此数子[4]者,事业不同,名声异号,其于伤性以身为殉一也。臧与穀[5],二人相与牧羊,而俱亡其羊。问臧奚事,则挟策[6]读书;问穀奚事,则博塞[7]以游。二人者,事业不同,其于亡羊均[8]也。伯夷死名于首阳之下,盗跖死利于东陵之

译文

小的迷惑会使人改变方向,大的迷惑会使人改变本性。怎么知道是这样的呢?自从虞舜标榜仁义以扰乱天下,天下人无不为了仁义而奔命,这不是以仁义改变人的本性吗?现在不妨试着谈谈这个问题。自从三代以来,天下人没有不以外物来改变内在本性的。普通百姓为了财货而亡身,士人为了名声而亡身,卿大夫则为了自己的采地食邑而亡身,圣人则为了救治天下而亡身。所以这四类人,所从事的事业不同,名声也各有差异,但他们亡身以损害人的本性却是相同的。臧与穀两个人一起放羊,却都丢了羊。问臧在干什么,说是在拿着竹简读书;问穀在干什么,说是在玩博塞游戏。这两个人所做的事不同,但都丢失了羊这一点是相同的。伯夷为了名声而死在首阳山下,盗跖为了财货而死在东陵山

上[9]。二人者，所死不同，其于残生伤性均也。奚必伯夷之是而盗跖之非乎！天下尽殉也。彼其所殉仁义也，则俗谓之君子；其所殉货财也，则俗谓之小人。其殉一也，则有君子焉，有小人焉。若其残生损性，则盗跖亦伯夷已，又恶取君子小人于其间哉！

上。这两个人死的原因不同，而他们在损害本性这一点上却是相同的。何必要盛赞伯夷而非难盗跖呢！天下人都在追逐外物而亡身。那些为仁义而亡身的，世人称之为君子；那些为了财货而亡身的，世人称之为小人。他们都是追逐外物而亡身，然而有的被称为君子，有的被称为小人。如果从损害本性的角度来看，那么盗跖也是伯夷了，又为何要在他们之间区分出君子和小人呢！

注释

1 **方**：方向。

2 **招**：标举。**挠**：扰乱。

3 **殉**：或作"徇"，追逐外物而亡身。

4 **数子**：指上述四种人。

5 **臧**：奴仆。**穀**(gòu)：童仆。

6 **挟策**：拿着竹简。

7 **博**：古代一种下棋的游戏。**塞**：通"簺"，古代一种赌博性游戏，亦称"格五"。

8 **均**：相同。

9 **盗跖**(zhí)：不知何姓，名为跖，不知何时人。一说为黄帝时大盗之名，一说为鲁国大盗。生性暴虐，横行天下。《孟子》《荀子》《韩非子》中均提及，另见于《胠箧》《在宥》《盗跖》诸篇。**东陵**：山名。

原文

且夫属[1]其性乎仁义者，虽通如曾、史，非吾所谓臧[2]也；属其性于五味，虽通如俞儿[3]，非吾所谓臧也；属

译文

况且，把人的本性归结于仁义的人，即便像曾参和史鳝那样博通，也不是我所说的善；把人的本性归结于五味的人，即便像俞儿那样精通五味，也不

其性乎五声，虽通如师旷，非吾所谓聪也；属其性乎五色，虽通如离朱，非吾所谓明也。吾所谓臧[4]，非仁义之谓也，臧于其德[5]而已矣；吾所谓臧者，非所谓仁义之谓也，任其性命之情而已矣；吾所谓聪者，非谓其闻彼也，自闻而已矣；吾所谓明者，非谓其见彼也，自见[6]而已矣。夫不自见而见彼，不自得而得彼者，是得人之得而不自得其得者也，适人之适而不自适其适者也。夫适人之适而不自适其适，虽盗跖与伯夷，是同为淫僻也。余愧乎道德，是以上不敢为仁义之操，而下不敢为淫僻之行也。

是我所说的善；把人的本性归结于五声的人，即便像师旷那样精通音律，也不是我所说的聪颖；把人的本性归结于五色的人，即便像离朱那样明察秋毫，也不是我所说的目敏。我所说的善，不是讲仁义，而是指天然的禀赋之善；我所说的善，不是指所谓的仁义之论，而是顺应本性的真实状态而已；我所说的聪颖，不是说听取外物，而是听取自己内心罢了；我所说的目敏，不是说洞察外物，而是指能审视自己内心而已。至于那些不能审视自己而只是关注别人，不能持守自己的天性而只想着攫取更多的人，他们是攫取别人的所得而不能持守自己的天性，使别人安适而不是使自己安适。使别人安适而不能自己安适的人，即便盗跖与伯夷，都是同样的邪恶。我有愧于道德，因而上不敢奉行仁义的崇高节操，下不敢做邪恶之事。

注释

1 **属**：归属，隶属。

2 **臧**：善。

3 **俞儿**：古时候善于辨别味道的人。

4 覆宋本“臧”后有“者”字。

5 **德**：通“得”，禀赋，这里指本性、天性。

6 **自见**：向内审视自己。

胠箧

导读

此篇主要批判圣人创制的仁义道德、礼仪规范、名物制度等都是智巧的产物，不足以治理天下，却足以被当作一种工具来满足统治者的私欲。首先，作者论证了世俗之知都是在为大盗守备而已。圣人创设的仁义道德、礼法名物等，在一个弱肉强食的社会里，都不过是被强权者用来争权夺利的工具，因为窃钩者诛，窃国者侯。由此可知，“圣人不死，大盗不止”，而最终的解决之道就是“绝圣弃知”。其次，作者以至德之世来批判现实社会的混乱，并指出其根源就在于统治者喜好智巧。自三代以来，统治者舍弃恬淡无为，而以智巧治理天下，结果导致天下大乱。

原文

将为胠箧、探囊、发匮[1]之盗而为守备[2]，则必摄缄縢[3]、固扃鐍[4]，此世俗之所谓知也。然而巨盗至，则负匮、揭箧、担囊而趋，唯恐缄縢、扃鐍之不固也。然则向[5]之所谓知者，不乃为大盗积[6]者也？故尝试论之，世俗[之][7]所谓知者，有不为大盗积者乎？所谓

译文

将为撬箱子、掏口袋、开柜子的小偷而加强防备，必定要系紧绳子、加固门闩和锁扣，这就是世俗人所讲的聪明。可是大盗来了，就会背起柜子、扛上箱子、担着口袋跑掉，他们唯恐绳子系得不紧、门闩锁扣不牢靠。如此一来，那么先前的所谓聪明，不正替大盗做好了准备工作吗？所以我尝试谈谈这种情况，世俗人所谓的聪明，有不替大盗做后备支持的吗？所谓的圣人，有不替

圣者,有不为大盗守者乎?何以知其然邪?昔者齐国,邻邑相望,鸡狗之音相闻,罔罟之所布[8],耒耨之所刺[9],方二千余里。阖四境[10]之内,所以立宗庙社稷,治邑屋州闾乡曲[11]者,曷尝不法圣人[12]哉!然而田成子[13]一旦杀齐君而盗其国,所盗者岂独其国邪?并与其圣知之法而盗之。故田成子有乎盗贼之名,而身处尧舜之安,小国不敢非,大国不敢诛,十二世[14]有齐国。则是不乃窃齐国,并与其圣知之法以守其盗贼之身乎?

大盗辩护守卫的吗?怎么知道是这样的呢?从前的齐国,相邻的城邑彼此相望,彼此听得到鸡狗之声,鱼网所撒到的地方,犁锄所耕作的地方,方圆有两千多里。整个国境之内,凡是设立宗庙、社稷的做法,凡是治理邑、屋、州、闾、乡、曲等的措施,何尝不是在效法圣人!然而田成子一旦杀死了齐国的国君,盗取了齐国,他所盗取的难道只是齐国这个国家吗?连同治理齐国的圣人的法规与制度也盗取了。所以田成子虽然有盗贼的名声,然而却像尧舜一样安稳,小国不敢非议他,大国不敢讨伐他,先后一共有十二代人占据着齐国。这不正是盗窃了齐国并且连同治理齐国的圣人的法规制度也盗走,从而为他的盗贼身份进行辩护守卫吗?

注释

1 **胠**(qū):从旁打开。**箧**(qiè):小箱子。**探**:掏。**囊**:口袋。**发**:打开。**匮**(guì):同"柜",匣子,柜子。

2 **守备**:防守与戒备。

3 **摄**:打结,扎紧。**缄縢**(jiān téng):绳索。

4 **扃**(jiōng):覆宋本作"扄",下同。"扄"指自外关闭门窗的门闩。**鐍**(jué):圆形带舌的一种器具,用来控制箱柜的开合。

5 **向**:影宋本作"乡"。

6 **积**:储备,这里指收拾财物的准备工作。

7 底本无"之",今据覆宋本补正。

8 **布**:陈列,铺展。

9 **耒**(lěi):耜的曲木柄,这里泛指耕具。**耨**(nòu):除草的农具。**刺**:插入。

10 **阖**(hé):合。**境**:影宋本作“竟”。

11 **邑、屋、州、闾、乡、曲**:古代不同行政区划的名称。旧注:“六尺为步,步百为亩,亩百为夫,夫三为屋,屋三为井,井四为邑”;“五家为比,五比为闾,四闾为族,五族为党,五党为州,五州为乡”。“曲”则指“乡”之一隅。

12 **圣人**:陈景元《庄子阙误》引张君房本作“圣智”,下文皆同。

13 **田成子**:齐国大夫陈恒,陈敬仲七世孙,其先祖从陈国来到齐国,成了齐国的大夫,遂改姓田氏。鲁哀公十四年,陈恒杀了齐简公,从此齐国大权落入田氏之手,后来他的曾孙田和废齐自立,仍称“齐”。

14 **十二世**:田氏占有齐国一共十二代。

原文

尝试论之,世俗之所谓至知者,有不为大盗积者乎?所谓至圣者,有不为大盗守者乎?何以知其然邪?昔者龙逢斩,比干剖,苌弘胣[1],子胥靡[2]。故四子之贤而身不免乎戮。故跖之徒问于跖曰:“盗亦有道乎?”跖曰:“何适而无有道邪?夫妄意[3]室中之藏,圣也;入先,勇也;出后,义也;知可否,知也;分均,仁也。五者不备而能成大盗者,天下未之有也。”由是观之,善人不

译文

所以我尝试谈谈这种情况,世人所谓最聪明的人,有不替大盗做后备支持的吗?所谓的至圣之人,有不替大盗辩护守卫的吗?怎么知道是这样的呢?从前龙逢被斩首,比干被剖心,苌弘被剖腹刳肠,子胥被抛尸任其腐烂。以这四个人的贤明,却不能免于被杀戮。所以盗跖的门徒问盗跖:“盗贼也有道吗?”盗跖回答说:“哪里没有道呢?推测屋里藏着什么财物,这就是圣明;带头进到屋里,这就是勇敢;最后从屋里撤出,这就是义气;知道可否采取行动,这就是智慧;分赃公正,这就是仁爱。不具备这五种德行而能成为大盗,天下从来没有这种事。”由此看来,善人不明

得圣人之道不立，跖不得圣人之道不行。天下之善人少而不善人多，则圣人之利天下也少而害天下也多。故曰：“唇竭则齿寒，鲁酒薄而邯郸围[4]，圣人生而大盗起。”掊击圣人，纵舍盗贼，而天下始治矣！夫川竭而谷虚，丘夷而渊实。圣人已死，则大盗不起，天下平而无故矣。

达圣人之道则不能立身于世，盗跖没有洞明圣人之道不能横行天下。天下的善人少，而不善的人多，因此圣人给天下带来的好处少而害处多。所以说：“唇亡齿寒，鲁侯奉献的酒味道淡薄致使赵国都城邯郸遭到围困，圣人出世，大盗也随之而兴。”打倒圣人，放任盗贼，天下才能得到治理。河流枯竭了，山谷就会空寂，山陵夷平，深渊就会充实。圣人死去，大盗就不会兴起，天下也就太平而无事。

注释

1 **苌弘**：春秋时周大夫，后因牵涉政治斗争，被周人杀死。传说死后三年，其血化为碧玉。**胣**(chǐ)：同“䏧”，剖腹刳肠。

2 **子胥**：即伍员，春秋时期楚国人，被吴王夫差杀害。**靡**：通“糜”，腐烂。伍子胥死后被抛尸江中而腐烂。

3 **妄意**：大胆推测。

4 **鲁酒薄而邯郸围**：有两种说法。其一，楚宣王大会诸侯，而鲁恭王后到，所献之酒味道淡薄，楚王不悦，责备鲁恭王。鲁王据理力争，不辞而别。楚王于是攻打鲁国。魏国一直想攻打赵国，但担心楚国发兵救赵，趁着楚国和鲁国交战，魏国趁机发兵围困赵国都城邯郸。其二，楚王大会诸侯，赵与鲁均献酒，鲁酒味薄而赵酒味浓。楚王之酒吏向赵国索酒而赵不给，酒吏遂调换赵、鲁所献之酒，楚王以赵酒薄而发兵围困邯郸。

原文

圣人不死，大盗不止。虽重[1]圣人而治天下，则是重[2]利盗跖也。为之斗斛[3]以量之，则并与斗斛而窃之；为之权衡[4]以称之，则并与权衡而窃之；为之符玺[5]以信之，则并与符玺而窃之；为之仁义以矫之，则并与仁义而窃之。何以知其然邪？彼窃钩者诛，窃国者为诸侯，诸侯之门而仁义存焉。则是非窃仁义圣知邪？故逐于大盗、揭[6]诸侯、窃仁义，并斗斛权衡符玺之利者，虽有轩冕[7]之赏弗能劝，斧钺之威弗能禁。此重利盗跖而使不可禁者，是乃圣人之过也。

译文

圣人如果不死，大盗也就不会消失。即使借重圣人来治理天下，也不过是厚利了盗跖。圣人创制了斗、斛来称量东西，而盗贼就连同斗、斛一起窃走；制定了秤锤、秤杆来称重，而盗贼就连同秤锤、秤杆一起窃走；制造符、玺来作为资信凭证，而盗贼就连同符、玺一起窃走；确立仁义等道德规范来矫正人们的行为，而盗贼就连同仁义一起窃走。怎么知道是这样的呢？那些偷窃带钩的人遭到诛杀，而盗窃国家的人却成为诸侯，而只有在诸侯那里，仁义才被标榜出来。这不是盗窃了仁义圣智吗？所以，那些追随大盗、劫持诸侯、窃取仁义以及斗斛、权衡、符玺之利的人，即便是高官厚禄的赏赐也不能劝阻他们，即便是严刑峻法也不能禁止他们。这些厚利盗跖而不能禁止的情形，都是圣人的过错。

注释

1 **重**：借重，看重。

2 **重**：增益，厚。

3 **斛**(hú)：古代的量器，先秦时期十斗为一斛。

4 **权**：秤锤。**衡**：秤杆。

5 **符**：古代传达命令或征调军队的凭证，双方各执一半以验真伪。**玺**(xǐ)：印。

6 **揭**：举。“揭诸侯”即居于诸侯之上。

7 **轩**:一种曲辕、车厢前高后低有帷幕的车,供古代大夫以上的人乘坐。**冕**:古代大夫以上的人所戴的礼帽。"轩冕"指代高官厚禄。

原文

故曰:"鱼不可脱于渊,国之利器不可以示人。"[1] 彼圣人者,天下之利器也,非所以明天下也。

故绝圣弃知[2],大盗乃止;擿[3]玉毁珠,小盗不起;焚符破玺,而民朴鄙;掊斗折衡,而民不争;殚残[4]天下之圣法,而民始可与论议。擢[5]乱六律,铄绝竽瑟[6],塞瞽旷之耳,而天下始人含其聪矣;灭文章,散五采,胶离朱之目,而天下始人含其明矣;毁绝钩绳而弃规矩,攦工倕[7]之指,而天下始人有其巧矣。故曰:"大巧若拙。"[8] 削曾、史之行,钳杨、墨之口,攘弃仁义,而天下之德始玄同[9]矣。彼人含其明,则天下不铄矣;人含其聪,则天下不累矣;人含其知,则天下不惑矣;人含其德,则天下

译文

所以说:"鱼不能脱离深潭,治国的利器不能展示给人看。"那些圣人就是治理天下的利器,是不能用来明示天下的。所以,弃绝圣人,摒弃智巧,大盗就会消失;扔掉玉器,毁掉珠宝,小贼就不会兴起;烧毁信符,毁掉玉玺,百姓就会质朴憨厚;打破斗斛,折断秤杆,百姓就不会相争;彻底毁弃圣人治理天下的法则,百姓才能参与议论。搅乱六律,销毁各种乐器,塞住盲人师旷的耳朵,世上的人才能保全他们各自的听觉;清除纹饰,离散五彩,胶合离朱的眼睛,世上的人才能保全他们各自的视觉;毁坏钩弧和墨线,抛弃圆规和角尺,折断工倕的手指,世上的人才能保有他们原始的智巧。所以说:"最原始的智巧就像是笨拙一样。"清除曾参、史鳝的忠孝之行,钳住杨朱、墨翟善辩之口,摒弃仁义,世人的德行才能混同为一。人人都保全其天生的视觉,那么天下就不会毁坏;人人都保全其天生的听觉,那么天下就不会出现忧患;人人都保全其天生的智慧,那么天下就不会迷惑;人人都保全其天生的德行,那么

不僻矣。彼曾、史、杨、墨、师旷、工倕、离朱者[10]，皆外立其德，而以爚[11]乱天下者也，法之所无用也。

天下就不会有邪僻。曾参、史鳅、杨朱、墨翟、师旷、工倕和离朱那些人，都是向外标榜各自的德行以扰乱天下的人，而这些都不为正道所采用。

注释

1 语出《老子·第三十六章》。

2 可参看《老子·第十九章》："绝圣弃智，民利百倍；绝仁弃义，民复孝慈；绝巧弃利，盗贼无有。"

3 **擿**(zhì)：同"掷"，扔掉。

4 **殚**(dān)**残**：彻底毁弃。

5 **擢**(zhuó)：抽，拔。

6 **铄**(shuò)**绝**：销毁，弃绝。**竽瑟**：两种古乐器之名，这里泛指乐器。

7 **攦**(lì)：折断。**工倕**(chuí)：倕，古巧匠名。相传尧时被召，主理百工，故称工倕。

8 语出《老子·第四十五章》："大直若屈，大巧若拙，大辩若讷。"

9 **玄同**：混同。可参看《老子·第五十六章》："挫其锐，解其纷，和其光，同其尘，是谓玄同。"

10 覆宋本无"者"字。

11 **爚**(yuè)：照耀，这里指炫耀、惑乱。

原文

子独不知至德之世乎？昔者容成氏、大庭氏、伯皇氏、中央氏、栗陆氏、骊畜氏、轩辕氏、赫胥氏、尊卢氏、祝融氏、伏牺氏、神农氏[1]，当是时也，民结绳而

译文

你难道不知道那德行最纯善的时代吗？从前容成氏、大庭氏、伯皇氏、中央氏、栗陆氏、骊畜氏、轩辕氏、赫胥氏、尊卢氏、祝融氏、伏牺氏、神农氏的那个时代，人民以结绳来记事，以他们所吃的食物为甘，以他们所穿的衣服为美，以他

用之，甘其食，美其服，乐其俗，安其居，邻国相望，鸡狗之音相闻，民至老死而不相往来[2]。若此之时，则至治已。今遂至使民延颈举踵[3]，曰："某所有贤者。"赢粮而趣之[4]，则内弃其亲而外去其主之事，足迹接乎诸侯之境，车轨结[5]乎千里之外。则是上好知之过也。

们自己的习俗为乐，以他们所居住的地方为安逸，相邻的国家彼此相望，彼此听得到对方的鸡鸣狗吠，而老百姓至死都不互相往来。像这样的时代，才是天下大治。如今竟然使得老百姓仰着脖子、踮着脚跟说："某个地方有贤人。"然后背负着粮食急忙投奔而去，对内则弃养双亲，对外则辞去君主的事务，他们的足迹踏遍了诸侯的国境，车迹相交于千里之外。这就是在上位者喜好智巧的罪过。

注释

1 **容成氏、大庭氏、伯皇氏、中央氏、栗陆氏、骊畜氏、轩辕氏、赫胥氏、尊卢氏、祝融氏、伏戏氏、神农氏**：传说中的古代帝王或部落首领，但多数不见于经传。

2 此数句皆本于《老子·第八十章》。

3 **延颈**：伸长脖子。**举踵**：踮起脚跟。

4 **赢**：背，担。**趣**：同"趋"，疾奔。

5 **结**：往来交错。

原文

上诚好知而无道，则天下大乱矣！何以知其然邪？夫弓弩、毕弋、机变之知多[1]，则鸟乱于上矣；钩饵、罔罟、罾笱[2]之知多，则鱼乱于水矣；削格[3]、罗落[4]、罝罘[5]之知多，则兽乱于泽矣；知诈渐毒[6]、颉滑[7]坚白、解垢同异之变[8]多，则俗惑于辩矣。故天下每每[9]大乱，罪在于好知。故天下皆知求其所不知，而莫知求其所已知者；皆知非其所不善，而莫知非其所已善者，是以大乱。故上悖日月之明，下烁[10]山川之精，中堕[11]四时之施，喘耎[12]之虫，肖翘[13]之物，莫不失其性。甚矣，夫好知之乱天下也！自三代以下者是已，舍夫种种之民[14]，而悦夫役役之佞[15]；释夫恬惔[16]无为，而悦夫啍啍[17]之意。啍啍已乱天下矣！

译文

在上位者如果真的喜好智巧而不遵循大道，则天下必然混乱。怎么知道会是这样的呢？弓弩、鸟网、机关之类的智巧多了，鸟儿就会在空中乱飞；钩饵、渔网、鱼笼之类的智巧多了，鱼儿就会在水里乱游；木栅、罗网、兽网之类的智巧多了，野兽就会在草泽中乱窜；虚伪奸诈、混淆坚白、诡辩同异之辩多了，世俗的人就会被诡辩迷惑。所以天下昏昏大乱，罪过就在于喜好智巧。所以天下人都只知道追求他们所不知道的，却不知道探求他们已经知道的；都知道非议他们所认为不好的，而不知道指责他们所认为好的，由此天下大乱。上则遮掩日月的光辉，下则销毁了山川的精气，中则毁坏了四时的运行，无足的小爬虫，飞动的小虫，无不丧失各自的本性。喜好智巧而导致天下大乱，影响实在太深了！自从三代以下都是如此，他们抛弃了淳厚的民风，喜好那些狡黠的巧言献媚之人；放弃恬淡无为，而崇尚繁杂的言谈说教。繁杂的言谈说教已经扰乱了天下！

注释

1 **弩**(nǔ)：一种用机械力量发射箭的弓。**毕**：古代田猎用的长柄小网。弋

(yì):系有丝绳可以回收的箭。**机**:弩牙。**变**:疑为“䜌”(luán)之误,捕捉野兽用的网。一说“机变”为“机辟”之误,“机辟”一词《庄子》数见,指捕鸟兽的机关。

2 **罾**(zēng):古代一种用木棍或竹竿做支架的方形渔网。**笱**(gǒu):竹制的捕鱼器具,口大颈窄,腹大而长,鱼能入而不能出。

3 **削**:竹桩。**格**:长木杆。

4 **罗**:捕鸟的网。**落**:借为“络”,网。

5 **罝罘**(jū fú):捕兽的网。

6 **知诈**:巧诈。**渐毒**:欺诈。

7 **颉**(xié)**滑**:错乱,纠结。

8 **解垢**:诡曲之辞。**同异**:战国时期名家的辩题,《天下》篇记载了惠施的这一辩题:“大同而与小同异,此之谓小同异;万物毕同毕异,此之谓大同异。”**变**:通“辩”。

9 **每每**:昏昏。

10 **烁**:通“铄”,销毁。

11 **堕**:毁坏。**施**:推移,运行。

12 **喘耎**(ruǎn):“喘”影宋本作“惴”,或作“蝡”。无足小虫。

13 **肖翘**:微小的虫子。

14 **种种**:淳厚。**民**:或作“机”。

15 **役役**:狡黠。**佞**:巧言谄媚之人。

16 **恬惔**(dàn):覆宋本、影宋本均作“淡”,安静。

17 **啍啍**(zhūn):话很多,以己教人。

天 地

导读

此篇由十多个章节杂凑而成，主要探讨大道的存在状态、作用以及无为而治。

首先，作者批判尧舜以来的有为治理模式以及现实社会的衰败和堕落，主张无为而治。圣人不被世俗限制，无心治理天下，放任民心，遵循天德，天下有道则与万物共同昌盛，天下无道则修养德行，直至像德人、神人那样超越世俗生活，逍遥尘世之外。由此可知，圣人之治实质上是百姓自治，万物自化。

其次，作者阐述了宇宙万物的创生历程，并指出通过修养达到与万物混而为一的大顺境界。大道无所不在，"王德之人"通过"存形穷生"的方式来"立德明道"。借黄帝遗失玄珠的故事以及子贡与浇灌菜地的老人之间的对话，指出真正的大道是远离各种机心与智巧之术，只有超越知觉与知性，保持德行的淳朴与精神的完整，不被机巧之术牵累，才能在杳冥之中体认大道。

最后，作者批判现实中的各种谄谀之人不自知以及各种伤身损性的现象。那些沉溺于感官声色之中的人被欲望损害内在心灵，被外物束缚，因而不能真正地自得。

原文

天地虽大，其化均也[1]；万物虽多，其治[2]

译文

天地虽然广大，然而它们施化于万物却是均等的；万物虽然繁多，然而它们都能按照

一也；人卒[3]虽众，其主君也。君原于德而成于天[4]，故曰：玄古之君天下[5]，无为也，天德而已矣[6]。

各自本性来发展这一点是相同的；百姓虽然众多，然而成为主宰者的是国君。国君以德行为根本，顺应天道来成就事业，所以说，上古时代的君主是以无为的方式治理天下，遵循天然的德行而已。

注释

1 **化**：变化，运动。**均**：均衡。

2 **治**：按照各自本性生存发展。

3 **人卒**：百姓，民众。

4 **原**：本原。**天**：天性。

5 **玄古**：太古，远古。**君**：统治。

6 **天德**：天然的德行。

原文

以道观言[1]而天下之君正，以道观分[2]而君臣之义明，以道观能而天下之官治，以道泛观而万物之应备[3]。故通于天地者，德也；行于万物者，道也[4]；上治人者，事也；能有所艺者，技也。技兼[5]于事，事兼于义，义兼于德，德兼于道，道兼于天。故曰：古之畜天下者，无欲而天下足，无为而万物化，渊静[6]而百姓定。《记》

译文

从道的视角来考察名称，那么所有国君的名分自然端正；从道的视角来考察职分，那么君臣之义自然分明；从道的视角来考察才能，那么天下的官员都能人尽其用；从道的视角来广泛地考察，那么万物都能各得其所。所以贯穿于天地之中的是德，遍行于万物之中的是道，在上位者治理百姓叫作事务，有专门能力叫作技艺。技艺统属于具体的事务，事务统领于仪则，仪则源于德行，德行根源于大道，大道源于天然。所以说，古代治理天下的人，没有欲望而天下自足，无所作为而万物自成自化，深沉宁静而百姓自然安定。《记》上说：“通曰："通于一[7]而万事毕，无心得而鬼神服。"

达了天道，万事都能圆成，无心获取而鬼神敬服。"

注释

1 **言**：名称。

2 **分**：职分。

3 **备**：完备。

4 陈景元《庄子阙误》引江南古藏本作："故通于天者，道也；顺于地者，德也；行于万物者，义也。"

5 **兼**：统属，归属。

6 **渊静**：深沉宁静。

7 **一**：天道。

原文

夫子[1]曰："夫道，覆载万物者也，洋洋[2]乎大哉！君子不可以不刳[3]心焉。无为为之[4]之谓天，无为言之[5]之谓德，爱人利物[6]之谓仁，不同同之[7]之谓大，行不崖异之谓宽[8]，有万不同[9]之谓富。故执德之谓纪[10]，德成之谓立，循于道之谓备[11]，不以物挫志之谓完[12]。君子明于此十者，则韬[13]乎其事心之大也，沛乎其为万物逝也[14]。若然者，藏金于山，藏[15]珠于渊，

译文

先生说："大道覆盖和承载着万物，浩瀚无涯，多么宽广啊！君子不能不洗涤心中的私智与成见。无心的作为叫作天然，无心的言说叫作天性，关爱他人、有利于物叫作仁爱，统括各种不同的事物而同归于一源叫作广大，行为不乖离于众人叫作宽容，统括千差万别的物类叫作富有。因此持守天生的德行叫作纲纪，德行形成叫作立，遵循大道叫作完备，不因外物损害内心叫作德行完整。君子明白了这十个方面，他的内心就会恢宏盛达，他和万物一起归往。像这样，他们就可以把黄金藏于大山，把珠宝沉于深渊，不谋利于财货，不追求富贵；不

不利货财，不近贵富；不乐寿，不哀夭；不荣通，不丑穷；不拘[16]一世之利以为己私分，不以王天下为己处显。显则明，万物一府，死生同状。”

以长寿为快乐，不以夭折为悲哀；不以通达为荣耀，不以穷困为羞辱；不谋取世上的好处作为自己的私藏，不以自处统治天下的地位而炫耀。显赫就会彰明，然而万物处于一个天然的府库，死与生本质上是相同的存在状态。”

注释

1 **夫子**：据下文对话，应当是指孔子。

2 **洋洋**：浩瀚无涯的样子。

3 **刳**(kū)：挖空。“刳心”指洗心，剔除一切智识之私。

4 **无为为之**：以无为的方式去作为。

5 **无为言之**：无心之言。

6 **爱人**：慈爱他人。**利物**：有利于物。

7 **不同同之**：使各不相同的万物回归到同一的本性。

8 **崖异**：僻异，怪异。**宽**：宽容。

9 **有万不同**：统括千差万别的物种。

10 **执德**：持守天然的德行。**纪**：纲纪。

11 **备**：完备。

12 **完**：德行完全。

13 **韬**：宽广、宽宥的样子。

14 **沛**：盛大充裕的样子。**逝**：往。

15 陈景元《庄子阙误》引张君房本“藏”作“沉”。

16 **拘**：取。

原文

夫子曰："夫道，渊乎其居也，漻[1]乎其清也。金石不得无以鸣。故金石有声，不考[2]不鸣。万物孰能定之？夫王德之人，素逝[3]而耻通于事，立之本原[4]而知通于神。故其德广，其心之出，有物采[5]之。故形非道不生，生[6]非德不明。存形穷生，立德明道，非王德者邪！荡荡乎！忽然[7]出，勃然动，而万物从之乎！此谓王德之人。视乎冥冥[8]，听乎无声。冥冥之中，独见晓焉；无声之中，独闻和焉。故深之又深，而能物焉，神之又神，而能精焉。故其与万物接也，至无而供其求，时骋而要其宿[9]，大小、长短、修远。"

译文

先生说："大道止息时深沉虚寂，安静时清澈澄明。金石不得道不能鸣响。所以金石虽有发声的特质，但不去叩击也不会响。万物都是如此，谁能确定它们的存在状态呢？盛德之人，怀真抱德而行，以通晓俗世事务为耻，以万物的本原为根本，通达于神妙。所以他们德行宽广，他们的心志外露，是因为外物的交感产生的。所以说，形体没有大道就不会产生，万物之本性没有德就无法彰显。保存形体，穷究万物的本性，确立'德'以明达'道'，这不就是盛德之人嘛！浩大宽广啊！无心而动，无心而为，万物都跟从他们！这就叫作盛德之人。看吧，幽深晦暗不清，听吧，寂静无声。在幽深晦暗之中却能见到光明，寂静无声之中却能听到和悦之声。在极其幽深之中产生万物，在极其玄妙之中产生精神。所以他与万物相接，保持虚寂无形却能与万物相应，时时驰骋纵放却能成为万物的归宿，不论是大小、长短、高远。"

注释

1 **漻**(liáo)：清澈的样子。

2 **考**：叩击。

3 **素逝**：怀真抱德而行。

4 **本原**：指大道，万物的根本和原始的真性。

5 **采**:采纳,此处指交感。

6 **生**:通“性”。

7 **忽然**:无心的样子。

8 **冥冥**:幽深晦暗的状态。

9 **骋**:驰骋,奔驰。**要**:求。**宿**:回归,归宿。

原文

黄帝游乎赤水[1]之北,登乎昆仑之丘而南望,还[2]归,遗其玄珠[3]。使知[4]索之而不得,使离朱索之而不得,使喫诟[5]索之而不得也。乃使象罔[6],象罔得之。黄帝曰:“异哉!象罔乃可以得之乎?”

译文

黄帝在赤水的北岸游览,登上昆仑山,向南边观望,不久返回而遗失了玄珠。派知去寻找,没有找到,派离朱去寻找,没有找到,派喫诟去寻找,也没有找到。于是让象罔去寻找,而象罔找回了玄珠。黄帝说:“奇怪啊!只有象罔才能找到啊!”

注释

1 **赤水**:庄子虚构的水名。

2 **还**(xuán):通“旋”,不久。

3 **玄珠**:喻指道。

4 **知**(zhì):庄子虚构的人名,喻指知识、才智。

5 **喫**(kài)**诟**:庄子虚构的人名,喻指言辩。

6 **象罔**:覆宋本作“罔象”,庄子虚构的人名。“罔”则非有,“象”则非无,喻指非无非有、恍惚玄冥的状态。

原文

尧之师曰许由,许由之师曰啮缺,啮缺之师曰王倪,王倪之师曰被衣[1]。尧问于许由曰:“啮缺可以配

译文

尧的老师叫许由,许由的老师叫啮缺,啮缺的老师叫王倪,王倪的老师叫被衣。尧问许由说:“啮缺可以做天子吗?我想通过王倪去邀请他。”许由说:“你如

天[2]乎？吾借王倪以要之[3]。”许由曰：“殆哉圾[4]乎天下！啮缺之为人也，聪明睿[5]知，给数[6]以敏，其性过人，而又乃以人受天[7]。彼审[8]乎禁过，而不知过之所由生。与之配天乎？彼且乘人而无天[9]，方且本身[10]而异形，方且尊知而火驰[11]，方且为绪使[12]，方且为物絯[13]，方且四顾而物应，方且应众宜[14]，方且与物化，而未始有恒。夫何足以配天乎？虽然，有族[15]有祖，可以为众父[16]，而不可以为众父父。治，乱之率[17]也，北面之祸也，南面之贼也。”

果这样做，那么天下就会很危险啊！啮缺这个人，聪明睿智，行动敏捷果断，他的天性超乎常人，并且又以人为应付天然。他明白如何禁绝过错，而不知道过错是如何产生的。让他来做天子吗？他将借助人为而放弃天然，他将以自身为本位从而使万物改变自身的本性，他将崇尚智识而使得人们争竞不已，他将会被事务役使，他将被外物奴役，他将周旋四方，应接外物，他将凡事追求适宜，他将随顺外物的变化而不能保持恒常的本性。他怎么能够做天子呢？虽然如此，万物汇聚的地方总有首领，他可以成为百姓的官长，却不能成为宇宙万物的大宗。有为而治，是乱政的先导，是人臣的灾祸，也是君王的祸害。”

注释

1 **被衣**：庄子虚构的人名。

2 **配天**：做天子。

3 **借**：借助。**要**：通“邀”，邀请。

4 **圾**：或作“岌”，危险。

5 **睿**：聪慧。

6 **给**(jǐ)：敏捷。**数**(shuò)：通“速”，急速。

7 **人**：人为。**受**：成就，促成。**天**：天然。

8 **审**：明察，明白。

9 **乘**：因，借助。**无天**：丧失天然的本性。

10 **本身**：以自身为本。

11 **尊知**:尊崇才智。**火驰**:像大火蔓延似的快速急骤,指急急忙忙地为求知和御物而奔逐。

12 **绪**:事。**使**:役使。

13 **絯(gāi)**:拘束,束缚。

14 **应众宜**:应接众多的外物而追求处处适宜。

15 **族**:众,群,这里指万物。

16 **众父**:众多族类的统领。

17 **率**:先导。

原文

尧观乎华[1]。华封[2]人曰:"嘻,圣人!请祝圣人。使圣人寿。"尧曰:"辞[3]。""使圣人富。"尧曰:"辞。""使圣人多男子[4]。"尧曰:"辞。"封人曰:"寿、富、多男子,人之所欲也。汝[5]独不欲,何邪?"尧曰:"多男子则多惧,富则多事,寿则多辱。是三者,非所以养德[6]也,故辞。"封人曰:"始也我以汝为圣人邪,今然君子也。天生万民,必授之职。多男子而授之职,则何惧之有!富而使人分之,则何事之有!夫圣人,鹑居而鷇食[7],鸟行而无彰[8];天

译文

尧巡视华这个地方。华地守疆人说:"啊!圣人!请让我为圣人祝福。祝愿圣人长寿。"尧说:"不需要。""祝愿圣人富有。"尧说:"不需要。""祝愿圣人多生男孩子。"尧说:"不需要。"守疆人说:"长寿、富有和多生男孩,这是人们所希望的。你却不想要,这是为什么呢?"尧说:"男孩子多,忧惧也就多了,富有则会生事,长寿则多招致屈辱。这三者都不是用来修养德行的,所以我谢绝这些。"守疆人说:"先前我以为你是圣人,现在看来却只是个君子。上天生养万民,必定会授予一定职事。男孩子多了就授予他们以职事,有什么忧惧!富有就把财物分给大家,有什么麻烦事!圣人像鹌鹑一样居无定所,像初生待哺的小鸟一样仰食而足,像飞鸟飞过而不留下一点踪迹;天下大治,就与万物共同繁荣昌盛;

下有道，则与物皆昌；天下无道，则修德就闲[9]；千岁厌世，去而上仙，乘彼白云，至于帝乡。三患莫至，身常无殃，则何辱之有！”封人去之。尧随之，曰：“请问。”封人曰：“退已！”

天下纷乱，就修养德行而闲居；寿至千年而厌弃人世间，则离开人世而升仙，乘着那白云，去那天帝的居所。长寿、富有和多男孩子的忧患不会到来，身体不会有病殃，哪还有什么屈辱呢！”守疆人走了。尧跟随在他的后面，说：“请您指教。”守疆人说：“你回去吧！”

注释

1 **华**：地名。

2 **封**：守卫边疆的人。

3 **辞**：辞谢。

4 **男子**：男孩子。

5 **汝**：影宋本作“女”，下同。

6 **养德**：德行。

7 **鹑(chún)居**：像鹌鹑一样野居而无定所。**彀(kòu)食**：像初生待哺的小鸟那样仰食。

8 **无彰**：不留痕迹。

9 **就闲**：闲居。

原文

尧治天下，伯成子高[1]立为诸侯。尧授舜，舜授禹，伯成子高辞为诸侯而耕。禹往见之，则耕在野。禹趋就下风[2]，立而问焉，曰：“昔尧治天下，吾子立为诸侯。尧授舜，舜授予，而吾子辞

译文

尧治理天下，伯成子高被立为诸侯。尧传位给舜，舜又传位给禹，伯成子高便辞去诸侯之位而去种地。禹前去拜见他，伯成子高正在地里耕种。禹疾步走上前，站着问道：“从前尧治理天下，您被立为诸侯。尧传位给舜，舜又传位给我，而您却辞去诸侯之位而来种

为诸侯而耕。敢问其故何也？”子高曰：“昔尧治天下，不赏而民劝[3]，不罚而民畏。今子赏罚而民且不仁，德自此衰，刑自此立，后世之乱自此始矣。夫子阖[4]行邪？无落[5]吾事！”俋俋[6]乎耕而不顾。

地。请问这是什么原因呢？”子高说：“从前尧治理天下，不用奖赏而百姓自然勤勉，不用惩罚而百姓自然敬畏。如今你施行赏罚而百姓还是不知仁爱，道德从此开始衰败，刑罚从此确立，后世混乱从此开始了。你还不赶快走开呢？不要耽误我的农活！”于是用力耕种而不再理睬禹。

注释

1 **伯成子高**：庄子虚构的人名。
2 **下风**：风向的下方。
3 **劝**：劝勉。
4 **阖**(hé)：通“盍”，何不。
5 **无**：不要。**落**：荒废。
6 **俋俋**(yì)：用力耕种的样子。

原文

泰初[1]有无，无有无名；一[2]之所起，有一而未形[3]。物得以生[4]，谓之德；未形者有分[5]，且然无间[6]，谓之命；留[7]动而生物，物成生理[8]，谓之形；形体保神，各有仪则[9]，谓之性。性修反德，德至同于初。同

译文

宇宙的初始状态是“无”，没有任何事物，也没有任何名称；只有天地万物浑然一体，没有任何具体形态。万物在浑然一体之中孕育产生，这就叫作“德”；浑然未分化的统一体中已经有了阴阳之分，阴阳运行而无间，这就叫作“命”；在阴阳的运行之中产生了万物，万物生成生命的机理，这就叫作形体；形体保养着精神，万物各有自己的法则，这就叫作本性。修养这种本性返回到最初的德行，德行的极致就是混同于宇宙的初始。混同于宇宙

乃虚，虚乃大。合喙鸣[10]，喙鸣合，与天地为合。其合缗缗[11]，若愚若昏，是谓玄德[12]，同乎大顺[13]。

的初始状态则心灵虚静，虚静就能包罗万象。这时言说也就与鸟叫一样无心，说话跟鸟叫没差别，就能与天地万物相融合。这种融合没有任何痕迹，看似蒙昧晦暗，这就叫玄德，也就达到与万物浑然一体的本真状态。

注释

1 **泰初**：即太初，宇宙的初始状态。

2 **一**：浑然一体的状态。

3 **未形**：没有具体的形态。

4 **物得以生**：天地万物得道以生成。

5 **未形者**：指浑然未分化的统一体。**分**：区别。

6 **间**：指两物之间的缝隙。"无间"即没有区别。

7 **留**：或作"流"。"留动"即运动。

8 **生理**：生命和机理。

9 **仪则**：规律，本性。

10 **喙**(huì)：鸟口。"合喙鸣"指人说话时的无心，有如鸟叫一般。可参看《齐物论》："果有言邪？其未尝有言邪？其以为异于鷇音，亦有辩乎？其无辩乎？"

11 **缗缗**(mín)：泯然无迹的样子。

12 **玄德**：玄远幽深的德行。

13 **大顺**：万物保持本真的状态。

原文

夫子[1]问于老聃曰："有人治道若相放[2]，可不可[3]，然不然[4]。辩者有言曰：'离坚白，若县寓[5]。'若是

译文

孔子问老聃："有人修道却与大道相背逆，以不可为可，以不然为然。善于辩论的人说：'分析坚与白就像时间和空间一样判然有别。'像这样的人可以称作圣

则可谓圣人乎？”老聃曰：“是胥易技系、劳形怵心者也[6]。执狸[7]之狗成思[8]，猿狙之便自山林来。丘，予告若，而所不能闻与而所不能言。凡有首有趾无心无耳者众[9]，有形者与无形无状而皆存者尽无[10]。其动，止也；其死，生也；其废，起也，此又非其所以[11]也。有治在人，忘乎物，忘乎天，其名为忘己。忘己之人，是之谓入于天。”

人吗？”老聃说：“这是被才识役使，被技能束缚，形体劳累，内心惊惧的人。善于捕捉狐狸的狗被人牵系而发愁，猿猴因为行动便捷而被人从山林中捕来。孔丘，我告诉你一些你所听不见且说不出的道理。拥有完整的形体，却无知无闻的人很多，有形体而能自觉与无形无状的大道共存的人完全没有。真正与大道共存的人，他的运动也就是静止，他的死亡也就是新生，他的衰退也就是兴起，这些都不是他所要去辨明和使用的。真正的治理，应该是忘掉外物，忘掉天然，这就叫作忘掉自己。忘掉自己的人，这就叫作融入天地万物之中。”

注释

1 **夫子**：指孔子。

2 **放**：背逆。

3 **可不可**：以不可为可。

4 **然不然**：以不然为然。

5 **县**：久远，这里指时间。**寓**(yǔ)：通“宇”，指空间。

6 此句又见于《应帝王》。

7 **执狸**：指善于捕捉狐狸的狗。

8 **成思**：一说狗因善捕狐狸而被人拘系进而形成愁思。一说“成思”是“来田”之误，即招来田猎。

9 **有首有趾**：头脚俱全，指业已成形。“无心无耳”则指无知无闻。

10 **有形者**：指人体。人体是人之外形，容易有所变化，因此不能和“无形无状”的道并存。

11 **以**：用，指动静、生死、废兴等这些相对的名称不为体道之人所用。

原文

蒋闾葂见季彻曰[1]："鲁君谓葂也曰：'请受教。'辞不获命[2]。既已告矣，未知中[3]否，请尝荐[4]之。吾谓鲁君曰：'必服[5]恭俭，拔出公忠之属而无阿私[6]，民孰敢不辑[7]！'"季彻局局然[8]笑曰："若夫子之言，于帝王之德，犹螳螂之怒臂以当车轶[9]，则必不胜任矣。且若是，则其自为处[10]危，其观台[11]多物，将往投迹[12]者众。"蒋闾葂覤覤然[13]惊曰："葂也汒若[14]于夫子之所言矣。虽然，愿先生之言其风[15]也。"季彻曰："大圣之治天下也，摇荡[16]民心，使之成教易俗，举灭其贼心[17]，而皆进其独志，若性之自为，而民不知其所由然。若然者，岂兄[18]尧舜之教民，溟涬然弟之哉[19]？欲同乎德而心居矣。"

译文

蒋闾葂拜见季彻说："鲁国国君对我说：'请您指教。'我推辞再三，未获允许。我向他讲了一番话，不知道对否，请让我说给你听。我对鲁国国君说：'你必须做到恭敬和节俭，选拔出那些正直忠诚的人而不偏私，这样的话百姓谁敢不和顺！'"季彻听了后大笑着说："像你所说的这些话，对于帝王的德业，就像螳螂举起臂膀去阻挡车轮，必定不能胜任。况且这样去做，就会使自己处于危险之中，身居高位就会事务繁多，投奔而来的人必然很多。"蒋闾葂惊惧地说："我对于您所说的茫然无知。虽然如此，希望先生能谈谈大略。"季彻说："圣人治理天下，放任民心，不加拘束，使他们自成其教，改变世俗的习惯，熄灭他们害人的心机，增进他们独立的志向，就好像是本性自然如此，而老百姓却不知道为何会这样。如果这样的话，哪里用得着尊奉尧舜的治民之道，亦步亦趋地跟随他们呢？圣人治理天下只是与天然的德行相合，而内心也就安然稳定。"

注释

1 **蒋闾葂**(miǎn):蒋闾葂与季彻均为庄子虚构的人名。
2 **获命**:获得同意,得到允许。
3 **中**(zhòng):恰当,合适。
4 **荐**:陈述。
5 **服**:实行,践行。
6 **拔**:举荐,提拔。**阿私**:偏私。
7 **辑**:和睦。
8 **局局然**:大笑的样子。
9 **轶**:通"辙",车轮印迹。
10 **处**:影宋本作"遽"。
11 **观**(guàn)**台**:宫廷前面的观楼和高台。
12 **投迹**:投足而来。
13 **覤覤**(xì)**然**:惊惧的样子。
14 **汒**(máng):同"茫"。"汒若"犹茫然。
15 **风**:凡,大略。
16 **摇荡**:纵散,放任。
17 **贼心**:害人之心。
18 **兄**:或作"足"。像尊敬兄长一样地尊奉。一说"兄"借为"况"。
19 **溟涬**(xìng)**然**:小心翼翼的样子。**弟**:像弟弟一样紧密跟随在后,这里指效法。

原文

子贡南游于楚,反于晋,过汉阴,见一丈人方将为圃畦[1],凿隧而入井,抱瓮而出灌,搰搰然[2]用力甚多而见功寡。子贡曰:"有械[3]于此,一日浸百畦,

译文

子贡在南方的楚国游历,返回晋国,经过汉水的南岸,看见一个老人正在园里整理菜地,凿开了一条水道直通到井边,抱着瓦罐打水灌地,十分费力地来回奔走,浇灌的效果却不太明显。子贡说:"有一种机械,一天可以浇灌上百畦,

用力甚寡而见功多，夫子不欲乎？”为圃者仰[4]而视之曰：“奈何？”曰：“凿木为机，后重前轻，挈水若抽[5]，数如泆汤[6]，其名为槔[7]。”为圃者忿然作色而笑曰：“吾闻之吾师，有机械者必有机事[8]，有机事者必有机心[9]。机心存于胸中，则纯白[10]不备；纯白不备，则神生不定；神生不定者，道之所不载也。吾非不知，羞而不为也。”子贡瞒然[11]惭，俯而不对。

费力少，功效大，您不想试试吗？”种菜的老人抬起头来看着子贡说：“怎么做的呢？”子贡说：“用木头做成一个机关，后面重，前面轻，提水就像抽水一样顺畅，水流之快如沸水外溢，它的名字叫作桔槔。”种菜的老人面带怒色，却笑着说：“我听我的老师说过，拥有机械的人必定会有机巧之事，有机巧之事的人必定有机巧之心。机巧之心存于胸中，那么纯真素朴的本性就不再完整；纯真素朴的本性不完整，精神就不会安定；精神不安定的人，也就不能体悟大道。我并非不知道你所说的机械，只是以之为羞而不愿意去做。”子贡满面羞愧，低头不语。

注释

1 **丈人**：古代对老年男子的通称。**圃**：菜园。**畦**(qí)：田间划分的小区。

2 **搰**(kū)**搰然**：费力的样子。

3 陈景元《庄子阙误》引张君房本“械”前有“机”字。

4 **仰**：影宋本多作“卬”，通“仰”。

5 **挈**(qiè)：提。**抽**：或作“流”。

6 **数**：通“速”，急速。**泆**(yì)：同“溢”，“泆汤”指沸水溢出。

7 陈景元《庄子阙误》引张君房本“为”作“桔”。**槔**(gāo)：即桔(jié)槔，一种汲水的机械。

8 **机事**：机巧之事。

9 **机心**：机巧之心。

10 **纯白**：纯真素朴的本性。

11 **瞒**(mén)**然**：羞愧的样子。

原文

有间，为圃者曰："子奚为者邪？"曰："孔丘之徒也。"为圃者曰："子非夫博学以拟圣，於于[1]以盖众，独弦哀歌[2]以卖名声于天下者乎？汝方将忘汝神气，堕[3]汝形骸，而庶几乎！而身之不能治，而何暇治天下乎！子往矣，无乏[4]吾事！"

译文

过了一会，种菜的老人说："您是干什么的？"子贡说："我是孔丘的学生。"种菜的老人说："您不就是那以广博的学识比拟于圣人，自夸超越众人，独自讽诵哀歌以卖弄名声于天下的人吗？你要是能抛弃你的志向，忘掉你的形骸，那么就差不多接近大道了！你自身都不能修养，哪有空闲去治理天下呢！你走吧，不要耽误我的事情！"

注释

1 **於(wū)于**：或作"唹吁"，高声呼喊，这里指虚言夸耀，卖弄。

2 **独弦哀歌**：独奏哀叹，这里暗指孔子周游列国，失意之时弦歌不辍的场景。

3 **堕**：覆宋本作"隳"，毁坏。

4 **乏**：荒废，耽误，犹前文"无落吾事"之"落"。

原文

子贡卑陬[1]失色，项项然[2]不自得，行三十里而后愈[3]。其弟子曰："向之人何为者邪？夫子何故见之变容失色，终日不自反[4]邪？"曰："始吾以为天下一人[5]耳，不知复有夫人[6]也。吾闻之夫子，事求可，功求成，用力少，

译文

子贡退缩到一边，顿然失色，怅然若失，很不自在，走了三十里后才恢复正常。他的弟子问道："刚才那个人是做什么的？先生为什么见到他面容失色，好久都不能恢复正常呢？"子贡说："原先我以为天下至圣就只有孔子一人而已，不知道还有老菜农那样的人。我听老师说，事情务求可行，功业务求完满，费力少，功效多，这就是圣人之道。现在

见功多者，圣人之道。今徒不然。执道者德全，德全者形全，形全者神全，神全者，圣人之道也。托生[7]与民并行，而不知其所之，汒乎淳备[8]哉！功利机巧必忘夫人之心。若夫人者，非其志不之[9]，非其心不为。虽以天下誉之，得其所谓，謷[10]然不顾；以天下非之，失其所谓，傥然[11]不受。天下之非誉，无益损焉，是谓全德之人哉！我之谓风波[12]之民。"

才知道并非如此。持守大道的人德行完备，德行完备的人形体健全，形体健全的人精神充实。精神充实才是圣人之道。圣人寄托形骸于世间，与人民共同生活，却不知道要去往何方，茫然蒙昧而德行完备啊！功利机巧必定被他们忘却。像那样的人，不符合他们志向的不去追求，不出于本心的不去作为。即便天下人都赞誉他，获得了与他相应的声誉与称谓，他却傲然不顾；即使天下人都非议他，失去了与之相应的声誉与称谓，他也无心理会。天下人的非议和赞誉，对于他们既无增益又无损害，这就叫作德行完备的人啊！我则是风波之民。"

注释

1 **卑陬**(zōu)：惭愧的样子。

2 **顼顼**(xū)**然**：失落的样子。

3 **愈**：恢复常态。

4 **终日**：良久，好久。**反**：复，恢复正常。

5 **一人**：指孔子。

6 **夫人**：那个人，指浇菜地的老人。

7 **托生**：寄托形骸于世。

8 **汒**(máng)：同"茫"。"汒乎"指深远而不可测的样子。**淳备**：淳和完备。

9 **不之**：不往，不去追求。

10 **謷**(ào)：通"傲"，傲慢。

11 **傥**(tǎng)**然**：无心的样子。

12 **风波**：易为是非所动。

原文

反于鲁，以告孔子。孔子曰：“彼假修浑沌氏[1]之术者也，识其一不知其二，治其内而不治其外。夫明白入素[2]，无为复朴[3]，体性抱神[4]，以游世俗之间者，汝将固[5]惊邪！且浑沌氏之术，予与汝何足以识之哉？”

译文

子贡回到鲁国，把此事告诉了孔子。孔子说：“那是修行浑沌氏之术的人，他们只知道浑然一体的大道，却不知世间其他事情，修治好内在的精神，却不治理世间事务。像这种精神明达，内心纯白，进入素洁的状态，虚静无为，回归到纯朴的境界，体悟真性，涵养精神，遨游于人世间的人，你当然会感到惊讶啊！况且浑沌氏之术，我和你又怎能理解呢？”

注释

1 **假**：假借。**浑沌氏**：庄子虚构的人名，喻指浑然一体没有分别的大道。

2 **明白入素**：明了洞察进入纯真之境。

3 **无为复朴**：无为而回归于纯朴。

4 **体性**：体悟真性。**抱神**：持守专一的精神。

5 **固**：固然，当然。

原文

谆芒将东之大壑[1]，适遇苑风[2]于东海之滨。苑风曰：“子将奚之？”曰：“将之大壑。”曰：“奚为焉？”曰：“夫大壑之为物也，注焉而不满，酌焉[3]而不竭。吾将游焉。”苑风曰：“夫子无意于横目之民[4]乎？愿闻圣治。”谆芒曰：“圣治

译文

谆芒正要东到大海去，恰巧在东海之滨遇到苑风。苑风问：“你要去哪儿呢？”谆芒说：“我将要去大海。”苑风又问：“去做什么呢？”谆芒说：“大海这个东西，江河注入它不会满溢，从里面舀水也不会枯竭。我将要去那里遨游。”苑风说：“先生不关心黎民百姓吗？我希望听您谈谈圣人之治。”谆芒说：“圣人之治吗？设立官职布政施令

乎？官施[5]而不失其宜，拔举[6]而不失其能，毕见其情事而行其所为，行言自为而天下化，手挠顾指[7]，四方之民莫不俱至，此之谓圣治。”“愿闻德人[8]。”曰：“德人者，居无思，行无虑，不藏是非美恶。四海之内共利之之为[9]悦，共给之之为安。怊乎[10]若婴儿之失其母也，傥乎[11]若行而失其道也。财用有余而不知其所自来，饮食取足而不知其所从。此谓德人之容。”“愿闻神人。”曰：“上神乘光[12]，与形灭亡，此谓照旷[13]。致命尽情[14]，天地乐而万事销亡[15]，万物复情[16]，此之谓混冥[17]。”

都很适当，选拔人才而不遗漏贤能，明察实情而做所能做的，人人言行自主，而天下自化，挥手顾盼之间，四方的百姓都心悦归附，这就叫圣人之治。”苑风说：“希望听您谈谈有德行的人。”谆芒说：“真正拥有德行的人，居处时不思考，行动时不谋虑，心里没有是非美丑观念。天下人人都获利叫作喜悦，人人都得到给养叫作安定。惆怅失意好像婴儿失去了母亲，怅然若失好像走路时迷失了方向。财货使用有余却不知道源于何处，饮食取给充足却不知道从哪儿产出。这就是有德行之人的表现。”苑风说：“希望听您谈谈神人。”谆芒说：“神人上乘天光，形迹消亡，这就叫虚明空旷。穷尽天命，充分呈现本真实情，与天地同乐，万事都自然消亡，万物回归于各自的本真状态，这就叫混沌玄冥之境。”

注释

1 **谆(zhūn)芒**：庄子虚构的名字。**大壑(hè)**：深深的沟谷，这里指大海。

2 **苑风**：庄子虚构的名字。

3 **酌**：舀取。**焉**：之，指大壑。

4 **横目之民**：横其目而四面瞻顾，这里指渴望圣人之治的百姓。

5 **官施**：任用。

6 **拔举**：提拔人才。

7 **手挠**：用手指挥。**顾指**：或作“颐指”，眼睛环视来指挥。

8 **德人**:禀受天生德行之人。
9 **为**:影宋本作“谓”。
10 **怊(chāo)乎**:惆怅失意的样子。
11 **傥乎**:失意的样子。
12 **上**:至高无上。**乘光**:驾驭光亮。
13 **照旷**:虚明空旷。一说“照”为“昭”。
14 **致命尽情**:彻底彰显性命的本真状态。
15 **万事销亡**:俗世的各种物事之累全部排遣。
16 **复情**:回归本性。
17 **混冥**:混合玄同,没有迹象。

原文

门无鬼与赤张满稽观于武王之师[1]。赤张满稽曰:“不及有虞氏乎!故离[2]此患也。”门无鬼曰:“天下均治[3],而有虞氏治之邪,其乱而后治之与?”赤张满稽曰:“天下均治之为愿,而何计以有虞氏为!有虞氏之药疡[4]也,秃而施髢[5],病而求医。孝子操药以修慈父,其色燋然[6],圣人羞之[7]。至德之世,不尚贤,不使能;上如标枝,民如野鹿;端正而不知以为义,相爱而不知以为仁,实而不

译文

门无鬼与赤张满稽观看武王伐纣的军队。赤张满稽说:“还是比不上有虞氏啊!所以天下遭遇这样的灾患。”门无鬼说:“是天下太平时才出现有虞氏的治理呢,还是天下混乱了才去治理呢?”赤张满稽说:“是天下太平是人们的愿望,哪里还用得着有虞氏去治理呢!有虞氏治疗头疮,秃顶了就给戴假发,发病了就去看医生。孝子持药给父亲治病,面色憔悴,圣人把这种行为看作是一种耻辱。德行最纯善的时代,不崇尚贤才,不驱使能人;国君就像树梢上的枝条,无心而居高位,百姓犹如野地的麋鹿,无拘束而随意奔驰;行为端正却不把它看作是正义,彼此相爱却不把它看作是仁,诚实却不把它看作是忠诚,适宜得当却不把它看

知以为忠，当而不知以为信，蠢动[8]而相使，不以为赐。是故行而无迹，事而无传。”

作是诚信，顺从天性而动，相互扶持，却不把它看作是恩赐。所以他们的行为没有任何的痕迹，他们做过的事情没有流传下来。”

注释

1 **门无鬼、赤张满稽**：庄子虚构的人名。

2 **离**：通“罹”，遭受。

3 **均治**：太平之治。

4 **药**：治疗。**疡**(yáng)：头疮。

5 **髢**(dí)：假发。

6 **燋**(qiáo)**然**：憔悴的样子。

7 陈景元《庄子阙误》引张君房本作“圣人所羞也”。

8 **蠢动**：出于本性的自然的行动。

原文

孝子不谀[1]其亲，忠臣不谄其君，臣、子之盛也。亲之所言而然，所行而善，则世俗谓之不肖子；君之所言而然，所行而善，则世俗谓之不肖臣。而未知此其必然邪？世俗之所谓然而然之，所谓善而善之，则不谓之导谀[2]之人也。然则俗故严[3]于亲而尊于君邪？谓己导人，则勃然作色；

译文

孝子不奉承他的父母，忠臣不谄媚他的国君，这是忠臣、孝子的极致。凡是认为父母所说的都是对的，父母所做的都是好的，世俗之人就会称这种人为不肖之子；凡是认为君王所说的都是对的，君王所做的都是好的，世俗之人就会称这种人为不肖之臣。可是俗世人的这种论断难道是必然对的吗？世俗人所说的正确，便以之为正确，世俗人所说的好，便以之为好，而不把他们称作谄谀之人。那么世俗之人果真要比父母更可敬、比君王更尊贵吗？说自己是个谗谄之人，

谓己谀人，则怫然[4]作色。而终身导人也，终身谀人也，合譬饰辞[5]聚众也，是终始本末不相坐[6]。垂衣裳，设采色，动容貌，以媚一世，而不自谓导谀。与夫人之为徒，通是非，而不自谓众人，愚之至也。知其愚者，非大愚也；知其惑者，非大惑也。大惑者，终身不解；大愚者，终身不灵[7]。三人行而一人惑，所适者犹可致也，惑者少也；二人惑则劳而不至，惑者胜也。而今也以天下惑，予虽有祈向[8]，不可得也。不亦悲乎！

定会勃然大怒；说自己是个阿谀之人，定会忿然变色。可是有人终身谗谄他人，终身阿谀他人，广设譬喻，修饰文辞，以哗众取宠，这种人终身不被认为有过错。陈设衣裳，装点文采，整饰容貌，献媚于世人，却不认为自己是谗谄之人。和这些人为伍，是非观念一致，却不认为自己就是和他们一样的人，真是愚昧之极。知道自己愚昧的人，并不是最愚昧的人；知道自己迷惑的人，并不是最迷惑的人。最迷惑的人，终身不能醒悟；最愚昧的人，终身不能明白。三个人在一起行走，其中一个人迷惑，所要去的地方还可以到达，因为迷惑的人少；如果两人迷惑，就劳顿而不能到达，因为迷惑的人多。如今天下人全都迷惑不解，我即使能引导方向，也不可能改变这一状态。这不很可悲吗！

注释

1 **谀**：谄谀，献媚。

2 **导**：影宋本作“道”，下同。“导谀”即谄谀。

3 **故**：本来。**严**：威严，可敬。

4 **怫(fú)然**：忿然，气愤不平的样子。

5 **合譬**：广合譬喻，使人明白易晓。**饰辞**：修饰文辞，使之动听。

6 **不相坐**：陈景元《庄子阙误》引张君房本作“不相罪坐”。坐，定罪，引申为受指责。

7 **灵**：觉察，知晓。

8 **祈**：报告。“祈向”即报告方向，引导方向。

原文

大声不入于里耳[1],《折杨》《皇华》[2],则嗑然[3]而笑。是故高言[4]不止于众人之心,至言不出,俗言胜也。以二缶钟惑[5],而所适不得矣。而今也以天下惑,予虽有祈向,其庸可得邪!知其不可得也而强之,又一惑也,故莫若释之而不推[6]。不推,谁其比[7]忧!厉之人[8]夜半生其子,遽[9]取火而视之,汲汲然唯恐其似己也。

译文

高雅的音乐,不能被世俗人欣赏,《折杨》《皇华》之类的民间俗曲,世俗人听了都能笑。所以高雅的言论不能进入世俗人的心灵,而至理名言不能风行于世,是因为庸俗之言占了优势。二俗与一雅并行,雅也会因俗的迷惑而不知所向,最终不能到达所要去的地方。如今天下人都迷惑,我即使能引导方向,又怎么能到达呢!明知做不到却勉强去做,这又是一大迷惑,所以还不如舍弃而不予推究。不去推究,谁还会和我一起忧愁!患有恶疾之人半夜里生下孩子,赶紧取火来照看,惶惶不安,唯恐孩子长得像自己。

注释

1 **大声**:大音,这里指雅乐,犹阳春白雪。**里耳**:里巷之人的耳朵。

2 **《折杨》《皇华》**:古代民间流行的俗曲。华,影宋本作“荂”(fū)。

3 **嗑(xiá)然**:笑声。

4 **高言**:高雅的言论。

5 **二缶钟惑**:即“二缶惑钟”。缶乐俗,钟乐雅,二俗并一雅,则雅亦迷惑而不知所向。

6 **不推**:不推究。

7 **比**:邻近,接近。

8 **厉(lài)**:癞疮,此指恶疾。“厉之人”即患有恶疾之人。

9 **遽**:急忙。

原文

百年之木，破为牺樽，青黄而文[1]之，其断[2]在沟中。比牺樽于沟中之断，则美恶有间[3]矣，其于失性一也。跖与曾、史，行义有间矣，然其失性均也。且夫失性有五：一曰五色乱目，使目不明；二曰五声乱耳，使耳不聪；三曰五臭薰鼻，困惾中颡[4]；四曰五味噣[5]口，使口厉爽[6]；五曰趣舍滑心[7]，使性飞扬。此五者，皆生之害也。而杨、墨乃始离跂自以为得，非吾所谓得也。夫得者困[8]，可以为得乎？则鸠鸮[9]之在于笼也，亦可以为得矣。且夫趣舍声色以柴[10]其内，皮弁、鹬冠、搢笏、绅修以约其外[11]，内支[12]盈于柴栅，外重纆缴[13]，睆睆然[14]在纆缴之中而自以为得，则是罪人交臂历指而虎豹在于囊槛[15]，亦可以为得矣。

译文

生长百年的大树，伐倒后被雕刻成酒器，再用青、黄二色涂上花纹，而剩下的断木则丢弃在山沟里。把酒器与残木相比，美与丑截然不同，但对于丧失本性而言是相同的。盗跖与曾参、史鳝，他们践行公义是有差别的，然而他们都丧失了本性却是相同的。通常丧失真性有五个方面：一是五色扰乱视觉，使眼睛看不清晰；二是五声扰乱听觉，使耳朵听不明白；三是五种气味熏坏嗅觉，气味直冲脑门；四是五味浊乱口腔，使口舌受到伤害；五是取舍意念迷乱心神，使本性驰骛不息、轻浮躁动。这五个方面，都是对本性的戕害。然而杨朱、墨翟却汲汲追求，自以为有所得，这不是我所讲的自得。被获得的东西困惑，这可以叫作得吗？如果这样，那么斑鸠鸱鸮关在笼中，也可以算是自得了。况且取舍、声色的意念横亘于心中，皮帽、羽冠、朝板、宽带和长裙约束于外，内心充满繁杂之念，外在又被外物束缚，目光呆滞，在外物束缚中自以为有所得，那么罪犯反绑着双手，手指被夹着，以及虎豹被关在牢笼之中，也可以算是自得了。

注释

1 **文**:纹饰,刻上花纹。

2 **断**:砍断后剩下的部分,这里指残余的木料。

3 **有间**:有差别。

4 **困惾**(zōng):阻塞,窒塞。**中颡**(sǎng):伤害脑门。

5 **啁**(zhuó):覆宋本、影宋本作"浊",浊乱。

6 **厉**:损害。**爽**:伤。

7 **趣舍**:取舍。**滑**(gǔ)**心**:乱心。

8 **困**:底本作"因",字形之误,今据覆宋本、影宋本改正。

9 **鸠鸮**(xiāo):斑鸠和鸱鸮。

10 **柴**:梗塞。

11 **皮弁**(biàn):皮革制成的帽子。**鹬**(yù)**冠**:用鹬鸟的羽毛装饰的帽子。**搢**(jìn):插。**笏**(hù):古代臣下朝见君主时手上拿的手板,用玉、象牙或竹片制成,上面可以记事。**绅**:宽大的衣带。**修**:长。

12 **支**:充塞。

13 **纆**(mò)**缴**:纆索,绳索。

14 **睆**(huǎn)**睆然**:眼睛凸出的样子。

15 **交臂**:手被反缚住。**历指**:用绳穿木棍夹手指的酷刑。**囊槛**:即圈槛,关野兽的笼子。

天运

导读

此篇内容驳杂，主要批判了儒家所宣扬的先王之道和仁义之治，主张顺应天道，应时而变。

首先，天地万物的运转背后是否有一个推动者的问题，这段材料对于理解庄子的自然观念十分重要，可以参看《则阳》中的"少知问于大公调"的故事。其次，各种道德名目与规范损害了人的真性，掩盖了真实的情感，由此庄子提出"至仁无亲"，批判现实中的道德异化现象。最后，作者借师金与颜渊的对话、孔老对话以及老子与子贡的对话，全面批判了以孔子为代表的儒家奉行先王之道来治理现时代的悖谬，批判三王五帝之治违背了天地万物之性，扰乱人心，束缚了人的真性，致使天下纷纷扰扰，名义上是治理，实质上是扰乱世道。在作者看来，仁义只是先王的客舍，六经只是先王之陈迹，都不是真正的大道，不足以作为恒常之法。

原文

"天其运[1]乎？地其处[2]乎？日月其争于所[3]乎？孰主张[4]是？孰维纲[5]是？孰居无事推而行是[6]？意者其有机缄[7]而不得已邪？意者其运转而不能自止邪？云者

译文

"天大概是在运转吧？地大概是静止的吧？太阳与月亮大概在互相竞争着轨道吧？是谁在主宰和实施着这一切？是谁在维系着这一切的变化？是谁无所事事而助推着这一切的运行？难道它们被某种机关牵引而不得不如此吗？难道它们的运转是不能自主停息的吗？是云层

为雨乎？雨者为云乎？孰隆施是[8]？孰居无事淫乐而劝是[9]？风起北方，一西一东，有[10]上彷徨，孰嘘吸是？孰居无事而披拂[11]是？敢问何故？”巫咸祒[12]曰：“来！吾语汝[13]。天有六极、五常[14]，帝王顺之则治，逆之则凶。九洛[15]之事，治成德备，监照下土[16]，天下戴[17]之，此谓上皇。”

转化为雨水吗？是雨水变成白云吗？是谁在行云布雨？是谁无所事事而云行雨施助长了这一切？风从北方兴起，时而刮向西边，时而刮向东边，在空中鼓荡，是谁在吹嘘呼吸？是谁无所事事而吹动着风的运动？请问这些现象的原因是什么？”巫咸祒说：“来！我告诉你。宇宙有六合与五行，帝王顺应它就能天下太平，违背它就会带来灾祸。九州百姓之事，治理成功，德行完备，光辉普照天下，天下人都拥护爱戴他，这就叫作上古帝王之治。”

注释

1 **运**：运转。

2 **处**：静止。

3 **所**：处所，这里指日月运行的轨道。

4 **主**：主宰。**张**：施张。

5 **维纲**：维系，保持。

6 **居**(jī)：语气词。**推而行**：助推运行。

7 **意**：揣度，推测。**机缄**：机关开闭。指推动事物发生变化的力量。

8 **隆**：兴起。**施**：施与。

9 **淫乐**：云行雨施是万物的交感变化。**劝**：助长。

10 **有**：陈景元《庄子阙误》引张君房本作“在”。

11 **披拂**：吹动。

12 **巫咸祒**(shào)：庄子虚构的人名，姓巫咸，名祒。

13 **汝**：影宋本作“女”，本篇下文均同。

14 **六极**：即六合，上下四方。一说为六气，指阴、阳、风、雨、晦、明。**五常**：

即五行，金、木、水、火、土。

15 **九洛**：九州。

16 **下土**：天下。

17 **戴**：底本、影宋本皆作“载”，今据覆宋本、成玄英疏改正。

原文

商大宰荡问仁于庄子[1]。庄子曰：“虎狼，仁也。”曰：“何谓也？”庄子曰：“父子[2]相亲，何为不仁？”曰：“请问至仁[3]。”庄子曰：“至仁无亲[4]。”大宰曰：“荡闻之，无亲则不爱，不爱则不孝。谓至仁不孝，可乎？”庄子曰：“不然。夫至仁尚[5]矣，孝固不足以言之。此非过[6]孝之言也，不及[7]孝之言也。夫南行者至于郢[8]，北面而不见冥山[9]，是何也？则去之远也。故曰：以敬孝易[10]，以爱孝难[11]；以爱孝易，而[12]忘亲难；忘亲易，使亲忘我难；使亲忘我易，兼忘天下难；兼忘天下易，使天下兼忘我难。夫德遗[13]尧舜而不为也，利泽施于万世，天下莫知

译文

宋国一个名叫荡的太宰向庄子请教仁。庄子说：“虎和狼也具有仁德。”太宰说：“为何这么说呢？”庄子说：“虎和狼也能做到父子相爱，为什么不能叫作仁呢？”太宰说：“请问什么是真正的仁德？”庄子说：“真正的仁德就是没有亲疏之分。”太宰说：“我听说，没有亲疏之分就不会有爱，没有爱就不会有孝。说真正的仁德却不孝，可以吗？”庄子说：“不是这样的。真正的仁德确实值得崇尚，孝本来就不足以说明它。这不是说超过了孝的程度，而是指还没有达到孝的程度。向南方走到楚国都城郢的人，向北方看不到冥山，这是为什么呢？距离冥山太远的缘故。所以说，出于尊敬而去孝顺容易，发自内心地爱而孝顺则很难；发自内心地爱而孝顺容易，忘记双亲则很难；忘记双亲容易，使双亲忘记我则很难；使双亲忘记我很容易，但同时忘记天下就很难；同时忘记天下容易，使天下人同时忘记我就很难。所谓至德便是忘记尧舜的德行而不去作为，利益和恩泽延及万世，天下人却不知道，

也，岂直太息[14]而言仁孝乎哉？夫孝悌仁义，忠信贞廉，此皆自勉以役其德[15]者也，不足多[16]也。故曰：至贵，国爵并[17]焉；至富，国财并焉；至愿，名誉并焉。是以道不渝[18]。”

难道非要忧心忡忡去宣扬仁孝吗？孝、悌、仁、义、忠、信、贞、廉，这些都是用来劝勉自身以役使真性的，不值得推崇。所以说，真正的尊贵，一国的爵位都可以摒弃；真正的富有，一国的财货都可以摒弃；真正的显赫，名声和美誉都可以摒弃。因此道是永恒不变的。”

注释

1 **商**：宋国，宋为殷商后裔。**大宰**：覆宋本作“太宰”，官名。**荡**：人名。

2 **父子**：这里指虎狼父子。

3 **至仁**：真正完美的仁德。

4 **至仁无亲**：真正的仁爱，没有亲疏之分。

5 **尚**：尊崇。

6 **过**：超过。

7 **不及**：达不到。

8 **郢**：楚国的都城。

9 **冥山**：庄子虚构的山名，指冥漠遥远的山。

10 **以敬孝易**：出于尊敬而孝顺容易。

11 **以爱孝难**：发自内心地爱而孝顺就很困难。

12 **而**：覆宋本作“以”。

13 **遗**：遗忘。

14 **太息**：叹息，嗟叹。

15 **役其德**：役使人的真性。

16 **多**：赞美，推崇。

17 **并**：通“屏”，摒弃，摒除。

18 **渝**：改变。

原文

北门成[1]问于黄帝曰："帝张《咸池》之乐于洞庭之野[2]，吾始闻之惧，复闻之怠[3]，卒闻之而惑[4]，荡荡默默[5]，乃不自得。"帝曰："汝殆[6]其然哉！吾奏之以人[7]，徽[8]之以天，行之以礼义，建之以太清[9]。四时迭起[10]，万物循生[11]；一盛一衰，文武伦经[12]；一清一浊[13]，阴阳调和，流光其声[14]；蛰虫[15]始作，吾惊之以雷霆。其卒无尾，其始无首。一死一生，一偾[16]一起，所常[17]无穷，而一不可待。汝故惧也。

译文

北门成问黄帝："你在天地之间演奏《咸池》乐曲，我开始听时感到惊惧，再听时就放松了，听到最后时感到迷惑，神情不能安定，口里不能言说，不能自持。"黄帝说："你大概会有这种体验吧！我用人间的五音六律来演奏乐曲，挥扬出的却是自然的规律，遵照礼仪来进行，表达出的却是太清之道。乐声就像四季交相更替，万物应时而生长；乐声盛衰交错，高音低音起伏跌宕，条理井然；清音与浊音交互，阴阳相互调和，乐声就像光辉一样四散流溢；蛰伏的虫豸蠢蠢而动，我用雷霆惊醒它们。乐声浑然天成，不知哪里是开始，哪里是终结。一音断绝，一音又迸发，一音沉寂，一音又兴起，它的变化不能穷尽，并且都无法预知。所以你会感到惊恐不安。

注释

1 **北门成**：庄子虚构的人名。

2 **《咸池》**：周代"六舞"之一，用以祭祀地神，亦名《大咸》，相传为黄帝所作。**洞庭之野**：此指天地之间。

3 **怠**：懈怠，松弛。

4 **惑**：迷惑。

5 **荡荡**：神情不能安定。**默默**：口不能言说。

6 **殆**：大概。

7 **人**：人事。

8 **徽**：与"挥"义同，挥洒，挥扬。

9 **建**:树立,引申为表达,阐述。**太清**:即天道,自然的规律。

10 **迭起**:更替兴起。

11 **循生**:应时萌生。

12 **文武**:指乐音的高低盛衰。**伦经**:即经纶,条理、秩序。

13 **浊**:覆宋本作"独",疑误。

14 **流光其声**:乐声有如光辉流溢。

15 **蛰虫**:蛰伏的虫豸。

16 **偾**(fèn):仆倒,这里指乐声的沉寂。

17 **所**:其。**常**:乐声的变化。

原文

"吾又奏之以阴阳之和,烛[1]之以日月之明。其声能短能长,能柔能刚;变化齐一,不主故常;在谷满谷,在坑满坑[2];涂郤[3]守神,以物为量。其声挥绰[4],其名高明[5]。是故鬼神守其幽,日月星辰行其纪。吾止之于有穷,流之于无止。子[6]欲虑之而不能知也,望之而不能见也,逐之而不能及也;傥然立于四虚之道[7],倚于槁梧而吟。目知[8]穷乎所欲见,力屈乎所欲逐。吾既不及已矣[9]!形充空虚,乃至委蛇。汝委蛇,故怠。

译文

"我又演奏出阴阳交和的气象,用日月的光辉来朗照万物。这种乐声长短相杂,刚柔并济;变化整齐划一,但又不拘泥一调;乐声充满了山谷,充盈了坑洼;闭塞心灵的孔隙,凝聚精神,一切随物之形状而成。乐声悠扬,节奏高亢明快。因此鬼神安守其幽暗之所,日月星辰畅行于各自的轨道。我在有限的时空中演奏,而乐声却流布于无尽。你想要去思考却不能知晓,去看却看不见,追逐它却赶不上;无心地伫立在四面虚寂的大道上,倚着几案吟咏。视力和智识在想要见的事物前苍白无力,力气在想要追求的东西前屈服。我已经赶不上了!形体充满着空虚,以至于随着乐声宛转变化。你随着乐声宛转变化,因而感到放松。

注释

1 **烛**:照。

2 **坑**:坑洼。

3 **涂**:塞。**郤**:缝隙,孔隙。

4 **挥绰**:悠扬。

5 **名**:节拍。**高明**:高亢明快。

6 **子**:覆宋本作“予”,疑误。

7 **四虚之道**:四面虚寂的道路。

8 **目知**:视力和智识。

9 **矣**:覆宋本、影宋本作“夫”。

原文

“吾又奏之以无怠之声,调之以自然之命[1]。故若混逐丛生[2],林乐[3]而无形;布挥而不曳[4],幽昏而无声。动于无方[5],居于窈冥,或谓之死,或谓之生;或谓之实,或谓之荣[6]。行流散徙[7],不主常声。世疑之,稽[8]于圣人。圣也者,达于情而遂[9]于命也。天机[10]不张而五官皆备,此之谓天乐,无言而心悦[11]。故有焱氏[12]为之颂曰:‘听之不闻其声,视之不见其形[13],充满天地,苞裹[14]六极。’汝欲听之而无接[15]焉,而故惑也。

译文

“我又演奏起无怠的乐声,用天然的节律来调和。因而乐声浑然相逐,丛然相生,乐声荟萃,却无形迹;乐声布散挥洒而不凝滞,幽隐昏暗而没有声音。乐声变动不居,没有固定方所,处在幽深玄妙之处;有的说它消逝了,有的说它在兴起;有的说它在结果,有的说它在开花。行进、流动、扩散、转移,随物变化,不滞留在一个固定的声调上。世人迷惑不解,稽考于圣人。所谓圣,就是通达事物的本真而顺应于天然。天然的枢机没有发动而五官俱全,这就叫作本然的乐声,没有说话却心里喜悦。所以有焱氏称颂道:‘听却听不到声音,看却看不见形迹,充盈于天地之间,囊括了六合。’你想听却没有接触点,你因此而迷惑不解。

注释

1 **自然之命**：天然的节律。

2 **混逐**：浑然相逐。**丛生**：丛然相生。

3 **林乐**：繁会之乐。

4 **布挥**：布散挥洒。**不曳**：不凝滞。

5 **无方**：没有固定方所。

6 **荣**：开花。

7 **行流散徙**：行进、流动、扩散、转移。

8 **稽**：查考，验证。

9 **遂**：顺从。

10 **天机**：天然的枢机。

11 **悦**：覆宋本、影宋本作"说"，通"悦"。

12 **有焱氏**：即神农氏。

13 语本《老子·第十四章》："视之不见名曰夷，听之不闻名曰希，搏之不得名曰微。"

14 **苞裹**：包含，囊括。

15 **无接**：无法触及。

原文

"乐也者，始于惧，惧故祟[1]；吾又次之以怠，怠故遁[2]；卒之于惑，惑故愚[3]。愚故道，道可载而与之俱[4]也。"

译文

"这种音乐，开始听时惊惧不已，惊惧得有如鬼祸降临；我接着演奏了使人放松的乐曲，放松得有如精神要逃逸出形体；最终达到迷惑不解，迷惑因而茫然无知。茫然无知就近乎得道状态，大道承载万物，因而可以与道冥合。"

注释

1 **祟**:鬼祸。

2 **遁**:逃逸,离散。

3 **愚**:茫然无知。

4 **俱**:合。

原文

孔子西游于卫。颜渊问师金[1]曰:“以夫子之行为奚如?”师金曰:“惜乎,而夫子其穷哉[2]!”颜渊曰:“何也?”

译文

孔子往西游历到卫国。颜渊问师金:“你认为夫子此行怎么样?”师金说:“可惜呀,你的老师一定会遭遇困窘啊!”颜渊说:“为什么呢?”

注释

1 **师金**:鲁国太师,名金。

2 **穷**:困窘。

原文

师金曰:“夫刍狗之未陈也[1],盛以箧衍[2],巾以文绣[3],尸祝斋[4]戒以将之。及其已陈也,行者践其首脊,苏者取而爨[5]之而已;将复取而盛以箧衍,巾以文绣,游居寝卧其下,彼不得梦,必且数眯[6]焉。今而夫子,亦取先王已陈刍狗,取[7]弟子游居寝卧其下。故伐树于宋[8],

译文

师金说:“用茅草扎成的狗在献祭之前,用竹箱子来盛放,用绣有花纹的丝巾来覆盖,主祭的人斋戒后才去迎送它。等到祭祀完了,行路人踩踏它的头颅和脊背,打柴的人捡回去烧火而已;如果有人再去把它盛放在竹箱子里,用绣有花纹的丝巾覆盖它,悠游闲居和安然寝卧在它旁边,那么他不做梦则已,做梦必然会反复遭受梦魇。如今你的老师也在拿先王已经祭祀用过了的茅草狗,聚集一群弟子围绕着它悠游供奉,乐此不疲。所以在宋国

削迹于卫[9]，穷于商周[10]，是非其梦邪？围于陈蔡之间[11]，七日不火食，死生相与邻，是非其眯邪？

遭遇了伐树之事，在卫国不敢停留，在东周都城遭遇讥讽，这不就是梦魇吗？被围困在陈国和蔡国之间，七天不能生火做饭，濒临生死边缘，这不就是梦魇吗？

注释

1 **刍狗**：用茅草扎成的狗，用于祭祀，祭祀完了就丢弃。《老子·第五章》："天地不仁，以万物为刍狗。" **陈**：呈献，祭祀时将刍狗陈列在神位之前。

2 **箧**：箱子。**衍**：笥，小竹箱子。

3 **巾**：覆盖。**文绣**：绣有花纹的丝巾。

4 **斋**：覆宋本、影宋本作"齐"，借为"斋"。

5 **苏**：草。"苏者"指打柴草的人。**爨**：烧火，做饭。

6 **眯**(mì)：梦魇。

7 **取**：覆宋本作"聚"。

8 **伐树于宋**：孔子游于宋，与弟子们在一棵大树下讲学，宋国司马桓魋听说了，派人去砍伐大树，孔子和弟子们逃离。此事又见于《山木》《让王》《渔父》诸篇。

9 **削迹于卫**：指孔子游于卫国，被匡人误认为是阳虎，而遭遇匡人的围困。

10 **穷于商周**："商"指的是"宋国"。周指东周都城洛阳。"穷于商周"分别指孔子在宋国遭遇伐树之事以及在东周问礼于老子而被讥讽之事。此事又见于《山木》《让王》诸篇。

11 **围于陈蔡之间**：楚国想聘请孔子做官，陈国和蔡国担心孔子仕楚后对自己不利，于是在孔子路过陈蔡两国时，派兵围困他。此事又见于《山木》《让王》《盗跖》《渔父》诸篇。

原文

“夫水行莫如用舟，而陆行莫如用车。以舟之可行于水也，而求推之于陆，则没世不行寻常[1]。古今非水陆与？周鲁非舟车与？今蕲[2]行周于鲁，是犹推舟于陆也，劳而无功，身必有殃。彼未知夫无方之传[3]，应物而不穷者也。

译文

“在水中行进没有比划船更好的，在陆地上行走没有比用车更好的。因为船可以在水中划行，而谋求在陆地上推行，那么穷其一生也走不了多远。古与今不就像水上与陆上吗？西周与鲁国不就像船与车吗？如今祈求在鲁国推行周制，这就好比在陆地上推船而行，徒劳而无功，自身也必将遭受祸殃。你的老师不知道那种变化无常的运转，顺应万物而没有止尽的道理。

注释

1 **寻常**：古代的长度单位，八尺为寻，两寻为一常。

2 **蕲**：期望，祈求。

3 **无方之传**：没有固定方向的运转。

原文

“且子独不见夫桔槔[1]者乎？引之则俯[2]，舍之则仰[3]。彼人之所引，非引人也，故俯仰而不得罪于人。故夫三皇五帝[4]之礼义法度，不矜[5]于同而矜于治。故譬三皇五帝之礼义法度，其犹柤、梨、橘、柚[6]邪！其味相反而皆可于口。故礼义法度者，应时而变者

译文

“况且，你难道没看见过那桔槔汲水吗？牵引它就俯身入水汲水，放下牵引它的绳索，它就高高仰起。桔槔是由人在牵引，但并不牵引人，所以它一俯一仰都无心而不得罪人。因此三皇五帝的礼义法度，不崇尚相同，而崇尚治理的效果。所以拿三皇五帝时代的礼义法度来打比方，大概就像柤、梨、橘、柚吧！口味虽然不同，但都很可口。所以，礼义法度都是顺应时代而改变的东

也。今取猿狙而衣以周公之服,彼必龁啮[7]挽裂,尽去而后慊[8]。观古今之异,犹猿狙之异乎周公也。故西施病心而矉[9]其里,其里之丑人见而美之,归亦捧心而矉其里。其里之富人见之,坚闭门而不出;贫人见之,挈[10]妻子而去之走。彼知矉美而不知矉之所以美。惜乎,而夫子其穷哉!”

西。如今捉来猿猴给它穿上周公的衣服,它必定会咬碎或撕裂,直到完全撕掉身上的衣服才满意。观察古今的差异,就像猿猴不同于周公。西施犯了心病而皱眉头,她乡里的一个丑女人看见了,认为这样很美,回去后也捂着胸口皱眉头。她乡里的富人看见了,紧闭家门而不出;穷人看见了,带着妻子儿女跑得远远的。那个丑女人只知道皱着眉头美,却不知道皱着眉头为什么美。可惜呀,你的老师一定会遭遇困窘啊!”

注释

1 **桔槔**:一种汲水机械。

2 **引**:拉。**俯**:指水桶端下降至水中汲水。

3 **舍**:放弃。**仰**:打完水,松开绳索,则桔槔前端又上仰。

4 **三皇**:指燧人氏、伏羲氏、神农氏。**五帝**:说法很多,一般指黄帝、颛顼、帝喾、唐尧、虞舜。

5 **矜**:崇尚。

6 **柤**(zhā):同“楂”,山楂。**柚**(yòu):常绿乔木,果实称柚子,多汁,味酸甜。

7 **龁啮**(hé niè):咬。

8 **慊**(qiè):满足,满意。

9 **矉**(pín):通“颦”,皱眉头。

10 **挈**:携带。

原文

孔子行年[1]五十有一而不闻道，乃南之沛[2]见老聃。老聃曰："子来乎！吾闻子，北方之贤者也，子亦得道乎？"孔子曰："未得也。"老子曰："子恶乎求之哉？"曰："吾求之于度数[3]，五年而未得也。"老子曰："子又恶乎求之哉？"曰："吾求之于阴阳[4]，十有二年而未得。"老子曰："然。使道而可献，则人莫不献之于其君；使道而可进，则人莫不进之于其亲；使道而可以告人，则人莫不告其兄弟；使道而可以与人，则人莫不与其子孙。然而不可者，无他[5]也，中无主而不止[6]，外无正[7]而不行。由中出者，不受于外，圣人不出；由外入者，无主于中，圣人不隐[8]。名[9]，公器[10]也，不可多取。仁义，先王之蘧庐[11]也，止可以一宿，而不可久处，觏而多责[12]。

译文

孔子五十一岁了还没有得道，于是南行到沛地拜见老聃。老聃说："你来了啊！我听说你是北方的贤者，你已经得道了吧？"孔子说："还没有。"老子说："你在哪里探求大道呢？"孔子说："我在制度名数上探求大道，五年还没有得道。"老子说："你又在哪里探求大道呢？"孔子说："我在阴阳变化上探求大道，十二年了还是没能得道。"老子说："确实会如此。假如道可以进献，那么没有人不想把它献给君王；假如道可以奉送，那么没有人不想奉送给自己的双亲；假如道可以告诉别人，那么没有人不想告诉他的兄弟；假如道可以给予人，那么没有人不想把它给予自己的子孙。然而之所以不能这样去做，没有别的原因，内心没有主宰，则大道不会停留，向外不能印证，则大道不能推行。从内心流露出的东西，如果不能为外部对象所接受，圣人就不会随便表达；从外部进入内心的东西，如果内心没有一个主宰，圣人就不会把它隐藏起来。名声，是天下人公共的器用，不能过多地占有。仁义，是先王的旅舍，可以住上一宿，但不能久居，否则看见的人都会谴责。

注释

1 **行年**:年纪。

2 **沛**:今江苏沛县。老子是楚国苦县人,苦县即今河南省鹿邑县,距沛县很近。

3 **度数**:制度名数。

4 **阴阳**:天地造化。

5 **他**:覆宋本作"佗",同"他"。

6 **中**:内心。**止**:留存。

7 **正**:印证。

8 **隐**:藏。

9 陈景元《庄子阙误》引张君房本"名"后有"者"字。

10 **公器**:公共的器用。

11 **蘧庐**:传舍,古时候供传递公文的人或往来官员在行旅途中暂宿之处。

12 **觏**(gòu):遇见。

原文

"古之至人,假道[1]于仁,托宿[2]于义,以游逍遥之墟[3],食于苟简[4]之田,立于不贷[5]之圃。逍遥,无为也;苟简,易养也;不贷,无出也。古者谓是采真[6]之游。以富为是[7]者,不能让禄;以显[8]为是者,不能让名;亲权[9]者,不能与人柄。操之则栗,舍之则悲,而一无所鉴[10],以窥

译文

"古代的至人,仁对于他们来说只是借过的道路,义对于他们来说只是暂时的寄宿,他们畅游于自在之域,过着随性而简朴的生活,处于不费力劳神的境地。逍遥自在,因而清静无为;随性而简朴,因而容易生活;不费力劳神,因而没有耗费。古时候把这种生存状态称为探求大道的生活。认为富裕才是正确选择的人,不会让出利禄;认为显达才是正确选择的人,不会让出名声;贪慕权力的人,不会交出权柄。拥有这些东西时惊慌不定,生怕失去,丧失这些东西时悲怆不已,完全没有任何明鉴,整天盯

其所不休者，是天之戮民[11]也。怨、恩、取、与、谏、教、生、杀八者，正之器[12]也，唯循大变无所湮者为能用之[13]。故曰：正者，正也。其心以为不然者，天门[14]弗开矣。”

着这些东西而追逐不止的人，是遭受了天道的刑罚的人。怨恨、恩惠、获取、施与、谏诤、教化、生存、杀戮这八种做法，是矫正人的工具，只有遵循天道而不为欲望所窒塞的人才能够运用它。所以说，正就是端正自身。内心如果不这样认为的人，他的感官就不会打开。”

注释

1 **假道**：借道。
2 **托宿**：寄宿。
3 **墟**：影宋本作“虚”。
4 **苟简**：随性而简朴。
5 **贷**：施与。这里指付出精力。
6 **采真**：探求大道。
7 **是**：正确。
8 **显**：荣显，显达。
9 **亲权**：爱慕权力。
10 **鉴**：借鉴。
11 **天之戮民**：遭受了天道的刑罚的人。可参看《大宗师》：“孔子曰：‘丘，天之戮民也。’”
12 **正之器**：矫正人的工具。
13 **大变**：自然的运行之道，即天道。**湮**(yān)：壅塞。
14 **天门**：指耳、口、鼻、眼等感官通道。可参看《老子·第十章》：“天门开阖，能为雌乎？”

原文

孔子见老聃而语仁义。老聃曰:"夫播穅眯目[1],则天地四方易位矣;蚊虻噆[2]肤,则通昔[3]不寐矣。夫仁义憯然乃愦吾心[4],乱莫大焉。吾子使天下无失其朴,吾子亦放风[5]而动,总德[6]而立矣。又奚杰[杰]然[7]若负建鼓[8]而求亡子者邪?夫鹄不日浴而白[9],乌不日黔[10]而黑。黑白之朴,不足以为辩[11];名誉之观,不足以为广。泉涸,鱼相与处于陆,相呴以湿,相濡以沫,不若相忘于江湖。"

译文

孔子拜见老聃时谈及仁义。老聃说:"簸扬起的糠屑进入眼睛,就会分不清天地四方了;蚊虻叮咬皮肤,就会通宵不能入睡。仁义的毒害使人心淆乱,没有比仁义的惑乱更大的了。您要使天下人不失去纯朴的本性,您就应该顺着民风而行动,秉持天然的德行来处事。又何必要奋不顾身,就像敲着大鼓去找寻丢失的孩子一样呢?天鹅不必天天洗澡而天然就是白色,乌鸦也不必天天染黑而天然就是黑色。黑与白都是天然的本性,不必去辨析孰优孰劣;名誉这些外在的东西,不足以增广人的本性。泉水干了,鱼儿在陆地上相互依偎,相互吹出湿气来滋润对方,互相以唾沫来沾湿对方,不如在江湖里自由自在地生活而彼此相忘。"

注释

1 **播**:借为"簸",扬米去糠屑。**眯**(mí):异物进入眼中,视觉错乱。

2 **噆**(zǎn):叮咬。

3 **昔**:夜。

4 **憯**(cǎn):同"惨"。**愦**:或作"愦",扰乱。

5 **放风**:顺任民风。

6 **总**:持。**德**:天然的德行。

7 **杰[杰]然**:用力的样子。底本、覆宋本、影宋本均作"杰然",今据陈景元《庄子阙误》引张君房本补正。

8 **建鼓**:大鼓。

9 **鹄**:鸿鹄,即天鹅。**日浴**:每天洗澡。

10 **黔**(qián):黑色。这里用作动词,染黑。

11 **辩**:分别。

原文

孔子见老聃归,三日不谈。弟子问曰:"夫子见老聃,亦将何规[1]哉?"孔子曰:"吾乃今于是乎见龙!龙,合而成体,散而成章[2],乘乎云气,而养乎阴阳[3]。予口张而不能嗋[4],予又何规老聃哉!"子贡曰:"然则人固有尸居而龙见[5],雷声而渊默,发动如天地者乎?赐亦可得而观乎?"遂以孔子声[6]见老聃。

译文

孔子见过老聃后回来,三天不说话。弟子问道:"先生见过老聃,对他有何规劝呢?"孔子说:"我于今才在那里见到了真龙!真龙聚合起来浑然一体,分散开来形成绚丽的花纹,乘驾云气,翱翔于天地之间。我惊得张开口都不能合拢,我又哪能对老聃进行规劝呢!"子贡说:"这样说来,难道真有人能做到安然静处而精神却生龙活虎,深沉静默而声如惊雷,一言一行有如天地运行一样吗?我也能去见见他吗?"于是子贡借助孔子的名义前去拜见老聃。

注释

1 **规**:教正,规劝。

2 **章**:绚丽的花纹。

3 **乘乎云气**:覆宋本无"乎"字。**养**:通"翔",翱翔。

4 **陈景元《庄子阙误》**引江南古藏本在此句下有"舌举而不能讱"。**嗋**(xié):合拢。

5 陈景元《庄子阙误》引江南古藏本"人"作"至人"。

6 **声**:名声,名义。

原文

老聃方将倨[1]堂而应，微[2]曰："予年运而往矣，子将何以戒我乎？"子贡曰："夫三王[3]五帝之治天下不同，其系声名[4]一也。而先生独以为非圣人，如何哉？"老聃曰："小子少进！子何以谓不同？"对曰："尧授舜，舜授禹，禹用力[5]而汤用兵，文王顺纣而不敢逆，武王逆纣而不肯顺，故曰不同。"

译文

老聃正伸腿坐在堂上，低声答道："我的年纪已经老了，你要怎么劝诫我呢？"子贡说："三皇五帝治理天下各不相同，然而他们先后留下的美名却是一样的。而先生您却偏偏认为他们不是圣人，这是为什么呢？"老聃说："年轻人，你稍稍走前些！你凭什么说他们的治理各有不同？"子贡回答："尧传位给舜，舜传位给禹，禹用力治水而商汤用武力征伐，文王顺从商纣而不敢造反，武王背逆商纣而不肯顺服，所以说各不相同。"

注释

1 **倨**(jù)：通"踞"，伸腿而坐。

2 **微**：低声。

3 **三王**：或作"三皇"。

4 **系**：继。"系声名"指声名相继。

5 **禹用力**：指大禹费力治水。

原文

老聃曰："小子少进！余语汝三皇五帝之治天下[1]。黄帝[2]之治天下，使民心一，民有其亲死不哭，而民不非也。尧之治天下，使民心亲，民有为其亲杀其

译文

老聃说："年轻人，你再稍微走前些！我对你讲讲三皇五帝治理天下的事。黄帝治理天下，使百姓心思专一，百姓虽然死了双亲而不哭泣，人们也不会非议。唐尧治理天下，使百姓内心有所偏爱，百姓制作出不同的丧服来表达

杀[3]，而民不非也。舜之治天下，使民心竞，民孕妇十月生子，子生五月而能言，不至乎孩而始谁[4]，则人始有夭矣。禹之治天下，使民心变，人有心而兵有顺[5]，杀盗非杀[6]，人自为种而天下耳，是以天下大骇[7]，儒墨皆起。其作始有伦[8]，而今乎妇[9]，女何言哉！余语汝，三皇五帝之治天下，名曰治之，而乱莫甚焉。三皇之知，上悖日月之明，下睽[10]山川之精，中堕四时之施[11]。其知憯于蛎虿[12]之尾，鲜规[13]之兽，莫得安其性命之情者，而犹自以为圣人，不可耻乎？其无耻也！"子贡蹴蹴然[14]立不安。

亲疏有别，人们也不会非议。虞舜治理天下，使百姓心怀争竞，妇女怀孕十个月生下孩子，孩子生下五个月就能说话，还不会笑就能区别自己和别人，于是人开始有了夭折短命。禹治理天下，使百姓心怀变诈，人人有心机，用兵动武总有顺理成章的理由，杀死盗贼不算杀人，人们各自为政，天下人心乖离，由此天下惊恐不安，儒家、墨家都纷纷兴起。他们刚开始时还有一定的秩序，可是如今却不是这样，你还有什么要说的呢！我告诉你，三皇五帝治理天下，名义上是治理，但实际上没有比他们的治理更混乱的了。三皇的智慧遮掩了日月的光辉，损害山川的灵性，毁坏了四时的运行。他们的心智比蛇蝎之尾还惨毒，小兽也不能安定它们的本性，他们还自以为是圣人，这不是很可耻吗？无耻啊！"子贡听了，心神不安地站着。

注释

1 **皇**：影宋本作"王"。陈景元《庄子阙误》引江南古藏本"天下"后有"也"字。

2 陈景元《庄子阙误》引江南古藏本"黄帝"前有"昔"字。

3 **杀其杀**：疑当作"杀其服"，指制作降杀之服以区别亲疏。

4 **孩**：小儿笑。**谁**：别人。

5 **顺**:道理,理路。

6 **杀盗非杀**:认为盗贼应死,因而杀盗不算杀人。

7 **骇**:惊恐不安。

8 **伦**:秩序。

9 **妇**:通“否”。

10 **睽**(kuí):乖离,损害。

11 **堕**:覆宋本作“隳”。**施**:运行。

12 **蛎虿**(lì chài):覆宋本作“虿虿”,一种尾部有毒的虫子,长尾的叫作“虿”,短尾的叫作“蝎”。

13 **鲜规**:微小。

14 **蹴蹴然**:心神不安的样子。

原文

孔子谓老聃曰:“丘治《诗》《书》《礼》《乐》《易》《春秋》六经,自以为久矣,孰知其故矣[1];以奸[2]者七十二君,论先王之道而明周、召[3]之迹,一君无所钩[4]用。甚矣夫!人之难说也,道之难明邪?”老子曰:“幸矣,子之不遇治世之君也!夫六经,先王之陈迹[5]也,岂其所以迹哉!今子之所言,犹迹也。夫迹,履[6]之所出,而迹岂履哉?夫白鶂[7]之相视,眸子不运而风化[8];虫,雄鸣于上风,雌应

译文

孔子对老聃说:“我研究《诗》《书》《礼》《乐》《易》《春秋》六部经书,自认为时间很长了,十分熟悉其中的内容;以此求见七十二个国君,论述先王的治理之道,阐明周公、召公的政绩,可是没有一个国君采用我的主张。太难了!是人君难以被说服,还是大道难以阐明呢?”老子说:“幸运啊,你没有遇到一位治世的国君!六经乃是先王留下的遗迹,哪里是产生这些遗迹的根本呢!如今你所谈论的东西,就好比是足迹。足迹是鞋子踩出来的,足迹岂是鞋子?白色的鶂鸟相互对视,眼珠不动就能相互感应而孕;有一种虫子,雄性在上方鸣叫,雌性在下方应和就能感应而

于下风而风化[9]；类自为雌雄，故风化[10]。性不可易，命不可变，时不可止，道不可壅[11]。苟得于道，无自而不可；失焉者，无自而可。”孔子不出三月，复见曰：“丘得之矣。乌鹊孺[12]，鱼傅[13]沫，细要[14]者化，有弟而兄啼。久矣夫丘不与化为人！不与化为人，安能化人！”老子曰：“可。丘得之矣！”

孕；类这种动物，雌雄同体，所以能够自孕。本性不能改变，命运不能改变，时间不能停止，大道不能壅塞。如果真正得道，无处行不通；如果失去道，无处行得通。”孔子闭门三月不出，又去见老聃说：“我终于得道了。乌鹊是孵化而生，鱼相互吐沫而孕，细腰的蜂虫是化生的，有了弟弟，哥哥因失宠而啼哭。我没有与造化为友太久了！没有与造化为友，怎么能感化他人！”老子说：“可以了。孔丘得道了！”

注释

1 **孰**：同“熟”。**故**：掌故。

2 **奸**：通“干”，干谒。

3 **周、召**：即周公和召公。

4 **钩**：取。

5 **陈迹**：遗迹。

6 **履**：鞋子。

7 **鶂**(yì)：同“鹢(yì)”，一种似鹭的水鸟。

8 **风化**：陈景元《庄子阙误》引张君房本“风化”前有“感”。风，谓雌雄相诱。化，化育，化生。

9 **风化**：陈景元《庄子阙误》引张君房本“风化”前有“感”字，影宋本无“风”字。

10 **风化**：陈景元《庄子阙误》引张君房本“风化”前有“曰”字。

11 **壅**：堵塞。

12 **孺**：孵化而生。

13 **傅**：通“付”，给予。这里指鱼互相濡沫。

14 **细要**：即细腰，蜂虫之类。

秋 水

导读

此篇主要从认知的角度探讨道物关系，与《齐物论》中的观点相印证。

此篇主体部分借河伯与北海的对话展开，主要分四层。首先，河伯局限于狭隘的认知视域而自以为大，而不知相比于天地宇宙，实在渺小。其次，消解世俗中的大小标准问题，借北海之口指出大小、精粗都是对有形之物的区分与界定，对于言说与意识都不能指称的大道，是非、大小等标准是无用的。再次，观物的视角不同必将导致不同的结论，万物的差异性是物与物相互比较的结果，只有以道观物，才能彻底彰显万物自身本性，消解各种概念化的差异。最后，只有以道观物，才能通达万物之真性，才能使德行与天性相通，摒弃人为，从而回归到天地万物浑然一体的本真状态。

此篇其他的寓言，主旨不尽相同。其中"喻龟辞相"和庄子讥讽惠施两则故事表明他对权贵的蔑视，对外物的超脱。

原文

秋水时[1]至，百川灌河，泾流[2]之大，两涘渚涯[3]之间，不辩[4]牛马。于是焉河伯[5]欣然自喜，以天下之美为尽在己。顺流而东行，至于北海，东面而视，不见水端。于

译文

秋天汛期到了，无数小河流注入黄河，水流宽阔汹涌，两岸之间，分不清牛马。于是河伯欣然自喜，认为天下的美全部集中在自己这里。河伯顺着水流向东而行，来到北海，往东面一看，望不到海的尽头。于是河伯才开始改变先

是焉河伯始旋其面目[6]，望洋向若[7]而叹曰："野语有之曰'闻道百，以为莫己若'者，我之谓也。且夫我尝闻少仲尼之闻而轻伯夷之义者，始吾弗信。今我睹子之难穷也，吾非至于子之门则殆矣，吾长见笑于大方[8]之家。"

前的态度，远远看着大海对海神若感叹道："俗话说'听了很多道理，便认为没有谁比得上自己'，说的就是我吧。而且我还曾听说有人小看孔子的学识，轻视伯夷的行径，开始我不相信。如今我看到你浩瀚无边，不能穷尽，我若不是来到你面前，那就危险了，我必将一直见笑于大方之家。"

注释

1 **时**：按时，依照时节。

2 **泾(jīng)流**：或作"径流"，直通的水流。

3 **两涘(sì)渚(zhǔ)涯**："涘渚涯"为三字同义连用，都是"水边""河岸"的意思。影宋本作"崖"。

4 **辩**：覆宋本作"辨"。

5 **河伯**：河神。

6 **旋**：改变。**面目**：态度。

7 **望洋**：联绵词，远视的样子。**若**：海神名。即下文的北海若。

8 **大方**：大道。

原文

北海若曰："井蛙不可以语[1]于海者，拘于墟[2]也；夏虫不可以语于冰者，笃[3]于时也；曲士[4]不可以语于道者，束于教[5]也。今尔出于涯涘[6]，观于大海，乃知尔丑，尔将可与

译文

北海若说："井里的青蛙，不能跟它们谈论大海，因为它们被所居住的空间限制了；夏天的虫子，不能跟它们谈论冰雪，因为它们受到生存时间的限制；见闻浅陋的人，不能跟他们谈论大道，因为他们被俗世的教育限制。如今你走出黄河两岸，看见了大海，才知道自己的浅陋，我可以和

语大理[7]矣。天下之水，莫大于海，万川归之，不知何时止而不盈；尾闾[8]泄之，不知何时已而不虚；春秋不变，水旱不知。此其过江河之流，不可为量数。

你谈谈大道理了。天下的水域，没有比大海更大的了，万川归海，不知何时停止，而大海却不会满溢；海底的尾闾排泄海水，不知道何时停止，而大海却不会枯竭；历经春秋却没有什么变化，不论水灾还是旱灾，都不受一点影响。这是因为它超过一般的江河水流，不能以数量来计算。

注释

1 **语**：谈论。

2 **墟**：影宋本作"虚"。

3 **笃**：固守，拘执。

4 **曲士**：乡曲之士，见闻浅陋的人。

5 **束**：限制。**教**：俗世的教育。

6 **涯涘**：河道。影宋本作"崖"。

7 **大理**：大道。

8 **尾闾**(lǘ)：排泄海水的地方。

原文

"而吾未尝以此自多[1]者，自以比[2]形于天地，而受气于阴阳，吾在天地之间[3]，犹小石小木之在大山也。方存[4]乎见少，又奚以自多！计四海之在天地之间也，不似礨空[5]之在大泽乎？计中国之在海内，不似稊米之在大仓乎[6]？号物之数[谓][7]之万，

译文

"可是我从来不因此而自大，我自认为形体寄寓于天地之间，禀受着阴阳之气，我在天地之间，就好比小石头小树木存在于大山之中。我觉察到自己的渺小，又哪里会自大呢！估量四海存在于天地之间，不就像石头上的小空穴存在于大泽之中吗？考虑中国在四海之内，不就像稊米在大粮仓里吗？人们称事物的数量之多为万，人类只是万物中

人处一焉；人卒[8]九州，谷食之所生，舟车之所通，人处一焉；此其比万物也，不似豪末之在于马体乎？五帝之所连[9]，三王[10]之所争，仁人之所忧，任士[11]之所劳，尽此矣！伯夷辞之以为名，仲尼语之以为博，此其自多也，不似尔向之自多于水乎？”

的一种；人们聚集于九州，粮食所生长的地方，舟车所通行的地方，个人只是人类中的一员；个体与万物相比，不就像马身上的毫毛之末吗？五帝所传承的，三王所争夺的，仁人所忧患的，贤能之人所操劳的，都是一些毫末之事。伯夷辞却王位并以之为好名声，孔丘谈论先王之治并以之为渊博，这大概就是他们的自大，不就像你先前以河水而自大吗？”

注释

1 **自多**：自满，自大。

2 **比**：通“庇”，寄寓。

3 **影宋本**“在”后有“于”字。

4 **存**：存有，意识到。

5 **礨(lěi)空**：石头上的小孔穴。

6 **稊(tí)**：稗子一类的草，籽实很小，像小米。**大仓**：影宋本作“太仓”，大粮仓。

7 **谓**：底本作“为”，今据覆宋本、影宋本改正。

8 **卒**：通“萃”，汇聚，聚集。

9 **连**：陈景元《庄子阙误》引江南古藏本作“运”。

10 **三王**：夏、商、周三代的帝王。

11 **任士**：贤能之士。

原文

河伯曰："然则吾大天地而小豪[1]末，可乎？"北海若曰："否。夫物，量[2]无穷，时[3]无止，分[4]无常，终始无故[5]。是故大知观于远近，故小而不寡，大而不多，知量无穷；证向今故[6]，故遥而不闷[7]，掇而不跂[8]，知时无止；察乎盈虚，故得而不喜，失而不忧，知分之无常也；明乎坦涂，故生而不悦[9]，死而不祸，知终始之不可故也。计人之所知，不若其所不知；其生之时。不若未生之时；以其至小，求穷其至大之域，是故迷乱而不能自得也。由此观之，又何以知豪末之足以定至细之倪？又何以知天地之足以穷至大之域？"

译文

河伯说："这样，那么我以天地为大，以毫毛之末为小，可以吗？"北海若说："不可以。万物在空间上不可穷尽，在时间上没有止境，它们的变化无常，它们的终始没有恒常。所以具有大智慧的人洞察事物的远近，因而看上去小的事物并不以之为少，看上去大的事物并不以之为多，因为他们知道空间无法穷尽；证验并明察古今，因而时间悠久而不觉得苦闷，近在眼前却不急于求成，因为他们知道时间没有止境；洞察万物盈虚变化之道，因而得到了不会高兴，失去了不会忧愁，因为他们知道事物的变化无常；明白了生死就是一条坦途，因而对于生不会感到喜悦，对于死不会以之为灾祸，因为他们知道开始与终结是不能恒常不变的。计算人所知道的东西，不如他所不知道的东西多；人在世的时间，不如离世的时间多。用人极小的智慧去穷究极大的领域，因而迷乱而没有真正的所得。由此看来，又怎能知道用毫末可以确定最细小的限度呢？又怎能知道用天地可以穷尽最大的领域呢？"

注释

1 **豪**：覆宋本作"毫"，下同。

2 **量**：量度，这里主要指物体所占据的空间。

3 **时**:时间。

4 **分**:分际,界限。

5 **故**:通“固”,固定。

6 **证**:证验。**向**:明。**故**:通“古”。

7 **遥**:遥远。**闷**:苦闷。

8 **掇**:通“叕(zhuó)”,短。**跂**:或作“企”,企望。

9 **悦**:影宋本作“说”,通“悦”。

原文

河伯曰:“世之议者皆曰:‘至精无形,至大不可围。’是信情[1]乎?”北海若曰:“夫自细视大者不尽,自大视细者不明。夫精,小之微也;垺[2],大之殷[3]也。故异便[4],此势之有也。夫精粗者,期[5]于有形者也;无形者,数之所不能分也;不可围者,数之所不能穷也。可以言论者,物之粗也;可以意致[6]者,物之精也。言之所不能论,意之所不能察致者,不期精粗焉。是故大人[7]之行,不出乎害人[8],不多仁恩;动不为利,不贱门隶[9];货财弗争,不多辞让;事焉不

译文

河伯说:“世间议论的人都说:‘最细微的东西没有形状,最大的东西不能确定范围。’这是实际情况吗?”北海若说:“从细微的角度去看巨大的东西,看不到全貌,从宏大的角度去看细微的东西,看得不清楚。精是指细小事物中最细微的东西,垺是指巨大的事物中最大的东西。所以事物的大小不同,各有差异,这是事物自身具有的情势。精细与广大,只能限于描述有形的事物;无形的事物,是不能用数量来分辨的;不能限定范围的东西,是不能用数量来穷尽的。可以通过语言来谈论的,都是事物显而易见的方面;可以通过意识来获取的,是事物精微的方面。语言所不能谈论的,意识所不能洞察的,是不能以精细与粗大来限定的。所以得道之人的行为,不存心害人,也不崇尚仁爱和恩情;所作所为不图谋利益,不轻视奴仆;不争夺财货,不推崇辞让;凡事从不

借人[10]，不多食乎力，不贱贪污[11]；行殊乎俗，不多辟[12]异；为在从众，不贱佞谄[13]；世之爵禄不足以为劝[14]，戮耻[15]不足以为辱。知是非之不可为分，细大之不可为倪[16]。闻曰[17]：'道人不闻[18]，至德不得[19]，大人无己。'约分[20]之至也。"

借助于他人之力，不推崇自食其力，不鄙视贪婪与污浊；行为与世俗不同，不推崇邪僻之行；行动顺从大众，不鄙视谄媚之人；世上的官爵俸禄不足以劝勉，刑罚之耻不足以视为侮辱；他们知道是非不能成为事物的分界，精细与粗大也不能成为事物的标准。听人说：'得道之人不为世人所知，至德之人不彰显出所得，体道之人忘记了自身。'这是对各种名分精简到了极致。"

注释

1 **信情**：实际情况。

2 **垺(fóu)**：大，盛。

3 **殷**：大。

4 陈景元《庄子阙误》引张君房本"便"后有"耳"字。

5 **期**：限。

6 **意致**：通过意识来获得、达到。

7 **大人**：得道之人。

8 陈景元《庄子阙误》引张君房本"人"下有"之途也"。

9 **门隶**：家奴，奴仆。

10 **事**：做事，行事。**不借人**：不借助他人。

11 **贪污**：贪婪污浊。

12 **辟**：通"僻"，怪僻。

13 **佞谄**：谄媚。

14 **劝**：勉励。

15 **戮耻**：刑罚之耻。

16 **倪**：标准。

17 **闻曰**：听说。

18 **道人**：得道之人。**闻**：闻名。

19 **至德**：真正有德之人。**不得**：不彰显出所得。可参看《老子·第三十八章》："上德不德，是以有德。"

20 **约分**：收敛分限，对名分进行精简。

原文

河伯曰："若物之外，若物之内，恶至而倪贵贱[1]？恶至而倪小大？"北海若曰："以道观之，物无贵贱；以物观之，自贵而相贱；以俗观之，贵贱不在己。以差[2]观之，因其所大而大之，则万物莫不大；因其所小而小之，则万物莫不小。知天地之为稊米也，知豪末之为丘山也，则差数[3]睹矣。以功[4]观之，因其所有而有之，则万物莫不有；因其所无而无之，则万物莫不无。知东西之相反而不可以相无[5]，则功分定矣。以趣[6]观之，因其所然而然之，则万物莫不然[7]；因其

译文

河伯说："在事物的外部，在事物的内部，怎么才能区分贵贱呢？怎么才能区分大小呢？"北海若说："从道的视角去看，万物本没有贵贱之分；从事物自身的角度去看，万物都以自己为贵而相互轻贱；从世俗的观点去看，贵贱不由事物自身决定。从事物之间的差异去看，依循事物自身大的一方面并以之为大，那么万物没有不是大的；依循事物自身小的一方面并以之为小，那么万物没有不小的；如果知道天地就像稊米一般大，知道毫末就像丘山一样，那么事物之间的差异就能完全呈现出来了。从事物的功用角度去看，依循事物自身的某一功用并认为它具有这种功用，那么万物无不具有某种功用；依循事物自身所不具有的功用并认为它不具有这种功用，那么万物都不具备某种功用；知道东与西是彼此相反的两极，但又缺一不可，那么对事物功用的区分就可以确定了。从人们对事物的取向去看，依循事物所具有的特征且认为如此，那么万物没有不是如此的；依循事物所不具有的特征且认为它不是如此，那么万物没

所非而非之，则万物莫不非。知尧、桀之自然而相非[8]，则趣操睹矣。昔者尧、舜让而帝，之、哙让而绝[9]；汤、武争而王，白公争而灭[10]。

有不是不如此的。如果知道了尧和桀都自认为自己是对的而认为对方为非，那么人们的取向与操守也就清楚了。从前尧与舜通过禅让而称帝，子之与燕王哙却因禅让而灭亡；商汤与周武王争夺天下而最终成为君王，白公胜争夺王位而灭亡。

注释

1 **恶至**：如何，怎么。**倪**：区分。

2 **差**：等差。

3 **差数**：差别的大小。

4 **功**：功能，作用。

5 **相无**：相互不需要对方。

6 **趣**：意趣，旨趣。

7 可参看《齐物论》："物固有所然，物固有所可。无物不然，无物不可。"

8 **自然**：自是，以自己为正确。**相非**：互相指责对方不正确。

9 **之**：燕国的宰相子之。**哙**(kuài)：燕王的名字。燕王听信苏代之言，仿效尧舜禅让之事，让位给子之，结果燕国大乱。

10 **白公**：名胜，楚平王之孙，白县尹，僭称公，叛乱被镇压，自杀而亡。

原文

"由此观之，争让之礼，尧、桀之行，贵贱有时，未可以为常也。梁丽可以冲城[1]，而不可以窒穴[2]，言殊器也；骐骥骅骝[3]，一日而驰千里，捕鼠不如狸狌，言殊技也；鸱鸺夜撮

译文

"由此看来，争夺与禅让的礼制，尧与桀的行为，或贵或贱，因时而异，不可以把它们看作是恒常不变的。大木梁可以用来冲撞城门，却不能用来堵塞洞穴，这说明器物有不同的作用；骏马一天可以驰骋上千里，但捕捉老鼠却比不上野猫与黄鼠狼，这说明不同物种有不同技能；猫头鹰夜里能

蚤[4]，察豪末，昼出瞋目[5]而不见丘山，言殊性也。故曰盖师是而无非，师治而无乱乎[6]？是未明天地之理、万物之情者也。是犹师天而无地，师阴而无阳，其不可行明矣。然且语而不舍，非愚则诬也！帝王殊禅，三代殊继。差其时、逆其俗者，谓之篡夫[7]；当其时、顺其俗者，谓之义之徒[8]。默默乎河伯[9]！汝恶知贵贱之门[10]、小大之家[11]！”

捉到跳蚤，明察秋毫，而白天睁大眼睛也看不见山丘，这说明物种的本性是有差异的。所以说为何要信奉正确的一方面而忽视错误的一方面，信奉治理的一方面而忽视乱的一方面呢？这是不明白天地的规律和万物的真实状况啊。这就好比只效法天而不知有地，只效法阴而不知有阳，显然是不可行的。然而还是要喋喋不休，不是愚昧无知就是妄言惑众！古代帝王的禅让各不相同，三代的继承也各自相异。不合时势、违逆世俗的人，被称作篡权夺位的人；合于时代、顺应世俗的人，被称作正义之士。沉默吧，河伯！你怎么知道贵贱的门道和大小的区别！”

注释

1 **梁丽**：房屋的大梁，“丽”通“欐”，屋栋。**冲城**：撞击城门。

2 **窒穴**：塞住孔穴。

3 **骐骥**(qí jì)、**骅骝**(huá liú)：均为古代的良马。

4 **鸱鸺**(chī xiū)：猫头鹰。**撮**：抓。**蚤**：跳蚤。

5 **瞋**(chēn)**目**：睁大眼睛。

6 **盖**：通“盍”，何。**师**：遵循。

7 **篡夫**：篡逆之人，篡权的人。

8 **义之徒**：覆宋本无“之”字。

9 **默默**：沉默，不要言说。

10 **汝**：影宋本作“女”。**门**：门道。

11 **家**：派别。这里指区别。

原文

河伯曰："然则我何为乎？何不为乎？吾辞受趣舍[1]，吾终奈何？"北海若曰："以道观之，何贵何贱，是谓反衍[2]；无拘而志，与道大蹇[3]。何少何多，是谓谢施[4]；无一[5]而行，与道参差。严乎若国之有君，其无私德；繇繇[6]乎若祭之有社，其无私福；泛泛乎其若四方之无穷，其无所畛域[7]。兼怀万物，其孰承翼[8]？是谓无方[9]。万物一齐，孰短孰长？道无终始，物有死生，不恃其成。一虚一满，不位[10]乎其形。年不可举[11]，时不可止；消息盈虚，终则有始。是所以语大义之方，论万物之理也。物之生也，若骤若驰，无动而不变，无时而不移[12]。何为乎？何不为乎？夫固将自化！"

译文

河伯说："既然这样，那么我要做些什么呢？不要做什么呢？对于事物的推辞或接受、进取或舍弃，我最终该怎么办？"北海若说："从道的视角来看，哪有什么贵与贱，贵贱反复转化没有终极；不要拘束你的心志，与大道相违背。哪有什么多与少，多少相互代谢更替；不要拘执一端而行事，从而与大道参差不合。庄重得好像是一国之君，没有一点偏私；优游自得，好像是受人祭祀的土地神，没有任何偏私；宽广恢宏，好像四方没有穷尽，没有界限。包容万物，谁会受到额外的庇护？这就是无所偏私。万物本是浑然齐一，谁又会短些，谁又会长些？大道没有起点，没有终点，万物各有死生变化，它们的任何存在形态都不值得持守。万物一盈一虚变化，不会固守某一形态。年月不可挽留，时间不会停止；消息盈虚，万物终始相继。这就是用以谈论大道的准则，论说万物的道理。万物的生长，骏马奔驰，没有什么举动不在变化，无时不在改变。要做什么呢？不要做什么呢？万物本来就是在自行变化！"

注释

1 **趣**:进取。**舍**:放弃。

2 **反衍**:或作“畔衍”,指反复转化没有终极。

3 **蹇**(jiǎn):违背。

4 **谢施**:谢,代谢。施,施用。“谢施”是互相代谢。

5 **无**:通“毋”,不要。“无一”即不要拘执一端。

6 **繇繇**(yōu):通“悠悠”,悠然自得的样子。

7 **畛**(zhěn)**域**:界限。

8 **承翼**:受到辅助、庇护。

9 **无方**:无所偏向。

10 **位**:固守方位。

11 **举**:持守,挽留。

12 **移**:移动,这里是指变化。

原文

河伯曰:“然则何贵于道邪?”北海若曰:“知道者必达于理,达于理者必明于权,明于权者不以物害己。至德者,火弗能热,水弗能溺,寒暑弗能害,禽兽弗能贼。非谓其薄[1]之也,言察乎安危,宁于祸福[2],谨于去就,莫之能害也。故曰天在内,人在外,德在乎天。知天人之行,本乎天,位[3]乎得,蹢躅[4]而

译文

河伯说:“既然如此,为什么要推崇道呢?”北海若说:“明白大道的人必定通达事理,通达事理的人必定明白变化,明白变化的人不以外物损害自己。德行最纯善的人,烈火不能灼伤他们,洪水不能淹灭他们,严寒酷暑不能侵害他们,禽兽不能伤害他们。不是说他们有意去靠近这些灾害,而是说他们洞察到了安危,在祸福之中保持宁静,谨慎地对待去留,因而没有什么东西能伤害他们。所以说天性是内在的,人为是外在的,德行禀受于天然。知道天然与人为的区分,以天性为根本,安守于天然所得,或进或退,或屈或

屈伸，反要而语极[5]。”曰：“何谓天？何谓人？”北海若曰：“牛马四足，是谓天；落[6]马首，穿牛鼻，是谓人。故曰无以人灭天，无以故灭命[7]，无以得殉名。谨守而勿失，是谓反其真[8]。”

伸，返归大道之本，领悟终极大道。”河伯说：“什么是天然？什么是人为？”北海若回答：“牛马生来就是四只蹄子，这就叫作天然；给马套上笼头，给牛的鼻子穿上绳索，这就叫作人为。所以说不要用人为去损害天然，不要用巧伪去戕害本性，不要为了贪婪而追逐名声。谨慎地持守天然的禀性而不丧失，这就叫回归大道的本真。”

注释

1 **薄**：迫近。

2 **宁**：安。**祸福**：指困窘和通达。

3 **位**：安守。

4 **蹢躅**(zhí zhú)：徘徊不前。

5 **反要**：返归大道之本。**语极**：“语”通“悟”，领悟终极大道。

6 **落**：通“络”，套上。

7 **故**：诡诈，巧伪。**命**：本性。

8 **反其真**：指回归大道。

原文

夔怜蚿[1]，蚿怜蛇，蛇怜风，风怜目，目怜心。夔谓蚿曰：“吾以一足趻踔[2]而行，予无如矣！今子[3]之使万足，独奈何？”蚿曰：“不然。子不见夫唾[4]者乎？喷则大者如珠，小者如雾，杂而下者不可胜数也。今

译文

夔羡慕蚿，蚿羡慕蛇，蛇羡慕风，风羡慕眼睛，眼睛羡慕心灵。夔对蚿说：“我用一只脚跳跃着行走，我实在是没有办法。现在你使用那么多脚行走，你是怎么做的呢？”蚿说：“不是你说的那样。你没有看见那吐口水的人吗？喷出唾沫时，大的像珠子，小的像雾，混杂着散落，不可胜数。如今我发动天生

予动吾天机[5]，而不知其所以然。”蚿谓蛇曰：“吾以众足行，而不及子之无足，何也？”蛇曰：“夫天机之所动，何可易邪？吾安用足哉！”蛇谓风曰：“予动吾脊胁[6]而行，则有似[7]也。今子蓬蓬然[8]起于北海，蓬蓬然入于南海，而似无有，何也？”风曰：“然。予蓬蓬然起于北海而入于南海也，然而指我则胜我，鰌[9]我亦胜我。虽然，夫折大木，蜚[10]大屋者，唯我能也。故以众小不胜为大胜也。为大胜者，唯圣人能之。”

的机能而行走，我也不知道为什么会这样。”蚿对蛇说：“我用很多只脚行走，却比不上你没有脚也能行走，这是为什么呢？”蛇说：“天生机能的发动，怎么能够改变呢？我哪里用得上脚呢！”蛇对风说：“我靠脊背和肋骨的运动来行走，看上去好像有脚行走的样子。现在你呼呼地从北海兴起，又呼呼地刮到南海，好像什么行迹也没有，这是为什么呢？”风说：“是的。我呼呼地兴起于北海，吹到南海，然而人们用手指来挥动，可以胜过我，用脚踢踏我，也能胜过我。即便如此，折断大树，席卷房屋，也只有我才能做到。这是不取小胜而获大胜。能够获得大胜的，只有圣人才能做到。”

注释

1 **夔**(kuí)：古代神话中的一种独脚兽。**蚿**(xián)：百足虫。

2 **踸踔**(chěn chuō)：跳跃。覆宋本作“踸踔”。

3 **子**：底本误为“予”，今据覆宋本、影宋本改正。

4 **唾**：吐口水。

5 **天机**：天然的灵性。

6 **脊**：脊背。**胁**：肋骨。

7 **有似**：有足行走一样。一说“有似”误倒，当为“似有”。

8 **蓬蓬然**：风吹动的声音。

9 **鰌**(qiū)：通“蹴(cù)”，覆宋本作“遒”，蹴踏，踢踏。

10 **蜚**(fēi)：通“飞”，刮起，卷起。

原文

孔子游于匡[1]，宋人围之数匝[2]，而弦歌不辍[3]。子路入见，曰："何夫子之娱[4]也？"孔子曰："来，吾语汝[5]！我讳[6]穷久矣，而不免，命也；求通[7]久矣，而不得[8]，时也。当尧、舜而天下无穷人[9]，非知得[10]也；当桀、纣而天下无通人，非知失也，时势适然。夫水行不避蛟龙者，渔父之勇也；陆行不避兕[11]虎者，猎夫之勇也；白刃交于前，视死若生者，烈士之勇也；知穷之有命，知通之有时，临大难而不惧者，圣人之勇也。由，处[12]矣！吾命有所制[13]矣！"无几何[14]，将甲者[15]进，辞曰："以为阳虎[16]也，故围之。今非也，请辞而退。"

译文

孔子游历到匡这个地方，卫国人把他团团围住，而孔子却弹琴唱诵不止。子路进去见孔子说："先生为何还这么快乐呢？"孔子说："来，我告诉你。我厌恶讳困窘的处境很久了，然而一直没能摆脱，这是命啊；我追求通达很久了，然而一直没能实现，这是时运。尧、舜治理的时代，天下没有困窘不得志之人，并非这些人智慧高明；桀、纣统治的时代，天下没有通达之人，并非这些人智力低下，这都是时势使然。在水中行走却不用躲避蛟龙，这是渔夫的勇敢；在陆地上行走却不用躲避犀牛和老虎，这是猎人的勇敢；刀剑架在面前，视死如生，这是壮烈之士的勇敢；明白困窘由命运决定，明白通达由时运决定，面临危难却不惧怕，这是圣人的勇敢。仲由啊，安心休息吧！我的命运自有限定！"没过多久，率领甲士的人进来道歉说："我们以为你是阳虎，所以包围了你。现在知道你不是，请原谅，我们撤走了。"

注释

1 **匡**：卫国的城市。

2 **匝**：周，绕一圈。数匝即数圈，团团围住。

3 **弦**：弹琴。**辍**：停止。

4 **娱**：乐。

5 **汝**:影宋本作“女”,下同。

6 **讳**:忌讳。

7 **通**:通达。

8 陈景元《庄子阙误》引江南古藏本“得”作“遇”。

9 **穷人**:困窘不得志之人。

10 **知得**:通过智慧获得。

11 **兕**(sì):雌犀牛。

12 **处**(chǔ):休息,安居。

13 **制**:制裁,支配。

14 **无几何**:没过多久。

15 **将甲者**:率领甲士的人。

16 **阳虎**:鲁国人,曾专政鲁国,带兵侵略了匡地,匡人因此十分痛恨他。孔子与阳虎长得相似,当孔子经过匡地时,被匡人误认为是阳虎而遭到围困。

原文

公孙龙问于魏牟曰[1]:“龙少学先王之道,长而明仁义之行;合同异[2],离坚白;然不然[3],可不可;困[4]百家之知,穷众口之辩,吾自以为至达已。今吾闻庄子之言,汒[5]焉异之。不知论之不及与,知之弗若与?今吾无所开吾喙[6],敢问其方[7]。”

译文

公孙龙问魏牟:“我年少时学习了先王之道,长大后明白了仁义之行;把同与异混而为一,将坚与白离析为二;把不然看作然,把不可看作可;使众多学派的知识陷入困境,使众多能言善辩者理屈词穷,我自以为已经很通达了。如今我听了庄子的言论,感到十分茫然,惊诧不已。不知是我的辩论水平比不上他呢,还是我的智慧比不上他呢?现在我已经无法开口说话了,请问这其中的道理。”

注释

1 **公孙龙**:姓公孙,名龙,字子秉,战国时期赵国人,名家的代表人物。**魏牟**:魏国的公子,名牟,封于中山,故又称中山公子牟。

2 **合同异**:将事物的同与异合二为一。

3 **然不然**:把不然看作然。

4 **困**:使困窘。

5 **汒**(máng):通"茫",茫然。

6 **喙**(huì):嘴。

7 **方**:道理。

原文

公子牟隐机大息[1],仰天而笑曰:"子独不闻夫坎井[2]之蛙乎?谓东海之鳖曰:'吾乐与!吾跳梁乎井干之上[3],入休乎缺甃[4]之崖;赴水则接掖[5]持颐,蹶泥则没足灭跗[6];还虷、蟹与科斗[7],莫吾能若也!且夫擅一壑之水[8],而跨跱[9]坎井之乐,此亦至矣。夫子奚不时来入观乎?'东海之鳖左足未入,而右膝已絷[10]矣。于是逡巡而却,告之海曰:'夫千里之远,不足以举其大;千仞之高,不足以极其深。禹之时十年九潦[11],而水弗为加益;汤之

译文

魏牟靠着几案叹息,然后又仰头笑着说:"你难道没有听说过那浅井里的青蛙吗?它对东海的大鳖说:'我好快乐啊!我出来可以跳跃到井栏之上,回去可以栖息在井壁的破砖缝隙中;跳入水中,井水就托住我的腋窝和两腮,踏入泥里,泥巴覆盖住我的脚背;回头看水中的那些孑孓、小螃蟹和蝌蚪,没有谁能比得上我。况且我独自占据着一沟水,盘踞一口浅井的快乐,这也算是最大的快乐了。你怎么不随时到井里来看看呢?'东海的大鳖左脚还没有踏进井中,右膝就已经被绊住。于是迟疑片刻后退了出来,然后告诉浅井里的青蛙大海的状况:'千里之远,不足以描述它的大;千仞之高,不足于穷尽它的深。夏禹时代,十年有九年水涝,但是海水

时，八年七旱，而崖[12]不为加损。夫不为顷久推移[13]，不以多少进退者，此亦东海之大乐也。’于是坎井之蛙闻之，適適然[14]惊，规规然[15]自失也。

并不因此而增加；商汤时期，八年有七年大旱，但是水位并不因此而下降。不因时间的长短而有所改变，不因降雨量的多少而有所增减，这就是东海最大的快乐。’浅井里的青蛙听了这些，大吃一惊，茫茫然若有所失。

注释

1 **大息**：即太息，叹息。

2 **坎井**：浅井。

3 **吾**：覆宋本作“出”。**跳梁**：跳跃。**井干**：井栏。陈景元《庄子阙误》引江南古藏本“吾跳梁”作“出跳”。

4 **甃**(zhòu)：砖砌的井壁。

5 **掖**(yè)：通“腋”，覆宋本作“腋”，腋窝。**颐**：腮，面颊。

6 **蹶**(jué)：踩，踏。**跗**(fū)：脚背。

7 **还**(huán)：回顾看。**虷**(hán)：蚊子的幼虫。**科斗**：即蝌蚪，青蛙的幼虫。

8 **擅**：独占。**壑**(hè)：坑，沟。

9 **跨跱**(zhì)：盘踞。

10 **絷**(zhí)：绊住，拘执。

11 **潦**(lào)：同“涝”，雨水过多，水淹。

12 **崖**：岸边水位。

13 **顷**：顷刻，短时间。**久**：长久，长时间。**推移**：改变。

14 **適適**(tì)**然**：惊惧的样子。

15 **规规然**：失落的样子。

原文

"且夫知不知是非之境[1]，而犹欲观于庄子之言，是犹使蚊负山，商蚷[2]驰河也，必不胜任矣。且夫知不知论极妙之言，而自适一时之利者，是非坎井之蛙与？且彼方跐黄泉而登大皇[3]，无南无北，奭然四解[4]，沦[5]于不测；无东无西，始于玄冥[6]，反于大通[7]。子乃规规然而求之以察，索之以辩，是直用管窥天，用锥指地也，不亦小乎？子往矣！且子独不闻夫寿陵余子之学行于邯郸与[8]？未得国能[9]，又失其故行[10]矣，直匍匐而归耳。今子不去，将忘子之故，失子之业[11]。"公孙龙口呿[12]而不合，舌举而不下，乃逸[13]而走。

译文

"你的才智还不能知道是非的界限，却想着去了解庄子的言论，这就好比让蚊子去背一座大山，让马蚿驰骋于河海一样，必定不能胜任。况且你的才智还不足以探讨极其精妙的言论，却追逐一时的口舌之利，这不就像浅井的青蛙吗？并且庄子的道理下踏黄泉，上登皇天，不分南北，四面畅通无碍，进入不可测度之域；不分东西，本源于玄冥之境，回归于通达之域。你竟通过世俗的观察去探求，通过巧辩去探索它，这只不过是用竹管去窥探苍天，用锥子去测量大地，不是很浅薄吗？你还是走吧！况且你难道没有听说过寿陵少年到邯郸学步的故事吗？没有学会邯郸人步行的本领，又忘掉了自己原来步行的方法，只能爬着回去了。现在你不离开这里，你将会忘记自己原来的本事，丧失你的本业了。"公孙龙惊得张口不能合，翘着舌头不能放下，于是逃走了。

1 **境**：影宋本作"竟"。

2 **商蚷**(jù)：即马蚿，又称马陆，陆地上生活的虫子。

3 **跐**(cǐ)：踩，蹈。**大皇**：皇天。

4 **奭**(shì)**然**：即释然，无所阻碍的样子。**四解**：四面畅通。

5 **沦**：入。

6 **玄冥**：浑然一体的状态。

7 **大通**:大道。可参看《大宗师》:“堕肢体,黜聪明,离形去知,同于大通,此谓坐忘。”

8 **寿陵**:燕国地名。**余子**:少年。**邯郸**:赵国都城。

9 **国能**:赵国人行走的方式。

10 **故行**:原来的行走方式。

11 **业**:本业。

12 **呿**(qū):张开口。

13 **逸**:逃逸。

原文

庄子钓于濮水[1],楚王使大夫二人往先焉,曰:“愿以境内[2]累矣!”庄子持竿不顾,曰:“吾闻楚有神龟,死已三千岁矣,王巾笥[3]而藏之庙堂之上。此龟者,宁其死为留骨而贵乎?宁其生而曳尾于涂中乎[4]?”二大夫曰:“宁生而曳尾涂中。”庄子曰:“往矣!吾将曳尾于涂中。”

译文

庄子在濮水边钓鱼,楚王派遣两位大夫前往表明他的心意,说:“我们的大王希望将国事托付给您。”庄子手持钓竿,头也不回地说:“我听说楚国有一只神龟,已经死了三千年了,楚王用丝巾覆盖着它,盛放在竹箱里,珍藏在宗庙里。这只神龟,是宁肯死去留下骨壳来显示尊贵呢,还是宁愿活下来拖着尾巴在污泥里爬行呢?”两位大夫回答说:“宁愿活下来拖着尾巴在泥水里爬行。”庄子说:“你们走吧!我宁愿拖着尾巴在污泥里爬行。”

注释

1 **濮水**:水名,在今河南省境内。

2 **境内**:楚国政事。

3 **巾**:用丝巾覆盖。**笥**(sì):用方形竹箱盛放。

4 **曳**(yè)**尾**:摇尾。**涂**:泥涂。

原文

惠子相梁[1]，庄子往见之。或谓惠子曰："庄子来，欲代子相。"于是惠子恐，搜于国中三日三夜。庄子往见之，曰："南方有鸟，其名[为]鹓鶵[2]，子知之乎？夫鹓鶵，发于南海而飞于北海，非梧桐不止，非练实[3]不食，非醴泉[4]不饮。于是鸱[5]得腐鼠，鹓鶵过之，仰而视之曰吓[6]。今子欲以子之梁国而吓我邪？"

译文

惠子在梁国担任宰相，庄子前往看望他。有人对惠子说："庄子这次来是想取代你的相位。"于是惠子很恐慌，在国都内搜寻了庄子三天三夜。庄子前往看望惠子，说："南方有一种鸟，它的名字叫鹓鶵，你知道吗？鹓鶵从南海出发飞往北海，不是梧桐树它不栖息，不是竹实它不吃，不是甜美的泉水它不饮用。有一只猫头鹰叼着一只腐烂的老鼠，鹓鶵刚巧在上空飞过，猫头鹰抬头看着鹓鶵，发出吓的一声怒叫。如今你也想用你的相位朝我发出'吓'的一声怒叫吗？"

注释

1 **相梁**：任魏国梁惠王的相国。

2 **鹓鶵**(yuān chú)：凤凰一类的鸟。底本无"为"，今据覆宋本补。

3 **练实**：竹实。

4 **醴**(lǐ)**泉**：甜美的泉水。

5 **鸱**(chī)：猫头鹰。

6 **吓**(hè)：恐吓声。

原文

庄子与惠子游于濠[1]梁之上。庄子曰："鯈鱼[2]出游从容，是鱼[之][3]乐也。"惠子曰："子非鱼，安知鱼之乐？"庄子曰："子非我，安

译文

庄子和惠子在濠水的桥上游览。庄子说："鯈鱼游来游去，悠闲自在，这是鱼的快乐。"惠子说："你不是鱼，怎么知道鱼的快乐？"庄子说："你不是我，怎么知道我不知道鱼的快乐？"

知我不知鱼之乐?”惠子曰:“我非子,固[4]不知子矣;子固非鱼也,子之不知鱼之乐,全矣。”庄子曰:“请循其本[5]。子曰‘汝安知鱼乐’云者[6],既已知吾知之而问我,我知之濠上也。”

惠子说:“我不是你,固然不知道你;你本就不是鱼,你不知道鱼的快乐,这是必然的。”庄子说:“让我们追溯到最初的话头。你刚才说‘你怎么知道鱼的快乐’时,就已经知道我知道鱼的快乐而问我,我是从濠水之上知道鱼的快乐的。”

注释

1 **濠**(háo):濠水,在今安徽省境内。“濠梁”即濠水上的桥梁。
2 **鲦**(tiáo)**鱼**:覆宋本作“儵”。
3 底本无“之”,今据覆宋本补。
4 **固**:本来。
5 **循**:追溯。**本**:始。
6 **汝**:影宋本作“女”。

达 生

导读

达生即通达生命的本真,生命的本真在于人的精神,因而此篇主要探讨养神之道。

首先,作者认为养形不足以存生,人的精神才是主宰,只有超越世俗事务,忘记形体,保全精神,才能与天地万物浑然一体,达到《齐物论》中的“天地与我并生,万物与我为一”的境界。其次,人的精神是形体的主宰,只有保全精神，才能免遭外物的侵袭与伤害，纪渻子养斗鸡的故事正是要表达这一思想。此篇所描述的至人与《逍遥游》《大宗师》描述中的神人、真人一致，主旨都是对《老子》“善摄生者”思想的阐发。再次，人只有志向专一，精神凝聚，才能浑然与万物一体，从而达到捕蝉老人、撑船人、善游泳的男子、梓庆、工倕等人的境界。最后，只有精神独立与健全，才能真正地保全性命，因此养神是养生的关键，单豹和张毅的故事、桓公见鬼的故事都表达了这一思想。

原文

达生之情者[1]，不务[2]生之所无以为；达命之情者，不务知之所无奈何。养形必先之[以][3]物，物有余而形不养者有之矣。有生必先无离形，形不离而生亡者有之矣。生之来不能却[4]，其去不能止[5]。悲夫！世之人以为养形足以存生，而养形果不足以存生，则世奚足为哉！虽不足为而不可不为者，其为不免矣。

译文

通达生命本真的人，不去追求对生命没有什么用处的东西；通达命运本质的人，不去追求智力所无可奈何的东西。保养形体首先要具备一定的物质基础，但物质条件富足，而形体却得不到保养的情形时有发生。保全生命必须首先不能脱离形体，然而却存在着形体虽然没有离散，而生命却已经死去的情形。生命的到来不能抵制，生命的离去不能挽留。可悲啊！世俗之人认为保养好形体就能存活生命，如果保养好形体还不足以存活生命，那么世间还有什么事情值得去做呢！虽然不值得去做却不得不去做，那么为了存活生命而做各种事情也就不可避免了。

注释

1 **达生**：通达生命。**情**：真实状态。

2 **务**：追求。

3 底本无“以”字，今据覆宋本补正。

4 **却**:拒绝。

5 **止**:停留,留滞。

原文

夫欲免为形者,莫如弃世[1]。弃世则无累,无累则正平[2],正平则与彼更生,更生则几[3]矣。事奚足弃而生奚足遗[4]?弃世则形不劳,遗生则精不亏。夫形全精复[5],与天为一。天地者,万物之父母也,合则成体,散则成始[6]。形精不亏,是谓能移[7];精而又精,反以相天[8]。

译文

想要避免为了养活形体而忙碌,不如忘却世俗之事。遗忘世俗的事务就没有劳累,没有劳累内心就可以平和,内心平和就能与天地万物共生,与天地万物共生就接近大道了。世俗之事为何应该忘却?生命为何应该遗忘?遗忘了世俗之事,形体就不会劳累,忘却了生命,精神就不会亏损。形体得到保全,精神复归最初的形态,与天地万物混同为一体。天地是万物生成发展的根源,天地之间阴阳二气和合而形成万物,分散则复归到原初的状态。形体保全,精神完整,这就叫作能随顺万物的变化;精神达到纯粹的极致,就可以反过来促成天地万物的发展。

注释

1 **弃世**:放弃世俗的事务。

2 **正平**:心性平正纯和。

3 **几**:接近。

4 **遗**:忘却,遗忘。

5 **精复**:精神复归原初纯粹的状态。

6 **散则成始**:形体分散就回归到生命的最原初状态。

7 **移**:变化,这里指随顺万物的变化。

8 **相**:辅助。**天**:宇宙万物。

原文

子列子问关尹[1]曰："至人潜行[2]不窒，蹈火不热，行乎万物[3]之上而不栗。请问何以至于此？"

译文

列子问关尹："至人潜入水中行走却不会窒息，踩着烈火却不会觉得灼热，行走于万物之上也不会感到战栗恐惧。请问怎样才能达到这样的境界？"

注释

1 **关尹**：相传为老子的弟子，即《史记·老子韩非列传》记载的关令尹，又见于《天下》。

2 **潜行**：潜入水中行走。

3 **万物**：疑为"万仞"之误。可参看《大宗师》："登高不栗，入水不濡，入火不热。""栗"应当是对身处一定高度而言。

原文

关尹曰："是纯气之守[1]也，非知巧果敢[2]之列。居，予语汝。凡有貌象声色者，皆物也，物与物何以相远？夫奚足以至乎先？是色[3]而已。则物之造乎不形，而止乎无所化，夫得是而穷之者，物焉得而止[4]焉！彼将处乎不淫[5]之度，而藏乎无端[6]之纪，游乎万物之所终始，壹其性，养其气，合其德，以通乎物之所造。夫若是者，其天

译文

关尹说："这是因为持守住纯正的和气，并不是才智、技巧、勇敢、果断所能做到的。坐下，我告诉你。凡是有容貌、形象、声音、颜色的东西，都是具体的事物，物与物之间怎会相差那么远？哪一种物又具有优先于其他物的地位呢？不过都是一些有具体形状和颜色的事物而已。万物的生成本源于无形，而最终驻留于大道之中，知道了这一点且去加以探究，万物怎么能停止而不变化呢！他将处于适中的法度，藏身于无始无终的大道之中，畅游于万物的终始，专一本性，涵养元气，保全德行，以通达大道。像这样的人，他们的天性完整无缺，他们的精神没有间隙，外物从哪里进入

守[7]全，其神无郤[8]，物奚自入焉？夫醉者之坠车，虽疾不死。骨节与人同而犯害[9]与人异，其神全[10]也。乘亦不知也，坠亦不知也，死生惊惧不入乎其胸中，是故遻物而不慑[11]。彼得全[12]于酒而犹若是，而况得全于天[13]乎？圣人藏于天，故莫之能伤也。复仇者不折镆干[14]，虽有忮心者不怨飘瓦[15]，是以天下平均。故无攻战之乱，无杀戮之刑者，由此道也。不开人之天[16]，而开天之天[17]。开天者德生[18]，开人者贼生[19]。不厌[20]其天，不忽[21]于人，民几乎以其真[22]！”

人的心灵呢？醉酒的人从车上坠落，虽然满身是伤却不会死去。他们的骨节与别人相同，可是遭遇到的伤害却和别人有差异，这是因为他们的精神得到了保全。乘车的时候不知道，坠落车下也不知道，生死与恐惧不侵入人的心中，所以与物相违逆也不恐惧。因醉酒而保全了精神的人尚且能够如此，何况保全了天性的人呢？圣人将自身藏于天地万物之中，所以没有什么东西能够伤害到他们。复仇的人不会去毁坏干将镆铘这样的宝剑，即便是心怀愤恨的人，也不会去怨恨随风飘落而砸到他的瓦片，因而天下和平安宁。所以没有攻伐的战乱，没有杀戮这样的刑罚，就是因为遵循了这种道理。不要鼓动人为改造天性，而要引导天然之性。引导天然之性，则人的德行得以形成，鼓动人为改造本性，则产生祸害。不要满足于天然之性，不忽视人为的危害，则人民就差不多达到了纯真！”

注释

1 **纯气之守**：持守纯正的元气。

2 **果敢**：勇敢果决。

3 陈景元《庄子阙误》引江南古藏本“色”作“形色”。

4 陈景元《庄子阙误》引江南古藏本“止”作“正”。

5 **淫**：过度，超过。

6 **无端**：没有起始，没有端绪。

7 **天守**：天然的禀赋。

8 **郤**:同"隙",缝隙,间隙。

9 **犯害**:受害。

10 **神全**:精神完整。

11 **遻(wǔ)**:遇见。覆宋本作"遻",同"迕"。**慴(shè)**:害怕,恐惧。

12 **全**:保全,健全。

13 **天**:天然。

14 **镆干**:指镆铘与干将,古代的宝剑。相传吴王阖闾使干将铸剑,雌剑为镆铘,雄剑为干将。

15 **忮(zhì)心**:嫉妒,愤恨之心。**飘瓦**:飘落的瓦片。

16 陈景元《庄子阙误》引刘得一本"天"作"人"。"人之天"指人为改造天然之性。

17 **天之天**:指纯粹天然之性。

18 **德生**:天然的德行形成。

19 **贼生**:产生祸害。

20 **厌**:满足。

21 **忽**:疏忽。

22 **几**:差不多。**真**:真性。

原文

仲尼适楚,出于林中,见痀偻者承蜩[1],犹掇[2]之也。仲尼曰:"子巧乎!有道[3]邪?"曰:"我有道也。五六月累丸二而不坠,则失者锱铢[4];累三而不坠,则失者十一;累五而不坠,犹掇之也。吾处身[5]也,若橛株拘[6];吾执[7]

译文

孔子到楚国去,从树林中走出来,看到一位驼背老人正在持竿粘蝉,就像用手捡东西一样轻松。孔子说:"您的手法真是太巧妙了!这其中有技巧吗?"驼背老人说:"我有技巧。我在竿头叠放两颗弹丸,练习五六个月后就不会掉下来,这时捕不到的蝉极少;叠放三颗弹丸而不掉下来,那么捕不到的蝉就只有十分之一了;叠放五个弹丸而不掉下来,捕蝉就像用手捡东西一样

臂也，若槁木之枝；虽天地之大，万物之多，而唯蜩翼之知。吾不反不侧[8]，不以万物易[9]蜩之翼，何为而不得！”孔子顾谓弟子曰：“用志不分[10]，乃凝于神[11]，其痀偻丈人之谓乎！”

轻松。我站稳身形，就像一截木桩；我举竿的胳膊，就像枯木的树枝；虽然天地广大，万物繁多，我只关注到蝉翼。我身体纹丝不动，不因纷纭繁杂的万物而转移我对蝉翼的注意力，怎么会捕不到蝉呢！”孔子回头对弟子们说：“心无旁骛，聚精会神，大概就是说的这位驼背老人吧！”

注释

1 **痀偻**(gōu lóu)：曲背。**承**：通“拯”，引取。**蜩**(tiáo)：蝉。

2 **掇**(duō)：拾取。

3 **道**：方法，技巧。

4 **锱铢**(zī zhū)：锱为一两的四分之一，铢为一两的二十四分之一，两者都是极小的计量单位。“锱铢”比喻极小的数量。

5 **处身**：安处身形。

6 **橛**(jué)：树桩。**株**：木桩。**拘**：通“枸”，树根盘曲交错。橛、株、拘三字意义相近，指树桩。

7 **执**：举起，伸出。

8 **不反不侧**：不翻身不侧身，这里指移动身体。

9 **易**：转移，转换。

10 **分**：分散。

11 **凝于神**：精神凝聚集中。

原文

颜渊问仲尼曰：“吾尝济乎觞深之渊[1]，津人操舟若神[2]。吾问焉，曰：‘操舟可学邪？’曰：‘可。善游者

译文

颜渊问孔子：“我曾经坐摆渡过觞深这条河，摆渡人撑船的本领出神入化。我问他：‘撑船的本领可以学习吗？’他说：‘可以。擅长游泳的人很快就能撑

数[3]能。若乃夫没人[4],则未尝见舟而便[5]操之也。'吾问焉而不吾告,敢问何谓也?"

船。至于那些潜水的人,他们没看见过船都能熟练地掌握。'我问他撑船的技巧,他却不告诉我。请问他的话是什么意思呢?"

注释

1 **济**:渡。**觞深**:渊名。

2 **津人**:摆渡的人。**操舟**:撑船。

3 **数**:通"速",急速,快速。

4 **没人**:潜水的人。

5 **便**:灵巧,便捷。

原文

仲尼曰:"善游者数能,忘水也。若乃夫没人之未尝见舟而便操之也,彼视渊若陵[1],视舟之覆犹其车却也[2]。覆却万方陈乎前而不得入其舍[3],恶往而不暇!以瓦注[4]者巧,以钩注者惮[5],以黄金注者殙[6]。其巧一也,而有所矜[7],则重外[8]也。凡外重者内拙[9]。"

译文

孔子回答说:"擅长游泳的人很快就能学会撑船,因为他们忘记了水的存在。至于那些潜水的人没看见过船也能熟练地撑船,这是因为他们把深水看作陆地,把翻船看作就像是车子的倒退。各种翻船车退的情状呈现于眼前却不侵入人的心灵,到哪里不自在呢!用瓦石来投射赌博的人轻松自在,用带钩来投射赌博的人心存忌惮,用黄金来投射赌博的人心志昏乱。投射的技巧都一样,然而人心对用来投射的东西有所怜惜,这是因为他们把身外之物看得很重。凡是看重外物的人,其内心必然笨拙。"

注释

1 **陵**:山丘。

2 **覆**:翻船。**却**:后退。

3 **万方**:万端,多端。**舍**:指心灵。

4 **注**:投射,目的在于赌博。一说为赌注。

5 **钩**:钩带,多以青铜锻造。**惮**:惧怕。

6 **殙**(hūn):昏乱糊涂,神志不清。

7 **矜**:矜持,怜惜。

8 **重外**:注重外物。

9 **内拙**:内心笨拙。

原文

田开之见周威公[1]。威公曰:"吾闻祝肾学生[2],吾子与祝肾游,亦何闻焉?"田开之曰:"开之操拔彗以侍门庭[3],亦何闻于夫子!"威公曰:"田子无让[4],寡人愿闻之。"开之曰:"闻之夫子曰:'善养生者,若牧羊然,视其后者而鞭之。'"威公曰:"何谓也?"田开之曰:"鲁有单豹[5]者,岩居而水饮,不与民共利,行年七十,而犹有婴儿之色;不幸遇饿虎,饿虎杀而食之。有张毅[6]者,高门县薄[7],无不走[8]也,行年四十,而

译文

田开之拜见周威公。周威公说:"我听说祝肾在学习养生之道,您游学于祝肾之门,也听到些什么没有呢?"田开之说:"我不过在他门下做些洒扫应对之事,又能从老师那里听到些什么呢!"周威公说:"先生不要谦虚,我希望听您谈一谈他的养生之道。"田开之说:"我听老师说:'善于养生的人,就像放羊一样,看见落后的羊就去用鞭子驱赶一下。'"周威公问:"这是什么意思呢?"田开之说:"鲁国有个叫单豹的人,住在岩穴中,喝着山泉水,不和老百姓争利,年过七十,容貌却犹如婴儿一般;不幸遭遇到饥饿的老虎,被捕食吃掉了。有一个叫张毅的人,不论是高门大户还是寒门小户,无不前去应接世务,年过四十犯了内

有内热之病以死。豹养其内，而虎食其外，毅养其外，而病攻其内。此二子者，皆不鞭其后者也。”

热之症死去。单豹注重内在的修养，而老虎却吃掉了他的肉体，张毅注重外在形体的保养，而疾病却攻伐其内在心神。这两个人，都是不能改进自己的不足的人。”

注释

1 **田开之**：姓田，名开之，学道之人。**周威公**：周朝的一位君主。

2 **祝肾**：姓祝，名肾，或作“贤”，怀道之人。**学生**：学养生之道。

3 **拔**：把。**彗**(huì)：扫帚。

4 **让**：谦让，谦虚。

5 **单**(shàn)**豹**：姓单，名豹，鲁国隐士。

6 **张毅**：姓张名毅，鲁国人。

7 **高门**：指大户人家。**县**：悬挂。**薄**：通“箔”，门帘。“县薄”指贫穷人家。

8 **走**：趋近，前往。

原文

仲尼曰：“无入而藏[1]，无出而阳[2]，柴立[3]其中央。三者若得，其名必极。夫畏涂[4]者，十杀一人，则父子兄弟相戒也，必盛卒徒[5]而后敢出焉，不亦知乎！人之所取[6]畏者，衽席之上[7]，饮食之间，而不知为之戒[8]者，过也。”

译文

孔子说：“不要隐遁潜藏，不要炫耀张扬，要像枯木一样处在不偏不倚的中央。如果做到了这三者，他的名声必然达到极致。在凶险万分的道路上，如果十个出行人之中就有一个被杀害，那么父子兄弟就会互相戒备，一定要聚集足够多的人之后才敢出门，这不也是一种明智吗！人们最该畏惧的事情发生在床笫之上，饮食之间，然而人们却不知道以此为戒，实在是一种错误。”

注释

1 **无入而藏**:不要潜藏。

2 **无出而阳**:不要外显。

3 **柴立**:像枯柴一样直立。

4 **畏涂**:畏惧路途危险。

5 **盛卒徒**:聚集多人。

6 **取**:陈景元《庄子阙误》引江南古藏本作“最”,极。

7 **衽(rèn)席**:即古代睡觉时用的席子,这里指床笫之欢、色欲之事。

8 **为之戒**:对这些活动警惕。

原文

祝宗人玄端以临牢策[1],说彘[2]曰:“汝奚恶死?吾将三月豢[3]汝,十日戒,三日齐,藉[4]白茅,加汝肩尻乎雕俎之上[5],则汝为之乎?”为彘谋,曰不如食以糠糟,而错[6]之牢策之中。自为谋[7],则苟生有轩冕之尊,死得于滕楯[8]之上、聚偻[9]之中,则为之。为彘谋则去之[10],自为谋则取之[11],所异彘者何也[12]?

译文

主持祭祀的官员穿着黑色的礼服来到猪圈边,对猪说:“你为什么厌恶死亡呢?我将喂养你三个月,然后为你戒十天,斋三天,用白茅草席垫上,把你的前腿根部和臀部盛放在雕饰有花纹的祭器上,你愿意这样吗?”为猪考虑,则认为不如吃着糟糠,关在猪圈之中。为自身考虑,如果活着的时候享受荣华富贵,死了后能装在华丽的灵车上和饰有花纹的棺木中,那么就乐意去做。为猪考虑就会放弃白茅、雕有花纹的祭器,为自己考虑则想去获取那些身外之物,人与猪不同的东西究竟是什么呢?

注释

1 **祝**:祝史。**宗**:掌管祭祀的官。**玄端**:黑色的礼服。**牢策**:猪圈。

2 **彘(zhì)**:猪。

3 **豢**(huàn):同“豢”,陈景元《庄子阙误》引张君房本作“豢”,喂养。

4 **藉**:即“荐”,草席,垫子。

5 **肩**:前腿的根部。**尻**:臀部。**雕俎**:雕饰有花纹的盛放祭品的器具。

6 **错**:放置。

7 **自为谋**:为自己考虑。

8 **腞楯**(zhuàn shǔn):古代运灵柩的车。

9 **聚偻**:柩车上的繁杂纹饰。

10 **去之**:抛弃白茅、雕俎。

11 **取之**:选择轩冕、腞楯、聚偻。

12 陈景元《庄子阙误》引张潜夫本“所”前有“其”字。

原文

桓公田于泽[1],管仲御[2],见鬼焉。公抚管仲之手,曰:“仲父[3]何见?”对曰:“臣无所见。”公反,诶诒[4]为病,数日不出。齐士有皇子告敖[5]者曰:“公则自伤,鬼恶能伤公?夫忿滀[6]之气,散而不反,则为不足[7];上而不下,则使人善怒;下而不上,则使人善忘;不上不下,中身当心,则为病。”桓公曰:“然则有鬼乎?”曰:“有。沉有履[8],灶有髻[9]。户内之烦壤[10],雷霆[11]处之;东北方之下者,倍阿、鲑蠪

译文

齐桓公在大泽中打猎,管仲为他驾车,突然撞见了鬼。齐桓公拉住管仲的手说:“仲父,你看见了什么?”管仲回答:“我没看到什么。”桓公回来后,失魂落魄地生了病,好几天不出门。齐国有个叫皇子告敖的人对齐桓公说:“你是自己伤害了自己,鬼怎么能伤害你呢?郁结之气,散而不返,就会精力不足;郁结之气聚集头部而不能下通,就会使人易于发怒;如果下渗而不能上达头部,就会使人健忘;如果不能上达头部,又不能通往下身,处于身体中间部分,聚集在内心,就会得病。”桓公说:“既然如此,那么有没有鬼呢?”皇子告敖回答道:“有。水下污泥中的鬼叫作履,灶中的鬼叫作髻。屋内粪壤之中的鬼叫作雷霆;东北方向的地方,

跃之[12];西北方之下者,则泆阳[13]处之。水有罔象[14],丘有峷[15],山有夔[16],野有彷徨[17],泽有委蛇[18]。”

名叫倍阿、鲑蠪的鬼在跳跃;西北方向的地方,泆阳就住在那里。水中有鬼名叫罔象,丘陵之中有鬼名叫峷,山中有鬼名叫夔,郊野里的鬼叫彷徨,大泽里的鬼叫作委蛇。”

注释

1 **桓公**:即齐桓公,详见《德充符》。**田**:即田猎。

2 **管仲**:姬姓,管氏,名夷吾,字仲,春秋时期齐国政治家。管仲曾辅助公子纠,后公子纠与公子小白(齐桓公)争夺王位事败,管仲被齐桓公任命为相。**御**:驾驭马车。

3 **仲父**:齐桓公对管仲的尊称。

4 **诶诒**(xī yí):倦怠,失魂落魄的样子。

5 **皇子告敖**:复姓皇子,名告敖,齐国人。

6 **忿滀**(fèn chù):郁结。

7 **不足**:指散发出去的气不能回归原位,因而导致下文所述三种不足的状态。

8 **沉**:水中污泥。**履**:鬼名。

9 **髻**(jié):传说中的灶神。

10 **烦壤**:粪壤。这里泛指不干净之处。

11 **雷霆**:鬼名。

12 **倍阿**:神名。**鲑蠪**(wā lóng):神名。

13 **泆**(yì)**阳**:神名。

14 **罔象**:水怪名。

15 **峷**(shēn):或作“莘”,覆宋本、影宋本作“峷”。形状像狗,有角,身有文采,山丘之鬼。

16 **夔**:山神。

17 **彷徨**:覆宋本作“徬徨”,野外神名。

18 **委蛇**:大泽中的神名。

原文

公曰："请问委蛇之状何如？"皇子曰："委蛇，其大如毂[1]，其长如辕[2]，紫衣而朱冠。其为物也，恶闻雷车之声，则捧其首而立。见之者殆[3]乎霸。"桓公辴然[4]而笑曰："此寡人之所见者也。"于是正衣冠与之坐，不终日[5]而不知病之去也。

译文

桓公接着问："请问，委蛇的形状怎么样？"告敖回答："委蛇，形体有车轮那么大，有车辕那么长，披着紫色衣服，戴着红帽。这种鬼害怕听到雷声，听到雷声就抱着头站立。看见这种鬼的人差不多可以称霸天下。"齐桓公听完喜笑颜开地说："这正是我所看到的鬼。"于是整顿好衣冠与皇子告敖坐在一起，不到一天，不知不觉病竟然好了。

注释

1 **毂**(gǔ)：车轮中心，有孔可以插轴的部分，借指车轮。

2 **辕**：车前驾牲畜的两根直木。

3 **殆**：差不多。

4 **辴**(zhěn)**然**：喜悦的样子。

5 **不终日**：不到一天。

原文

纪渻子为王养斗鸡[1]。十日而问："鸡已乎[2]？"曰："未也，方虚憍而恃气[3]。"十日又问，曰："未也，犹应向景[4]。"十日又问，曰："未也，犹疾视而盛气[5]。"十日又问，曰："几[6]矣。鸡虽有鸣者，已无变矣，望之

译文

纪渻子为周宣王驯养斗鸡。过了十天周宣王问："鸡可以斗了吗？"纪渻子回答说："还不行，它正虚浮骄矜、自恃意气。"十天后周宣王又问，纪渻子回答说："还不行，它听见其他鸡的声音和看到其他鸡的影子就有反应。"十天后周宣王又问，纪渻子回答说："还不行，它看到其他的鸡仍然怒目而视，盛气凌人。"十天后周宣王又问，纪渻子回答说："差不多了。即使别的鸡在鸣叫，

似木鸡矣，其德全[7]矣，异鸡无敢应者[8]，反走[9]矣。”

它都无动于衷，看上去像木鸡一样，它的德行全备，其他的鸡没有敢来应战的，看到它掉头就逃跑了。”

注释

1 **纪渻(shěng)子**：姓纪，名渻子。**王**：周宣王。

2 **鸡已**：鸡已经可以参加斗鸡。

3 **方**：正，处于。**恃(jiāo)**：同“骄”，骄矜。**恃气**：自恃意气。

4 **向**：通“响”，这里指其他鸡的叫声。**景**：同“影”，这里指其他鸡的身影。

5 **疾视**：怒目而视。**盛气**：怒气充盈。

6 **几**：差不多。

7 **德全**：德行全备，不为外物所惑。

8 **异鸡**：别的鸡。陈景元《庄子阙误》引文如海本、刘得一本“者”前有“见”字，属下句。

9 **反走**：转身逃跑。

原文

孔子观于吕梁[1]，县水[2]三十仞，流沫[3]四十里，鼋鼍[4]鱼鳖之所不能游也。见一丈夫游之，以为有苦而欲死也[5]，使弟子并流而拯之[6]。数百步而出[7]，被发行歌而游于塘下[8]。孔子从而问焉，曰：“吾以子为鬼，察子则人也。请问，蹈水有道乎[9]？”曰：“亡，

译文

孔子在吕梁游览，但见瀑布高达数十丈，激起的浪花与水沫长达四十里，鱼鳖之类都不能在此游水。突然看见一个男子在水中漂游，孔子以为这个人遭受苦难而想自杀，连忙派弟子依傍着崖岸去拯救他。却看到那男子潜水到数百步远的地方露出水面来，披发吟唱，在河岸下的水中畅游。孔子跟上去问道：“我还以为你是鬼，仔细看原来是个人。请问游水有什么技巧吗？”那人回答：“没有，我没什么技巧。我生来就处在这种环境之中，依靠这种环境养成了习

吾无道。吾始乎故[10]，长乎性[11]，成乎命[12]。与齐[13]俱入，与汩[14]偕出，从水之道而不为私焉。此吾所以蹈之也。”孔子曰：“何谓始乎故，长乎性，成乎命？”曰：“吾生于陵而安于陵，故也；长于水而安于水，性也；不知吾所以然而然，命也。”

性，最终在这种环境中掌握了水流的规律。我跟着水里的漩涡潜入水底，又随涌流一起露出水面，顺从水的规律而不带私心。这就是我能在这里游水的原因。”孔子说：“什么叫作生来就处在这种环境之中，依靠这种环境养成了习性，最终在这种环境中掌握了水流的规律呢？”那人又回答：“我生长在山地就安于山地的生活，这就叫作‘故’；在水中长大又安于水中的生活，这就叫作‘性’；我不知道为什么我可以这样游水，而我一直就是这样游水的，这就叫作‘命’。”

注释

1 **吕梁**：地名。

2 **县水**：瀑布。县，同“悬”。

3 **流沫**：急流溅沫。

4 **鼋**(yuán)：大鳖。**鼍**(tuó)：鳄鱼的一种。

5 **有苦**：遭遇困苦。**欲死**：想投水自杀。

6 **并流**：傍流，依傍崖岸。**拯**：拯救。

7 **出**：浮出水面。

8 **被**(pī)**发**：即披发。**行歌**：畅行而歌。

9 **蹈水**：游水。**道**：方法，技巧。

10 **故**：本然，本来具备的。

11 **性**：习性。

12 **命**：必然之理。

13 **齐**：通“脐”，指水的漩涡，形状像人的肚脐。

14 **汩**(gǔ)：向上涌出的水涡。

原文

梓庆削木为鐻[1]，鐻成，见者惊犹鬼神。鲁侯见而问焉，曰："子何术以为焉？"对曰："臣工人[2]，何术之有？虽然，有一焉。臣将为鐻，未尝敢以耗气[3]也，必齐[4]以静心。齐三日，而不敢怀庆赏爵禄[5]；齐五日，不敢怀非誉巧拙[6]；齐七日，辄然忘吾有四枝形体也[7]。当是时也，无公朝[8]，其巧专而外滑消[9]。然后入山林，观天性[10]；形躯[11]至矣，然后成见鐻，然后加手[12]焉；不然则已。则以天合天[13]，器之所以疑神者[14]，其[15]是与！"

译文

梓庆削刻木头来做鼓架，做成后，看见的人都惊叹不已，以为是鬼斧神工。鲁侯见到便问他，说："你是用什么技术做成这样的呢？"梓庆回答道："我只是个工匠，哪有什么技术？尽管如此，还是有一点体会。每当我要制作鼓架时，从不敢耗费精气，一定要斋戒静下心来。斋戒三天，不敢心怀庆贺、赏赐、爵位和俸禄；斋戒五天，不敢心怀非议、赞誉、灵巧、笨拙；斋戒七天，木然不动忘记自己拥有四肢形体。在这个时候，忘却了朝廷的存在，内心专一，消除了外部的扰乱。然后进入山林之中，观察各种树木的天性；树木的天然形态呈现于眼前，然后可以看到完整的鼓架，然后再动手加工；不行的话我就停止不做。这就是以我的天然之性去合于树木的天然之性，制作出来的鼓架之所以看上去像鬼斧神工，大概就是因为这一点吧！"

注释

1 **梓**(zǐ)：负责管理木工的官。梓庆即名叫"庆"的负责管理木工的官。**鐻**(jù)：古时候悬挂钟鼓等乐器的木架子。

2 **工人**：做工匠的人。

3 **耗气**：耗损神气。

4 **齐**(zhāi)：同"斋"，斋戒。

5 **庆赏爵禄**：庆贺、赏赐、爵位、俸禄。

6 **非誉巧拙**：非议、赞誉、灵巧、笨拙。

7 **辄然**:不动的样子。**四枝**:即四肢。

8 **公朝**:朝廷。

9 **巧专**:技巧专一。**滑**(gǔ):淆乱,"外滑"即外物的淆乱。

10 **观天性**:观看树木天然的性状。

11 **形躯**:指树木的形体躯干。

12 **加手**:动手加工。

13 **以天合天**:第一个"天"指人的天然本性,第二个"天"指树木的天然本性。

14 **疑神**:被怀疑为鬼神之作,相对前文"见者惊犹鬼神"而言。

15 陈景元《庄子阙误》引江南古藏本"其"后有"由"字。

原文

东野稷以御见庄公[1],进退中绳[2],左右旋中规[3]。庄公以为文[4]弗过也,使之钩百[5]而反。颜阖[6]遇之,入见曰:"稷之马将败。"公密[7]而不应。少焉,果败而反。公曰:"子何以知之?"曰:"其马力竭矣,而犹求[8]焉,故曰败。"

译文

东野稷因为善于驾车被引荐给鲁庄公,他驾车时,进退的线路笔直,犹如墨线画出来的一样,左右旋转的轨迹,好像圆规画出来的一样。鲁庄公认为就是造父也不能超过他,于是要他驾着马车旋转上百圈后再回来。颜阖正好看到此事,拜见庄公说:"东野稷的马要累垮了。"鲁庄公默不作声。不多久,东野稷的马果然累垮而返。鲁庄公问颜阖:"你怎么知道东野稷的马会累垮呢?"颜阖说:"东野稷的马已经筋疲力尽了,可还要驾车旋转上百圈,所以我说他的马会累垮掉。"

注释

1 **东野稷**:复姓东野,名稷,善于驾驭马。**庄公**:鲁庄公。

2 **中绳**:符合绳墨之直。

3 **中规**:符合规之圆。

4 **文**:疑为"造父"之误。《吕氏春秋·适威》:"(庄公)以为造父不过也。"

造父为周穆王时善于驾车的人。

5 **钩百**:旋转百圈。

6 **颜阖**:鲁国贤人,详见《人间世》。

7 **密**:沉默,不说话。

8 **求**:驱使。

原文

工倕旋而盖规矩[1],指与物化而不以心稽[2],故其灵台一而不桎[3]。忘足,屦[4]之适也;忘要[5],带[6]之适也;知忘是非[7],心之适也;不内变[8],不外从[9],事会[10]之适也。始乎适而未尝不适者,忘适之适也。

译文

工倕转动手指所画出来的图形,都能符合用圆规和矩尺画出的圆形和方形,他的手指随着器物而变化,而不必用心思考虑,所以他心灵专一而没有桎梏。忘掉脚,穿的鞋子就会舒适;忘掉腰,系的腰带也就会舒适;忘掉是非,心灵也就舒适;内心专一不变,不被外物干扰,遇事也就会安适。一开始就舒适而未尝有不舒适的情形,是忘掉了舒适的舒适。

注释

1 **工倕**(chuí):相传为尧舜时的一名巧匠,善作弓、耒、耜等。**旋**:旋转,周旋。**盖**:通"盍",合。

2 **稽**:稽考,测度。

3 **灵台**:心灵。**桎**(zhì):窒塞,拘束。

4 **屦**:覆宋本作"履",鞋子。

5 **要**:同"腰"。

6 **带**:腰带。

7 陈景元《庄子阙误》引张君房本、文如海本无"知"字。

8 **不内变**:心神不变。

9 **不外从**:不被外物役使。

10 **事会**:遇事。

原文

有孙休[1]者，踵门而诧子扁庆子曰[2]："休居乡不见[3]谓不修，临难不见谓不勇；然而田原不遇岁[4]，事君不遇世[5]，宾[6]于乡里，逐于州部[7]，则胡罪乎天哉[8]？休恶[9]遇此命也？"扁子曰："子独不闻夫至人之自行邪？忘其肝胆，遗其耳目[10]，芒然彷徨乎尘垢之外，逍遥乎无事之业[11]，是谓为而不恃，长而不宰[12]。今汝饰知以惊愚[13]，修身以明污[14]，昭昭乎若揭日月而行也[15]。汝得全而形躯[16]，具[17]而九窍，无中道夭于聋盲跛蹇而比于人数[18]，亦幸矣，又何暇乎天之怨[19]哉！子往矣！"

译文

有个叫孙休的人，来到老师扁庆子门前告诉他说："我住在乡村里，从不被人说不修道德，面临危难也没有听到有人说我缺乏勇敢；然而我耕种田地却总不能碰上好年岁，侍奉君主总不能碰上好世道，被乡里人摈弃，遭到官府的放逐，我怎么得罪了上天啊？我怎么会遭遇这样的命运呢？"扁子说："你难道没有听说过至人的自觉行为吗？他们忘记了自己的身形体貌，摒弃了耳目感官之知，无知无欲，在尘世之外自得适意，无所事事，在俗世之中自由自在，这就叫有所作为却不自恃己功，化育万物却不主宰它们。如今你修饰自己才智以惊醒愚顽之人，修养自身以彰显那些污秽，光明盛大的样子好像举着日月在行走。你能保全你的形体，完具九窍，没有半途夭折于耳聋、目盲、跛足这些伤残，而居于世俗常人之列，也算是幸运的了，哪还有空闲来埋怨上天呢！你还是走吧！"

注释

1 **孙休**：姓孙名休，鲁国人。

2 **踵门**：亲自上门。**诧**：告知。**子扁庆子**：姓扁名庆子，第一个"子"为尊称。

3 **见**：被。

4 **田原**：耕种田地。**岁**：好年岁。

5 **世**:好世道,指圣君明王之治。

6 **宾**:通“摈”,摈弃,排斥。

7 **逐**:放逐。**州部**:州邑。这里指官府。

8 **胡**:为何。**罪**:得罪,获罪。

9 **恶**(wū):为何。

10 此两句又见于《大宗师》。

11 此两句又见于《大宗师》,唯“无事”作“无为”。《庄子》中“彷徨”与“逍遥”多对言,如《逍遥游》:“彷徨乎无为其侧,逍遥乎寝卧其下。”

12 **长**:使万物生长,化育。

13 **饰知**:修饰才智。**惊愚**:惊醒愚顽之人。

14 **明污**:彰显出污秽的东西。

15 **昭昭**:十分明亮的样子。**揭**:举。

16 **全**:保全。**而**:通“尔”,你。

17 **具**:完具,具备。

18 **蹇**(jiǎn):跛足。**比**:列。

19 **天之怨**:埋怨上天。

原文

孙子出,扁子入,坐有间,仰天而叹。弟子问曰:“先生何为叹乎?”扁子曰:“向者休来,吾告之以至人之德,吾恐其惊而遂至于惑也。”弟子曰:“不然。孙子之所言是邪?先生之所言非邪?非固不能惑是。孙子所言非邪?先生所言是邪?彼固惑[1]而来矣,又

译文

孙休走了出去,扁子进入屋内,坐了一会,仰天叹息。弟子问道:“先生为什么叹气呢?”扁子说:“刚才孙休进来,我跟他讲了一番至人的德行,我担心他会很惊讶而直至困惑不已。”弟子说:“不会的。孙休所说的是对的吗?先生所说的是错的吗?错误本来就不能迷惑正确。孙休所说的是错误的吗?先生所说的是正确的吗?他本来就是因为困惑才来求学的,又怎么会怪罪您呢!”扁

奚罪焉！”扁子曰：“不然。昔者有鸟止于鲁郊，鲁君悦之，为具太牢以飨[2]之，奏《九韶》以乐之，鸟乃始忧悲眩视，不敢饮食。此之谓以己养养鸟也。若夫以鸟养养鸟者，宜栖之深林，浮之江湖，食之以委蛇，则平陆而已矣。今休，款启[3]寡闻之民也，吾告以至人之德，譬之若载鼷[4]以车马，乐鴳[5]以钟鼓也。彼又恶能无惊乎哉！”

子说：“不是这样的。从前有一只海鸟栖息于鲁国的城郊，鲁国国君很喜欢它，准备了太牢来款待它，演奏《九韶》这样的乐曲来取悦它，而海鸟却头昏目眩，伤悲不已，不敢吃喝。这就叫作以养人的方式来养鸟。至于以养鸟的方式来养鸟，就应当让它栖息于幽深的树林，浮游于大江大湖之上，让它吃泥鳅和小鱼，就像安定地生活在陆地上一样。如今孙休是只有管窥之见、孤陋寡闻的人，我告诉他至人的德行修养，就好像用马车来承载小老鼠，用钟鼓的乐声来使小雀高兴一样。他又怎能不惊讶呢！”

注释

1 **固惑**：本来有疑惑。

2 **飨**(xiǎng)：用酒食招待客人。

3 **款**：孔窍。**启**：打开。“款启”指打开一个孔窍看世界，比喻见识狭隘。

4 **鼷**(xī)：小鼠。

5 **鴳**(yàn)：小雀。

知北游

导读

此篇主要探讨“道”与“物”、“道”与“言”之间的关系以及体道的问题。

首先,天地万物本源于道,但道并不是具体之“物”。为了避免将“先天地生”的“物”命名为“道”,从而导致将“道”误认为像“物”一样的存在者的情况出现,此篇将“道”称之为“物物者”,而“物物者非物”,“物物者与物无际”,由此,终极本源之道彻底转入天地万物之中,成为天地万物的内在根据与原则,无所不在。此外,物的本质形态是气,本篇提出“通天下一气”,因此,天地万物的生死变化无非是气的凝聚与消散,这一过程无始无终,无古无今。其次,大道超越感官知觉,不可言说。此篇提出“道不当名”,“所以论道而非道”,表明用感性与知性的方式都不足以体认大道,经验性的“有”与“无”都不足以用来描述与限定大道。最后,至道窈冥玄妙,万物皆本于道,大道的作用无所不在。至人以无为的方式处世,精神凝聚专一,摆脱外物的限制,超越生死是非,顺应万物,真正地契合于道。

原文

知北游于玄水之上[1],登隐弅[2]之丘,而适遭无为谓焉[3]。知谓无为谓曰:“予欲有问乎若:何思何虑则知道?何处何服则安道[4]?何从何道则得道[5]?”三问

译文

知向北方游玩到玄水边上,登上隐弅之山,正好遇见了无为谓。知对无为谓说:“我想向你请教一些问题:怎样思考与谋虑才能认识道?怎样居处与行动才能符合道?遵循什么途径采取什么方法才能获得道?”知问了好几次,

而无为谓不答也，非不答，不知答也。知不得问，反于白水[6]之南，登狐阕[7]之上，而睹狂屈[8]焉。知以之言也问乎狂屈，狂屈曰：“唉！予知之，将语若，中[9]欲言而忘其所欲言。”我知不得问，反于帝宫，见黄帝而问焉。黄帝曰：“无思无虑始知道，无处无服始安道，无从无道始得道。”

无为谓都没有回答，不是不回答，而是不知道回答。知没有获得解答，返回到白水的南面，登上狐阕之山，看到了狂屈。知以同样的问题请教狂屈，狂屈说：“唉！我知道，我告诉你。内心正要说话却忘记了所要说的话。”知没有获得解答，返回到黄帝的寝宫，看到黄帝，因而向他请教。黄帝说：“不去思考与谋虑才能认识道，没有居处与行动才能符合于道，不去遵循任何途径与方法才能获得道。”

注释

1 **知**(zhì)：通“智”，含有智识的意思，庄子虚构的人名。**玄水**：即悠远黑暗的水域，庄子虚构的水名。

2 **隐弅**(fèn)：庄子虚构的地名。

3 **适**：正好，恰好。**遭**：碰到，遇见。**无为谓**：庄子虚构的人名。

4 **处**：居处。**服**：行动。**安**：符合。

5 **从**：由。**道**：蹈，践行。

6 **白水**：庄子虚构的水名。

7 **狐阕**(què)：庄子虚构的山名。

8 **狂屈**：庄子虚构的人名。

9 **中**：心中。

原文

知问黄帝曰：“我与若知之，彼与彼不知也，其孰是邪？”黄帝曰：“彼

译文

知问黄帝：“我和你知道这些道理，无为谓和狂屈不知道这些道理，那么，谁才是正确的呢？”黄帝说：“那无为谓才是

无为谓真是也，狂屈似之，我与汝终不近也。夫知者不言，言者不知，故圣人行不言之教。道不可致[1]，德不可至[2]。仁可为也，义可亏[3]也，礼相伪也[4]。故曰：'失道而后德，失德而后仁，失仁而后义，失义而后礼。礼者，道之华而乱之首也。'故曰：'为道者日损，损之又损之，以至于无为，无为而无不为也。'今已为物也，欲复归根，不亦难乎？其易也，其唯大人[5]乎！生也死之徒，死也生之始，孰知其纪[6]！人之生，气之聚也；聚则为生，散则为死。若死生之徒，吾又何患？故万物一也[7]，是其所美者为神奇，其所恶者为臭腐[8]；臭腐复化为神奇，神奇复化为臭腐。故曰：'通天下[9]一气耳。'圣人故贵一[10]。"

真正对的，狂屈接近大道，我和你终究没能接近大道。那些真正知道的人不说，而说出来的人并不是真正知道，所以圣人以不言说的方式来行教。大道不能通过言说来获得，德不能借助语言来达到。世俗人所宣扬的仁可以通过有所作为来表现，义可以通过有所不为来实现，礼仪导致了虚伪。所以说：'大道丧失后才有了德，德丧失后才有了仁，仁丧失后才有了义，义丧失后才有了礼。礼是粉饰大道的虚浮之物，是祸乱的根源。'所以说：'体道之人每天都要清除这些虚伪的粉饰，不断地清除，以达到无为，无为而后能达到无所不为。'如今世人已经沦为具体之物，想要回归大道，这不是很难吗？容易实现的，大概只有体道之人吧！生与死属于同一类，死是生的开始，谁知道它们的端绪呢！人这种生命体的诞生，不过是气的聚合；气的聚合就是新生，气的离散就是死亡。如果死与生属于同一类，那我又有什么忧患呢？所以，万物本质上是相同的，把那些自认为美好的东西称为神奇，把那些自己厌恶的东西称为臭腐；臭腐又可以转化为神奇，而神奇又可以转化为臭腐。所以说：'整个天下实质上就是气而已。'圣人因此重视万物一体。"

注释

1 **致**:招致,得到。

2 **至**:达到。

3 **亏**:残缺。

4 **相**:导向,致使。**伪**:虚伪。

5 **大人**:体道之人。

6 **纪**:端绪,头绪,引申为开端、起点。

7 **万物一也**:万物本质上是相同的。

8 **臭腐**:恶臭、腐败之物。

9 **通**:全部,整个。**下**:陈景元《庄子阙误》引刘得一本作"地之"。

10 **一**:整体的世界观。

原文

知谓黄帝曰:"吾问无为谓,无为谓不应我,非不我应,不知应我也。吾问狂屈,狂屈中欲告我而不我告,非不我告,中欲告而忘之也。今予问乎若,若知之,奚故不近?"黄帝曰:"彼其真是也,以其不知也;此其似之也,以其忘之也;予与若终不近也,以其知之也。"狂屈闻之,以黄帝为知言[1]。

译文

知对黄帝说:"我问无为谓,无为谓不回答我,不是不回答我,是不知道回答。我问狂屈,狂屈心里想要告诉我却没有告诉我,不是不告诉我,而是心里想要告诉我却又忘掉了想要说的话。如今我向你请教,你知道,为什么说没有接近大道呢?"黄帝说:"无为谓是真正体道之人,因为他什么也不知道;狂屈接近于道,因为他忘记了自己所知道的东西;我和你终究没有接近大道,就是因为我们知道。"狂屈听说了这件事,认为黄帝这番话是真正懂得言说大道的言论。

注释

1 **知言**:懂得言说大道的言论。

原文

天地有大美[1]而不言，四时有明法[2]而不议，万物有成理[3]而不说。圣人者，原[4]天地之美，而达万物之理[5]，是故至人无为，大圣不作，观于天地之谓也。

译文

天地虽然有覆载万物之功德却从不言说，四季变化分明却从不议论，万物各自具有生长的理路却不言说。圣人推究天地的功德，洞察万物的理路，所以至人无为，圣人无所造作，这是他们能够效法天地万物的缘故。

注释

1 **大美**：覆载万物的功德。
2 **明法**：变化分明的规律。
3 **成理**：万物生长固有的理路。
4 **原**：推究。
5 **达**：通达，领悟。

原文

今[1]彼神明至精，与彼百化，物已死生方圆[2]，莫知其根也，扁然[3]而万物自古以固存。六合为巨，未离[4]其内；秋豪为小，待[5]之成体。天下莫不沉浮[6]，终身不故[7]；阴阳四时运行，各得其序。惛然[8]若亡而存，油然[9]不形而神，万物畜而不知，此之谓本根，可以观于天矣。

译文

天地神明精粹，参与万物的千变万化，万物或死或生，形态万千，却没有谁知道这种变化的本根，万物纷纷然自古以来就存在。天地四方虽然广大，却从没有脱离这个本根的范围；秋天的毫毛虽然很小，却要借助这个本根才能成形。天地万物无不处在生灭变化之中，始终没有固定不变的形态；阴阳与四季运行不息，各自形成井然的秩序。大道昏暗幽昧，看似不存在却无处不在，寂寥无形却透显出神妙的作用，万物无不受其畜养却不自知。这就叫作本根，以此可以观察天地万物的演变之道。

注释

1 **今**:陈景元《庄子阙误》引刘得一本作“合”。

2 **方圆**:或方或圆,指万物变化所呈现出来的不同形态。

3 **扁然**:纷然众多的样子。

4 **离**:超出。

5 **待**:借助。

6 **沉浮**:指变化多端。

7 **故**:通“固”,固定。

8 **惛然**:幽暗恍惚的样子。

9 **油然**:寂寥无形。

原文

啮缺问道乎被衣[1],被衣曰:“若正汝形,一汝视[2],天和[3]将至;摄汝知[4],一汝度[5],神将来舍[6]。德将为汝美[7],道将为汝居[8],汝瞳焉[9]如新生之犊,而无求其故[10]!”言未卒,啮缺睡寐。被衣大悦,行歌而去之,曰:“形若槁骸[11],心若死灰,真其实知[12],不以故自持。媒媒[13]晦晦,无心而不可与谋。彼何人哉!”

译文

啮缺问道于被衣,被衣说:“你要端正你的形体,集中你的视觉,天然的和顺状态就会呈现;收敛你的智识,集中你的思虑,精神就会寄寓于此。玄德将成为你展现美的源头,大道将成为你的居所,你瞪大眼睛直视着一切,好像初生的小牛犊,而不去追求原来的自己!”被衣话还没说完,啮缺就睡着了。被衣十分高兴,唱着歌离开,说:“形体像槁木一样干枯,内心像死灰一样沉寂,使自己所知保持纯真,不去执着于原来的自己。昏昏晦晦,无思无虑,不能一起谋虑。那究竟是什么人啊!”

注释

1 **啮缺、被衣**:见于《天地》篇,被衣即《应帝王》中的蒲衣子。

2 **一**:集中。**视**:视觉。

3 **天和**:天然的和顺之性。

4 **摄**:收敛。**知**:通“智”,智识。

5 **度**:意识。

6 **神**:神明。**舍**:寄住。

7 **美**:美好。

8 **居**:住所。

9 **瞳(tóng)焉**:无知直视的样子。

10 **故**:旧,指原来的我。

11 **槁骸**:枯骨。

12 **真其实知**:使自己所知道的东西纯真。

13 **媒媒**:幽暗不明。

原文

舜问乎丞[1]曰:“道可得而有乎?”曰:“汝身非汝有也,汝何得有夫道?”舜曰:“吾身非吾有也,孰有之哉?”曰:“是天地之委[2]形也;生非汝有,是天地之委和[3]也;性命非汝有,是天地之委顺也;子孙非汝有[4],是天地之委蜕[5]也。故行不知所往,处不知所持[6],食不知所

译文

舜向丞请教说:“大道可以获得而占为己有吗?”丞说:“你的身体都不归你所有,你又怎么能占有大道呢?”舜说:“我的身体不归我所有,那是谁所有呢?”丞说:“是天地赋予你形体;你的生命不是自有的,而是天地所赋予的一种阴阳和合状态;你的性命不是自有的,而是天地所赋予的一种和顺状态;你的子孙不是你所能保有的,而是天地所赋予的一种蜕变形态。所以行动时不知要去哪,安处时不知持守什么,饮食不知味道。这一切都不过

味。天地之强阳[7]气也，又胡可得而有邪！”

是天地之间气体的运动变化而已，又怎么能获取而据为己有呢！”

注释

1 **丞**:庄子虚构的人名。

2 **委**:托付。

3 **和**:指阴阳和合的状态。

4 底本、覆宋本、影宋本均作“孙子”，今据陈景元《庄子阙误》引张君房本、成玄英疏订正。

5 **蜕**:蜕变。

6 **处**:居处。**持**:守。

7 **强阳**:运动。

原文

孔子问于老聃曰:“今日晏闲[1]，敢问至道。”老聃曰:“汝斋戒，疏瀹而心[2]，澡雪[3]而精神，掊击而知！夫道窅然[4]难言哉！将为汝言其崖略[5]。夫昭昭生于冥冥[6]，有伦[7]生于无形，精神生于道，形本生于精，而万物以形相生，故九窍者胎生，八窍者卵生。其来无迹，其往无崖[8]，无门无房[9]，四达之皇皇也[10]。邀于此者，四肢强，思虑恂达[11]，耳目

译文

孔子对老聃说:“今天很安闲自在，请问您什么是真正的道？”老聃说:“你先斋戒，再疏通你的心灵，洗涤你的精神，摒弃你的智识！大道实在是悠远玄妙，难以言说啊！我跟你说一个概略吧。明朗显著的东西从幽冥昏暗之中产生，有具体形态的东西从无形之中产生，精神产生于大道，一切有形之物从精微的东西中产生，万物都是借助一定的形态互相产生。所以，拥有九个孔窍的动物是胎生的，拥有八个孔窍的动物是卵生的。然而大道的产生没有任何痕迹，它的离去没有任何边际，没有门户，没有依傍，四面顺达，畅通无碍。遵循大道之人，四肢强健，思虑

聪明，其用心不劳，其应物无方[12]。天不得不高，地不得不广，日月不得不行，万物不得不昌，此其道与！

畅达，耳聪目明，他们运用心神却不会疲惫，应接万物没有固定的法则。天不得道就不能高远，地不得道就不能宽广，日月不得道就不能运行，万物不得道就不能昌盛，这大概就是大道的作用吧！

注释

1 **晏闲**：安闲。

2 **疏瀹**：疏通。**而**：通"尔"，你。

3 **澡雪**：洗净，洗涤。

4 **窅(yǎo)然**：深远的样子。

5 **崖略**：大概。

6 **冥冥**：幽暗不明。

7 **有伦**：有形的万物。

8 **崖**：边际。

9 **无门无房**：没有门户，没有傍依。

10 **四达**：四面畅通无碍。**皇皇**：广大，宏大。

11 **恂(xún)达**：通达，畅通。

12 **无方**：没有具体的规则。

原文

"且夫博之不必知[1]，辩之不必慧[2]，圣人以断之矣。若夫益之而不加益，损之而不加损者，圣人之所保也。渊渊乎其若海，魏魏[3]乎其终则复始也，运量万物而不

译文

"况且博学之人不一定就明智，善辩之人不一定就聪慧，因而圣人摒弃了博学与善辩。至于增加了却不见多了什么，减少了却不见少了什么的大道，才是圣人所要持守的东西。多么深邃啊，就像大海一样，多么高大啊，无始无终，周而复始，承载容纳万物却没有遗漏。世俗之中所谈论的君

匮[4]。则君子之道，彼其外与？万物皆往资[5]焉而不匮，此其道与！

子之道，大概是大道的皮毛吧？万物都从大道中获得生命的资取，而大道却从不匮乏，这大概就是大道的作用吧！

注释

1 语本《老子·第八十一章》："知者不博，博者不知。"

2 **慧**：智慧。

3 **魏魏**：覆宋本作"巍巍"，高大的样子。

4 **运量**：承载容纳。**匮**：陈景元《庄子阙误》引文如海本、刘得一本作"遗"，遗漏。

5 **资**：资取。

原文

"中国[1]有人焉，非阴非阳，处于天地之间，直且[2]为人，将反于宗[3]。自本观之，生者，喑醷[4]物也。虽有寿夭，相去几何？须臾之说也，奚足以为尧桀之是非？果蓏有理[5]，人伦虽难，所以相齿[6]。圣人遭[7]之而不违，过之而不守[8]。调而应之，德也；偶而应之，道也。帝之所兴，王之所起也。

译文

"九州之内生活的人，不是由单一的阴气或阳气构成的，他们生活于天地之间，暂且具备了人的形体相貌而已，终将返回生命的本源。从万物之本根的角度来看，活着的生命体不过是有声息的事物而已。即便有夭寿之分，相差又有多大呢？不过是瞬间而已，又岂足以来评断尧与桀的是非呢？瓜果之属各有自身的生长规律，人类的伦常秩序虽然繁多，可以按照年龄大小来排序。圣人面对人伦秩序而不违逆，经历人伦变故却不持守。有心调和而顺应它，这就是德；无心偶合而顺应，这就是道。这便是帝王事业兴起的根据。

注释

1 **中国**:九州之地。

2 **直且**:暂且。

3 **宗**:大道。

4 **喑醷**(yīn yì):气息凝聚。

5 **果蓏**(luǒ):瓜果。**理**:生长的机理。

6 **相齿**:以年龄大小来排序。齿,年龄。

7 **遭**:遇到,碰上。

8 **过**:流逝。**守**:持守。

原文

“人生天地之间,若白驹之过郤[1],忽然而已。注然勃然[2],莫不出焉;油然漻然[3],莫不入焉。已化而生,又化而死,生物哀之,人类悲之。解其天韬[4],堕其天帙[5],纷乎宛乎[6],魂魄将往,乃身从之,乃大归[7]乎!不形之形[8],形之不形,是人之所同知也,非将至之所务也,此众人之所同论也。彼至则不论,论则不至。明见无值[9],辩不若默[10]。道不可闻,闻不若塞[11]。此之谓大得。”

译文

“人生活在天地之间,就如同骏马飞驰而过一道缝隙一样,瞬间而已。生机勃勃,无不欣欣而生;寂寥萧疏,无不自然而死。已经变成一物存于世间,又变成一物悄然死去,活着的生物为此而哀伤,人类为此而悲悯。解除那天生的皮囊,毁坏那天生的束缚,纷乱宛转,变化万端,精神将要逸去,身体跟着而去,这才是真正的回归啊!从无形变化到有形,从有形又变化到无形,这是人所共同知道的,不是体察大道的人所追求的,却是众人所共同谈论的话题。那些真正体察大道的人不议论,而议论不休的人则不能通达大道。明明白白看见的不是真正的得道,言辩不如沉默。大道是不能通过听闻来获得的,听闻不如闭塞。这才是真正的得道。”

注释

1 **白驹**:白色的骏马,借喻为光阴、岁月。**郤**:或作"隙",小孔。

2 **注然勃然**:万物出生、兴起的状态。

3 **油然漻然**:万物沉寂、消逝的状态。

4 **韬(tāo)**:弓袋。"天韬"喻指天生的寄寓精神的形骸。

5 **帙(zhì)**:书、画的封套,用布帛制成。"天帙"也是喻指寄寓精神的形骸。

6 **纷乎宛乎**:纷乱宛转变化的样子。

7 **大归**:精神与形骸同归于大道。

8 **不形**:无形。**之**:到,往,这里指变化。

9 **明见**:明明白白看到。**值**:遇。

10 **辩**:言说。**默**:沉默。

11 **塞**:塞耳不听。

原文

东郭子[1]问于庄子曰:"所谓道,恶乎[2]在?"庄子曰:"无所不在。"东郭子曰:"期[3]而后可。"庄子曰:"在蝼蚁[4]。"曰:"何其下[5]邪?"曰:"在稊稗[6]。"曰:"何其愈下邪?"曰:"在瓦甓[7]。"曰:"何其愈甚邪?"曰:"在屎溺[8]。"东郭子不应。庄子曰:"夫子之问也,固不及质[9]。正、获之问于监市履豨也[10],每下愈况[11]。汝唯莫必[12],无乎逃物。至道

译文

东郭子问庄子:"你所说的道,究竟在哪里呢?"庄子说:"无处不在。"东郭子说:"请指出具体的方位处所才好理解。"庄子说:"在蝼蚁之中。"东郭子说:"怎么处在这样低微卑贱的地方?"庄子说:"在稗草中。"东郭子说:"怎么越来越卑下了呢?"庄子说:"在瓦块砖头中。"东郭子说:"怎么越来越低下呢?"庄子说:"在屎尿中。"东郭子默而不应。庄子说:"您的提问,本来就没有触及道的本质。有位叫获的官员向市场管理人员询问用脚踩猪来判断猪的肥瘦问题,市场管理人员说越往下踩就越能明白猪的肥瘦情况。你只要不拘执于特定的事物去探寻大道,大道从来没有脱

若是，大言亦然。周、遍、咸三者[13]，异名同实，其指一也[14]。

离过万物。真正的道是如此，真正的言说也是如此。周、遍、咸三者，名称虽然不同，所指却相同，它们表达的意旨是相同的。

注释

1 **东郭子**：即东郭顺子，居住在东郭，因以为号。

2 **恶乎**：何所，哪里。

3 **期**：这里指提供更为具体的名称。

4 **蝼蚁**：蝼蛄与蚂蚁。

5 **下**：卑下。

6 **稊稗**(tí bài)：两种一年生的草本植物，与庄稼伴生的杂草。

7 **甓**(pì)：砖。

8 **溺**(niào)：小便。

9 **固**：本来。**质**：实质。

10 **正获**：正，官名；获，人名。即名叫获的官员。**监市**：监管市场的官。**履**：踩。**狶**(xī)：猪。

11 **每下愈况**：这里指用脚踩猪的身体来判断猪的肥瘦，每往下踩，就越能比照出肥瘦。

12 **必**：确定，限定。

13 **周、遍、咸**：三者意思相近，都是指周全、周遍的意思。

14 **指**：通"旨"，旨意，意义。**一**：相同。

原文

"尝相与游乎无何有之宫,同合而论[1],无所终穷乎!尝相与无为乎!澹[2]而静乎!漠而清乎!调而闲乎[3]!寥[4]已吾志,无往焉而不知其所至[5],去而来不[6]知其所止,吾已往来焉,而不知其所终。彷徨乎冯闳[7],大知[8]入焉而不知其所穷。物物者与物无际[9],而物有际者,所谓物际[10]者也;不际之际[11],际之不际者也。谓盈虚衰杀,彼为盈虚非盈虚,彼为衰杀非衰杀,彼为本末非本末,彼为积散[12]非积散也。"

译文

"尝试一起游于那无何有之宫,混同各种言论来加以探讨,万物变化无始无终!尝试着一起无为而处吧!安然而又虚静啊!广漠而又清虚啊!调和而又闲适啊!我的心志已经寂然空虚,无所不往却不知要去哪里,往而又返却不知息肩于何处,我已反复往返,却不知道最终的归宿何在。逍遥放任于虚旷开阔的境域,大智之人进入这种状态,也不知道尽头在哪里。使物成为物的那个东西与物之间没有界限,而物与物之间有界限,这就是所谓事物的分界;从没有界限到有界限,是万物的形成,从有界限到没有界限,是对大道的回归。所谓盈虚衰杀,大道造成了万物的盈虚而自身却无所谓盈虚,大道造成万物的衰杀,而自身却无所谓衰杀,大道造成万物有根本与末节,而大道本身却无所谓根本与末节,大道造成万物积聚与分散,而大道本身却无所谓积聚与分散。"

注释

1 **同合而论**:混同各种不同言论而去讨论。

2 **澹**:恬静、安然的样子。

3 **调**:调和。**闲**:闲适。

4 **寥**:虚寂,寂寥。

5 **郭象注**:"志苟寥然,则无所往矣;无往矣,故往而不知其所至。"

6 覆宋本"不"前有"而"字。

7 **冯闳**(píng hóng):虚旷开阔。

8 **大知**:大智之人。

9 **物物者**:使万物成为万物的那个东西,指大道。**际**:界限。

10 **物际**:事物之间的界限。

11 **不际**:没有边际。**之**:到。

12 **积散**:聚积,分散,这里指事物的形成与消亡。

原文

妸荷甘与神农同学于老龙吉[1]。神农隐几阖户[2]昼瞑,妸荷甘日中奓[3]户而入,曰:"老龙死矣!"神农隐几[4]拥杖而起,嚗然[5]放杖而笑,曰:"天知予僻陋慢訑[6],故弃予而死。已矣!夫子无所发予之狂言而死矣夫[7]!"

译文

妸荷甘和神农一起在老龙吉处学习。神农靠着几案,大白天关着门睡觉,中午的时候,妸荷甘推门进来说:"老龙吉死了!"神农靠着几案,拄着拐杖站起身来,"啪"的一声丢下拐杖笑着说:"老龙吉知道我见识浅陋,放纵形骸,所以丢下我而死去。完了!老师还没有留下启发我的言谈就死去了啊!"

注释

1 **妸(ē)荷甘、神农、老龙吉**:庄子虚构的人物。

2 **阖户**:关门。

3 **奓(zhà)**:打开。

4 **隐几**:此处不当有"隐几",当是涉上文而衍。

5 **嚗(bó)然**:手杖掉地上的声音。

6 **天**:这里喻指老龙吉。**僻陋**:鄙陋。**慢訑(dàn)**:放纵。

7 **发**:启发。**狂言**:无心之言。

原文

弇堈吊[1]闻之,曰:"夫体道者,天下之君子所系[2]焉。今于道,秋豪之端万分未得处一焉,而犹知藏其狂言而死,又况夫体道者乎!视之无形,听之无声,于人之论者,谓之冥冥,所以论道,而非道也。"

译文

弇堈吊听说了这件事,说:"体悟大道的人,天下的君子都将去归附。如今老龙吉对于大道,连秋毫末端的万分之一都没有得到,尚且知道收敛他的言谈而死去,又何况那真正体道之人呢!大道看上去没有形体,听起来没有声音,至于人们所谈论的,称呼大道为'冥冥',而'冥冥'只是用来晓谕大道的,本身还不是大道。"

注释

1 **弇堈(yǎn gāng)吊**:庄子虚构的人物。

2 **系**:归依,依属。

原文

于是泰清问乎无穷,曰[1]:"子知道乎?"无穷曰:"吾不知。"又问乎无为[2]。无为曰:"吾知道。"曰:"子之知道,亦有数[3]乎?"曰:"有。"曰:"其数若何?"无为曰:"吾知道之可以贵,可以贱,可以约[4],可以散,此吾所以知道之数也。"

译文

于是泰清问无穷:"你知晓大道吗?"无穷回答:"我不知道。"又问无为。无为说:"我知晓道。"泰清问:"你知晓道,道有名数吗?"无为说:"有。"泰清说:"道的名数怎么样呢?"无为说:"我明白道可以处于尊贵,也可以处于卑贱,可以聚积,也可以离散,这就是我所了解的道的名数。"

注释

1 **泰清**、**无穷**:庄子虚构的人物。

2 **无为**:道家哲学中的重要观念,庄子在此借用为人名。

3 **数**:名数。

4 **约**:聚集。

原文

泰清以之言也问乎无始[1]，曰："若是，则无穷之弗知与无为之知，孰是而孰非乎？"无始曰："不知深矣，知之浅矣；弗知内矣，知之外矣。"于是泰清中[2]而叹曰："弗知乃知乎！知乃不知乎！孰知不知之知？"

译文

泰清把这番话拿去请教无始，说："像这样，那么无穷的不知晓道和无为的知晓道，究竟谁对谁错呢？"无始说："不知晓大道的人深远玄妙，自认为知晓大道的人肤浅粗鄙；不知晓大道的是内行，知晓大道的是外行。"于是泰清仰天叹息道："不知晓才是真正的知晓啊！知晓才是真正的不知晓啊！有谁知道不知之知呢？"

注释

1 **无始**：庄子虚构的人名。

2 **中**：当据陆德明《经典释文》引崔本作"卬"，通"仰"。

原文

无始曰："道不可闻，闻而非也；道不可见，见而非也；道不可言，言而非也。知形形之不形乎[1]！道不当名。"无始曰："有问道而应之者，不知道也。虽问道者，亦未闻道。道无问[2]，问无应。无问问之，是问穷也；无应应之，是无内也。以无内待问穷，若是者，外不观乎宇宙，内不知乎大

译文

无始说："道不能听到，听到的不是道；道不能看见，看见的不是道；道不能言说，言说出来的不是道。要知道造就一切具体形态之物的大道是无形的！大道无法用具体的语言来描述。"无始又说："别人问询大道而随口应答的人，并不是真正懂得大道的人。问询大道的人，也是不懂得道的人。道无法询问，问了也无法回答。不能问而去追问，这是空洞的追问；不能回答而去回答，这是没有真实内容的回答。以没有真实内容的回答来面对没有意义的空洞追问，像这样的人，对外不能观察宇宙之全体，对内不能了解大道的本原，因此这种人

初[3]，是以不过乎昆仑，不游乎大虚[4]。”

不能超越那高远的昆仑山，也不能遨游于太虚之境。”

注释

1 **形形**：使得一切有形之物成就其形态。**不形**：无形。

2 **无问**：不能问，无法问。

3 **大初**：覆宋本作“太初”。

4 **大虚**：覆宋本作“太虚”。

原文

光曜问乎无有曰[1]：“夫子有乎？其无有乎？”光曜不得问[2]，而孰视其状貌，窅然[3]空然，终日视之而不见，听之而不闻，搏之而不得也。”光曜曰：“至矣，其孰能至此乎！予能有无矣[4]，而未能无无也[5]；及为无有[6]矣，何从至此哉！”

译文

光曜问无有：“您到底是‘有’呢，还是‘无有’呢？”光曜得不到回答，便仔细地观察它的形状外貌，一片幽深空旷，整天看也看不见，听也听不到，摸也摸不着。光曜说：“这真是一种极致境界啊！谁能达到这种极致境界呢？我能做到‘无’，却不能达到‘无无’；等达到了‘无有’，怎么才能达到这种极致境界啊！”

注释

1 **光曜**(yào)：庄子虚构的人名，语本《老子·第五十八章》：“光而不耀。”**无有**：庄子虚构的人名，以“无”与“有”两个相互对立的观念为名，旨在表明道既不能用“有”来限定，也不能用“无”来描述，意蕴深远。

2 据《淮南子·道应训》，“光曜不得问”前有“无有弗应也”一句。

3 **窅**(yǎo)**然**：幽深、深远的样子。

4 **有无**：光曜无形无声，所以说能“有无”。

5 **无无**：光曜没能完全超越感官经验，有颜色可以被看到，所以说不能“无无”。

6 **无有**：据《淮南子》的《道应训》《俶真训》当作“无无”。

原文

大马之捶钩者[1]，年八十矣，而不失豪芒[2]。大马曰："子巧[3]与，有道与？"曰："臣有守[4]也。臣之年二十而好捶钩，于物无视也，非钩无察也。是用之者，假[5]不用者也以长得其用，而况乎无不用者[6]乎！物孰不资[7]焉？"

译文

大司马家锻制带钩的人，已经八十岁了，锻制带钩时不出现丝毫误差。大司马说："您这是有技巧呢，还是有道啊？"锻制带钩的老人说："我遵循着道。我二十岁时就喜好锻造带钩，心无旁骛，不是带钩就不会去关注。这种锻制带钩的事情，正是借助于不分散心思于其他事物，从而能长期专注于锻制带钩这件事，更何况是无所不得其用的道呢！天下万物谁不资取于道呢？"

注释

1 **大马**:大司马。**捶**:锻打。**钩**:一种兵器。

2 **豪芒**:或作"钩芒"，细小的误差。

3 **巧**:技巧。

4 **有守**:有所坚守，即长期专注于锻制带钩之道。

5 **假**:借助。

6 **无不用者**:指大道。

7 **资**:资取。

原文

冉求[1]问于仲尼曰："未有天地可知邪？"仲尼曰："可，古犹今也。"冉求失问[2]而退。明日复见，曰："昔者吾问'未有天地可知乎？'夫子

译文

冉求问孔子："天地产生以前的情形可以知道吗？"孔子说："可以，古时候就像今天一样。"冉求没有再问，便告退了。第二天再次见到孔子，说："昨天我问'天地产生以前的情形可以知道吗？'先生回答说：'可以，古时候就像今天一样。'昨天

曰:'可,古犹今也。'昔日吾昭然[3],今日吾昧然[4],敢问何谓也?"仲尼曰:"昔之昭然也,神者先受之[5];今之昧然也,且又为不神者求邪!无古无今,无始无终。未有子孙而有子孙,可乎?"冉求未对。仲尼曰:"已矣,未应矣!不以生生死[6],不以死死生[7]。死生有待[8]邪?皆有所一体[9]。有先天地生者物邪[10]?物物者非物[11]。物出不得先物也[12],犹其有物也。犹其有物也,无已。圣人之爱人也终无已者,亦乃取于是者也。"

我还明白,今天就糊涂了,请问您所说的是什么意思呢?"孔子说:"昨天你明白,是因为你以心神先去领悟;今天你糊涂了,是因为你又从感觉经验出发去探求!天地万物亘古长存,无古无今,无始无终。没有子孙之前就有了子孙,这种说法可以吗?"冉求不能回答。孔子说:"算了,不用回答了!天地万物不是因为活着的事物而产生了死亡,也不是因为死去的事物而使活着的事物死去。死与生是相互对立而存的吗?其实生与死都是处在一个统一体之中。有先天地而生的事物吗?使万物成为万物的那个东西并不是具体的事物。万物的产生也不可能先于使得万物成为万物的那个东西,正是因为有了这个东西,才有了天地万物。有了天地万物之后,物物相生,没有穷尽。圣人爱人没有终结,就是效法于此。"

注释

1 **冉求**:孔子的学生。

2 **失问**:无法再继续发问。

3 **昭然**:清楚明白的状态。

4 **昧然**:昏昧糊涂的状态。

5 **神者**:心神。**受**:领受,明白。

6 第一个"生"是指活着的事物,第二个"生"意为产生、导致。

7 第一个"死"是指死去的事物,第二个"死"为使死去。

8 **有待**:对立而成。

9 可参看《大宗师》:“孰知死生存亡之一体者,吾与之友矣!”
10 可参看《老子·第二十五章》:“有物混成,先天地生。”
11 **物物者**:使万物成为万物的那个东西,指大道。**非物**:不是具体的事物。
12 **物出**:一切具体事物的产生。**先物**:在物物者之先。

原文

颜渊问乎仲尼曰:“回尝闻诸夫子曰:‘无有所将[1],无有所迎。’回敢问其游[2]。”仲尼曰:“古之人,外化而内不化;今之人,内化而外不化。与物化者,一不化者[3]也。安化安不化?安与之相靡[4]?必与之莫多[5]。狶韦氏之囿[6],黄帝之圃[7],有虞氏之宫,汤武之室。君子之人,若儒墨者师,故以是非相𩢍[8]也,而况今之人乎!圣人处物不伤物。不伤物者,物亦不能伤也。唯无所伤者,为能与人相将迎。山林与!皋壤与[9]!使我欣欣然而乐与!乐未毕也,哀又继之。哀乐之来,吾不能御,其去弗能止。悲夫,世人直为物逆旅耳[10]!

译文

颜渊问孔子:“我曾听先生说过:‘不要有所送,也不要有所迎。’请问这其中的道理。”孔子说:“古时候的人,外形顺应外物而发生变化,而内心却凝寂不变;现在的人,内心变化多端而外形却不能顺应万物变化。能够与外物一起变化的人,其内在本性却恒常不变。怎么才变化?怎么才不变化?怎么才能与外物相随顺?一定是无心对外物加以改变。狶韦氏的苑囿,黄帝的园林,虞舜的宫殿,商汤、周武王的宫室。那些君子,像儒家、墨家之流,都以是非相互诋毁,何况是现在的人呢!圣人与外物相处却不伤害外物。不伤害外物的人,外物也不会伤害他。只有无所伤害的人,才能与人相迎送。山林啊,原野啊,都使我感到十分欢乐啊!欢乐还未结束,悲哀又接着到来。悲哀与欢乐的到来,我无法抗拒,它们的离去,我不能阻止。可悲啊,世俗之人只不过是外物暂时寄寓的旅舍罢了。世人只知道自己遇到的东西,却不知没有遇到过的东西,能做自己力所

夫知遇而不知所不遇，知能能而不能所不能[11]。无知无能者，固人之所不免也。夫务免乎人之所不免者，岂不亦悲哉！至言去言[12]，至为去为[13]。齐知之所知，则浅矣。”

能及的事，却不能做自己所不能及的事。有所不知与有所不能，本是世人不可避免的。有些人一心追求避免那些人人都不能避免的事，这不是很可悲吗！真正的言说抛弃了有心的言说，真正的作为放弃了有心的作为。要使天下人各自依据自己的智力所能认识到的东西完全相同，那就太浅陋了。”

注释

1 **将**：送。

2 **游**：由。

3 **一不化者**：指人的内在本性或精神。

4 **靡**：顺。

5 **多**：求胜。这里指人为地对外物加以改变。

6 **囿**：豢养动物的园地，这里指帝王游居之所。

7 **圃**：菜园，这里指帝王居所。

8 **鳖**(jī)：诋毁，攻击。

9 陈景元《庄子阙误》引江南古藏本在“皋壤与”后有“与我无亲”四字。

10 **直**：只。**逆旅**：旅舍。

11 “知”字疑涉上文而衍。

12 **至言去言**：真正的言说抛弃了有心的言说。

13 **至为去为**：真正的作为放弃了有心的作为。

杂篇

庄子

庚桑楚

导读

此篇主要探讨无为治世、卫生之经、保养心灵等问题。首先，作者通过庚桑楚居住畏垒山的故事，批判尧舜以来"举贤任智"的治理方式扰乱了世道。作者主张去掉浮华与矫饰，保持质朴的本性，以无为的方式处世。其次，庚桑楚指出养生之道是保全形体，涵养本性，不让思虑扰乱心灵。而老聃指出卫生之经是遵循大道，持守德行，与外物相随顺，超越人、物之间的利害，弃绝智巧谋略。最后，探讨心灵的保养。心志的伤害远甚于阴阳失调，只有杜绝外物、是非侵入人的内心，保持心灵独立，才能达到虚寂和澄明的境界。

原文

老聃之役有庚桑楚者[1]，偏得[2]老聃之道，以北居畏垒[3]之山，其臣之画然[4]知者去之，其妾之挈然[5]仁者远之；拥肿[6]之与居，鞅掌[7]之为使。居三年，畏垒大壤[8]。畏垒之民相与言曰："庚桑子之始来，吾洒然[9]异之。今吾日计之而不足，岁计之而有余。

译文

老聃的弟子中有个叫庚桑楚的，独得老聃之道，居住在北边的畏垒山上，他遣散了那些矜夸炫耀的奴仆，远离那些标榜仁义的侍妾；与敦厚质朴的人住在一起，留下勤劳老实的人来使唤。这样住了三年，畏垒山获得了大丰收。畏垒山的百姓相互议论道："庚桑楚刚来畏垒山的时候，我们都觉得他的行为很奇怪。如今我们以短暂的时日来观察他，感觉他有不足之处，通过长时期的观察，就

庶几其圣人乎！子胡不相与尸而祝之[10]，社而稷之乎[11]？”

会发展他功德有余。庚桑楚大概是圣人吧！我们为何不立他为神主来奉祀他，建立宗庙来祭拜他呢？”

注释

1 **役**：弟子。**庚桑楚**：姓庚桑，名楚，相传为老子弟子。

2 **偏得**：独得。

3 **畏垒**：庄子虚构的山名。

4 **画然**：粉饰、矜夸的样子。

5 **挈(qiè)然**："挈"或作"契"，覆宋本作"絜"，标举。

6 **拥肿**：敦厚质朴的样子。

7 **鞅掌**：勤劳老实的样子。

8 **壤**：覆宋本作"穰"，丰收。

9 **洒然**：惊异的样子。

10 **尸**：主，代表死者受祭的活人。**祝**：祝祷。

11 **社**：土地神。**稷**：谷神。

原文

庚桑子闻之，南面而不释然。弟子异之。庚桑子曰："弟子何异于予？夫春气发而百草生，正得秋而万宝[1]成。夫春与秋，岂无得而然哉？天道已行矣。吾闻至人，尸居环堵之室，而百姓猖狂[2]不知所如往。今以畏垒之细民[3]，而窃窃焉欲俎豆予于贤人之间[4]，我其

译文

庚桑楚听了乡民的议论，面向南方，心里很不高兴。弟子们感到奇怪。庚桑楚说："你们为何对我的反应感到奇怪呢？春天生气勃发，万物生长，秋天万物收成，果实累累。春生秋实，难道没有禀赋就能如此吗？这是天道在畅行啊！我听说至人安处于斗室之中，而百姓恣意纵行，不知道要去往何方。如今畏垒山的百姓却私下里想要把我供奉在贤人之中，我难道是众人效仿的

杓[5]之人邪？吾是以不释于老聃之言。”

榜样吗？我想到老聃的教诲，因而感到不畅快。”

注释

1 宝：覆宋本作“实”。

2 猖狂：率性而行。

3 细民：小民，普通百姓。

4 窃窃：私下议论纷纷的样子。俎豆：祭祀时所用的器具，这里指奉祀。

5 杓(dí)：标的，标准。

原文

弟子曰：“不然。夫寻常之沟，巨鱼无所还[1]其体，而鲵鳅为之制[2]；步仞[3]之丘陵，巨兽无所隐其躯，而蘖狐为之祥[4]。且夫尊贤授能，先善与利，自古尧舜以然，而况畏垒之民乎！夫子亦听矣！”庚桑子曰：“小子来！夫函[5]车之兽，介[6]而离山，则不免于网罟之患；吞舟之鱼，砀[7]而失水，则蚁能苦之。故鸟兽不厌高，鱼鳖不厌深。夫全其形生之人，藏其身也，不厌深眇[8]而已矣，且夫二子者，又何足以称扬[9]哉！是其于辩

译文

弟子说：“我不这样认为。你看那小水沟，大鱼没有办法回转它的身体，可是泥鳅之类的小鱼却能转身自如；再看那矮小的山丘，巨兽没有办法隐藏它的躯体，可是妖狐却把它当作藏身的好地方。况且尊重贤才，授予能人以权位，以善人为先导，给予他们利禄，从古时候的尧舜以来就是这样，何况是畏垒山的百姓呢！老师您就听任他们的意见吧！”庚桑楚说：“小子你过来！你看那口能含车的巨兽，独自离开山林，就不能免于罗网的祸患；那口能吞舟的大鱼，一旦被水激荡到岸上，连蚂蚁都能侵犯它。所以鸟兽不厌山高，鱼鳖不厌水深。那些保全身体与本性的人，隐藏他们的身体，隐藏得越深越好。至于尧与舜两个人，又何足称道！他们对世间善恶的分辨，简直是

也，将妄凿垣墙而殖[10]蓬蒿也。简发而栉[11]，数米而炊，窃窃[12]乎又何足以济世哉！举贤则民相轧[13]，任知则民相盗。之数物者，不足以厚民。民之于利甚勤[14]，子有杀父，臣有杀君，正昼为盗，日中穴阫[15]。吾语汝，大乱之本[16]，必生于尧舜之间，其末[17]存乎千世之后。千世之后，其必有人与人相食者也！”

在毁坏完好的墙壁来种植蓬蒿之类的野草！选择头发来梳理，数着米做饭，如此计较又怎么能治理好这天下呢！举荐贤良，百姓之间就会相互倾轧，任用才智，百姓就会尔虞我诈，欺世盗名。这些做法，不足以使百姓淳厚。百姓对于利益的追求十分迫切，有的儿子杀了父亲，有的臣下杀了国君，大白天公然盗窃，光天化日之下挖墙破户。我告诉你，天下大乱的根源，必定产生在尧、舜的时代，而它的流弊将贻害千世之后。千万年之后，必定有人与人相食的情况哩！”

注释

1 **还**：通“旋”，回转。

2 **鲵**（ní）：生活在水中的一种小鱼，俗称“娃娃鱼”。**鳅**（qiū）：泥鳅。**制**：折，折转身躯。一说“制”当为“利”字之误。

3 **步**：六尺为一步。**仞**：七尺或八尺为一仞。

4 **孽**（niè）：通“孽”，妖。**祥**：善。

5 **函**：包含，容纳。

6 **介**：独自，单独。

7 **砀**（dàng）：冲荡，激荡。

8 **眇**（miǎo）：远。

9 底本作“杨”，今据覆宋本改正。

10 **殖**：种植。

11 **简**：选择。**栉**（zhì）：梳头。

12 **窃窃**：计较的样子。

13 **轧**：倾轧。

14 **勤**:迫切。

15 **穴阫**(péi):挖穿墙壁。

16 **本**:根源。

17 **末**:流弊。

原文

南荣趎蹴然正坐曰[1]:“若趎之年者已长矣,将恶乎托业[2]以及此言邪?”庚桑子曰:“全汝形,抱汝生,无使汝思虑营营[3]。若此三年,则可以及此言也。”南荣趎曰:“目之与形,吾不知其异也,而盲者不能自见;耳之与形,吾不知其异也,而聋者不能自闻;心之与形,吾不知其异也,而狂者不能自得。形之与形亦辟[4]矣,而物或间[5]之邪?欲相求而不能相得。今谓趎曰:‘全汝形,抱汝生,勿使汝思虑营营。’趎勉[6]闻道达耳矣!”庚桑子曰:“辞尽[7]矣。曰奔蜂不能化藿蠋[8],越鸡不能伏鹄卵[9],鲁鸡[10]固能矣。鸡之与鸡,其德非不同也,有能与不能者,其才固有巨

译文

南荣趎恭敬地端坐着说:“像我这样年纪已经大了的人,要如何学习才能达到你所说的那种境界呢?”庚桑楚说:“保全你的身形,涵养你的本性,不要使你的思虑劳累。这样经过三年,就可以达到我所说的那种境界了。”南荣趎说:“人的眼睛从外形上看我不知道有什么区别,然而盲人的眼睛却看不见东西;人的耳朵从外形上看我不知道有什么区别,然而聋子的耳朵却听不见声音;从人的形体相貌来看人心,我不知道有什么区别,然而癫狂之人却无法自主。形体与形体之间的差别应该是显而易见的,那么是不是有东西阻隔在其中呢?想要获得理解却不能达到。如今您对我说:‘保全你的身形,涵养你的本性,不要使你的思虑劳累。’我如此晚才听到这种得道之言!”庚桑楚说:“我的话说得差不多了。小蜂不能孵化出豆叶中的大青虫,小鸡不能孵化天鹅蛋,而大鸡却能做到。同样是鸡,它们的本性并无不同,但却有能与不能之别,这是因为它们的才能有大

小也。今吾才小,不足以化子,子胡不南见老子?”

小之分。我的才能小,不足以开导你,你为什么不去南方拜见老子呢?”

注释

1 **南荣趎**(chú):复姓南荣,名趎,庚桑楚的弟子。**蹴**(cù)**然**:恭敬的样子。

2 **托业**:受学。

3 **营营**:劳累的样子。

4 **辟**:显著,明显。

5 **间**:间隔。

6 **勉**:或作“晚”,相对于前文“若趎之年者已长矣”而言。

7 **辞尽**:话说完了。

8 陈景元《庄子阙误》引江南李氏本、张君房本无“曰”字,通行本“曰”字疑衍。**奔蜂**:小蜂。**藿蠋**(huò zhú):豆类植物中的大青虫。

9 **越鸡**:体型较小的鸡。**伏**:孵化。**鹄**:天鹅。

10 **鲁鸡**:体型较大的鸡。

原文

南荣趎赢粮[1],七日七夜至老子之所。老子曰:“子自楚之所来乎?”南荣趎曰:“唯。”老子曰:“子何与人偕[2]来之众也?”南荣趎惧然[3]顾其后。老子曰:“子不知吾所谓乎?”南荣趎俯而惭,仰而叹曰:“今者吾忘吾答,因失吾问。”老子曰:“何谓也?”南荣趎曰:“不知乎?人谓我朱

译文

南荣趎背着粮食,走了七天七夜才到老子的住所。老子说:“你是从庚桑楚那儿来的吧?”南荣趎说:“是的。”老子说:“你为何跟这么多人一起来呢?”南荣趎惊惧地回头看他后面。老子说:“你不明白我所说的意思吗?”南荣趎羞愧地低下头来,然后又仰面叹息道:“现在我忘记了怎么回答,我不知道怎么发问了。”老子说:“什么意思呢?”南荣趎说:“没有才智吗?人们说我愚昧无知。有才智吗?反而给自身带来祸患。不行仁

愚[4]。知乎？反愁我躯。不仁则害人，仁则反愁我身；不义则伤彼，义则反愁我已。我安逃此而可？此三言者，趎之所患也，愿因楚而问之。”老子曰：“向吾见若眉睫之间，吾因以得汝矣，今汝又言而信之。若规规然[5]若丧父母，揭竿而求诸海也。汝亡人哉，惘惘[6]乎！汝欲反汝情性而无由入，可怜哉！”

爱就会伤害他人，践行仁爱就会危害自身；不行义就会伤害他人，行义就会危害自身。我如何才能避免这种处境呢？这三种情形，正是我所担忧的，希望在庚桑楚的指引下向您请教。”老子说：“刚刚我看你眉目之间，我就已经知道了你的疑惑，现在又从你的话中得到了印证。你神情恍惚，如丧考妣，举着竹竿在茫茫大海中寻求。你是个丧失真性之人啊！你惆怅满怀，若有所失！你想要回归那淳朴至真的性情却不知从何入手，真的可怜啊！”

注释

1 **赢粮**：担负着粮食。

2 **偕**：一起。

3 **惧然**：惊惧的样子。

4 **朱愚**：愚钝，无知的样子。

5 **规规然**：丧失神色的样子。

6 **惘惘**：忧愁自失的样子。

原文

南荣趎请入就舍，召其所好，去其所恶，十日自[1]愁，复见老子。老子曰：“汝自洒濯[2]，孰哉郁郁乎[3]！然而其中津津[4]乎犹有恶也。夫外

译文

南荣趎请求住进馆舍，探求自己所喜好的道德，摒弃自己所讨厌的仁义，十天后才停止愁思与忧虑，再去拜见老子。老子说：“你洗涤了自己的心灵，神色充盈，生机勃勃！然而你心中还存留着污秽的东西啊！受外物的束缚不可太多、太执

鞱者不可繁而捉[5]，将内揵[6]；内韄者不可缪[7]而捉，将外揵。外内韄者，道德不能持，而况放[8]道而行者乎！”

着，否则内心将闭塞不通；受内心的困扰不可太纠结、太执着，否则外部感官将闭塞不通。外部感官与内在心灵都被束缚的人，即便是怀道抱德之人也难以把持，何况是那些摒弃大道而行的人呢！”

注释

1 **自**：陈景元《庄子阙误》引江南李氏本、文如海本、刘得一本、张君房本作“息”。

2 **洒濯**：洗涤，清洗。

3 **孰**：覆宋本作“熟”，成熟，兴盛。**郁郁**：植物生长茂盛的状态，这里指气色充实、兴盛。

4 **津津**：润湿的样子。

5 **韄**(hù)：缠在佩刀把上的皮革，引申为束缚。“外韄”指为外物所束缚。**繁**：杂。**捉**：执着。

6 **揵**(jiàn)：关闭。

7 **缪**(móu)：缠缚。

8 **放**：放弃，摒弃。

原文

南荣趎曰：“里人有病，里人问之，病者能言其病，然其病病[1]者犹未病也。若趎之闻大道，譬犹饮药以加[2]病也，趎愿闻卫生[3]之经而已矣。”老子曰：“卫生之经，能抱一乎？能勿失乎？能无

译文

南荣趎说：“闾里有人生了病，乡邻都来问候他，生病的人能够说清楚自己的病症，那么生病的人就不算病危到不可救治。我听了大道之言，好比服了药却加重了病情一样，我只想听您谈谈养生的根本原则而已。”老子说：“养生的根本原则，能使形神合一吗？能持守本性而不丧失吗？能不求助于卜筮而知道吉凶吗？能止于自

卜筮而知吉凶乎？能止乎？能已乎？能舍诸人而求诸己乎？能翛然[4]乎？能侗然[5]乎？能儿子乎？儿子终日嗥而嗌不嗄[6]，和之至也；终日握而手不掜[7]，共其德也；终日视而目不瞚[8]，偏[9]不在外也。行不知所之，居不知所为，与物委蛇[10]，而同其波。是卫生之经已。”

己的性分吗？能停止追求过分的东西吗？能放弃诉诸他人而反求诸己吗？能无拘无束吗？能懵懂无知吗？能像初生的婴儿那样质朴吗？婴儿整天啼哭，嗓子却不会嘶哑，这是精气达到了和谐的极致了；婴儿整天握着拳头而手却不会弯曲，这是他们的德行保持完满的状态；婴儿整天睁眼看却不眨眼，这是因为他们的精力没有被外物分散。行走却不知要往何处去，居处却不知要做什么，顺应外物，随波逐流，这就是养生的根本原则。”

注释

1 据高山寺本及《太平御览》所引，“然其病”三字疑衍。

2 **加**：增加。

3 **卫生**：养生。**经**：原则，方法。

4 **翛(xiāo)然**：无拘无束、自由自在的样子。

5 **侗(tóng)然**：幼稚无知的样子。

6 **嗥(háo)**：大声哭。**嗌(yì)**：喉咙。**嗄(shà)**：嗓音嘶哑。

7 **掜(yì)**：拳曲。

8 **瞚(shùn)**：眨眼。

9 **偏**：精力被外界所分散、转移。

10 **委蛇(yí)**：随顺的样子。

原文

南荣趎曰:“然则是至人之德已乎?”曰:“非也。是乃所谓冰解冻释者,[能乎?][1]夫至人者,相与交[2]食乎地而交乐乎天,不以人物利害相撄[3],不相与为怪,不相与为谋,不相与为事,翛然而往,侗然而来。是谓卫生之经已。”曰:“然则是至乎?”曰:“未也。吾固告汝曰:‘能儿子乎?’儿子动不知所为,行不知所之,身若槁木之枝,而心若死灰。若是者,祸亦不至,福亦不来。祸福无有,恶有人灾也!”

译文

南荣趎说:“那么这就是至人的德行修养所达到的境界吗?”老子回答:“不是的。这还只是像冬天的冰冻逢春溶解一般消除心中的偏执,能称得上率性而为吗?而那些至人一起求食于地,求乐于天,不因人与物之间的利害关系而侵扰到自身,不相互兴起怪异,不一起谋虑,不一起做事业,无拘无束地来,懵懵懂懂地走,这就是养生的原则。”南荣趎说:“那么这就是最高的境界吗?”老子说:“不是。我已经告诉你:‘能像初生的婴儿那样质朴吗?’婴儿行动时不知道要做什么,行走时不知道要去何处,身体像枯槁的树枝,内心犹如死灰一样寂静。像这样的人,祸患不会降临,幸福也不会到来。没有了祸福,又怎会有人为的灾难呢!”

注释

1 底本无“能乎”二字,今据覆宋本、郭象注、成玄英疏补正。

2 **交**:通“邀”,寻求。

3 **撄**:扰乱。

原文

宇泰定者[1],发乎天光。发乎天光者,人见其人,[物见其物][2]。人有修[3]者,乃今有恒[4];有恒者,人舍之,天助之。人之所舍,谓之天民[5];天之所助,谓之天子[6]。

译文

心灵安定的人,就会发出天然的光辉。发出天然光辉,人充分彰显出其本性,物也彻底彰显其本性。修养德行的人,才具有恒常的德行;保有恒常德行的人,人们归附于他,上天佑助他。人们所归附的人,称之为“天民”;上天所佑助的人,称之为“天子”。

注释

1 **宇**:心灵。**泰定**:大定。

2 底本、覆宋本、影宋本均无“物见其物”一句,今据陈景元《庄子阙误》引张君房本补正。

3 **修**:修养真性。

4 **恒**:恒久。

5 **天民**:保持了天然德行的人。

6 **天子**:得到天地万物庇佑的人。

原文

学者,学其所不能学也;行者,行其所不能行也;辩者,辩其所不能辩也。知止乎其所不能知,至矣。若有不即是者,天钧败之[1]。

译文

学习,是要学那些不能学到的东西;行事,就是要践行那些不能践行的事情;辩论,就是要辩论那些不能辩论的东西。能够在自己所不知道的地方停止,这就达到了极致。假如有人不这样做,造化就会使他败亡。

注释

1 **天钧**:造化。**败**:戕害。

原文

备物以将形[1]，藏不虞以生心[2]，敬中以达彼，若是而万恶至者，皆天也，而非人也，不足以滑成[3]，不可内于灵台[4]。灵台者有持，而不知其所持[5]，而不可持者也。不见其诚己而发，每发而不当，业[6]入而不舍，每[7]更为失。为不善乎显明之中者，人得而诛之；为不善乎幽间[8]之中者，鬼得而诛之。明乎人、明乎鬼者，然后能独行。

译文

具备物质来养形体，退守于不思不虑的境地以养心，敬修内心以通达外物，像这样还有各种灾祸接踵而至，那就是天命如此，而不是人为所致，不足以扰乱内在的德行，不可侵入内心。心灵都有所持守，但不知道所持守的东西是什么，实际上心灵不能刻意去持守。不是出自内心真诚想法的发作，就会每每发作却不得当，已经侵入内心世界却还不舍弃，对本性的损害就会更加严重。在光天化日之下作恶的人，众人可以惩治他；在幽暗隐蔽之处作恶的人，鬼神可以惩罚他。只有不论显明之处还是幽暗之所都能光明豁达的人，才可以独行而无所畏惧。

注释

1 **备**：具备。**将**：养。**形**：形体。

2 **虞**：谋虑，思虑。**生**：养。

3 **滑**(gǔ)：扰乱。**成**：内在的德行。

4 **内**：通“纳”，进入。**灵台**：心灵。

5 **持**：持守，操持。

6 **业**：既，已经。

7 陈景元《庄子阙误》引刘得一本“每”字后有“妄”字。

8 **幽间**：幽暗。

原文

券[1]内者，行乎无名[2]；券外者，志乎期费[3]。行乎无名者，唯庸有光[4]；志乎期费者，唯贾人[5]也。人见其跂，犹之魁然[6]。与物穷[7]者，物入[8]焉；与物且[9]者，其身之不能容，焉能容人！不能容人者无亲，无亲者尽[10]人。兵莫憯[11]于志，镆铘[12]为下；寇莫大于阴阳[13]，无所逃于天地之间。非阴阳贼[14]之，心则使之也。

译文

契合内在德行的人，行事低调，不露名迹；务求于外的人，志在于敛聚财货。行事低调不露名迹的人，虽属庸常，却有天然的光芒；志在于敛聚财货的人，只是商人而已。人们看到他踮脚站立，还以为他魁伟高大。与万物相终始的人，外物归附于他；跟外物相阻隔的人，他们自身都不能容纳，又怎能容纳他人！不能容纳他人的人没有人亲附，没有人亲附之人自绝于人。没有比心志更为厉害的兵器了，镆铘都只能算是下等兵器；没有比阴阳失调更厉害的敌人了，人无法逃离于天地之间。其实并非阴阳失调戕害人，而是人心招致了伤害而已。

注释

1 **券**：契合。

2 **名**：名迹。

3 **期**：求。**费**：财用。

4 **唯**：通"虽"。**庸**：庸常，普通。

5 **贾人**：商人。

6 **魁然**：魁伟高大的样子。

7 **穷**：尽。

8 **物入**：沉浸于物欲之中。

9 **且**：借为"阻"，阻隔，扞格。

10 **尽**：绝。

11 **憯**(cǎn)：锋利。

12 **镆铘**：古代名剑。

13 **寇**:敌人。**阴阳**:指构成生命的阴阳二气。

14 **贼**:伤害。

原文

道通[1],其分也,[成也][2];其成也,毁也。所恶[3]乎分者,其分也以备[4];所以恶乎备者,其有以备。故出而不反,见其鬼;出而得,是谓得死。灭而有实[5],鬼之一[6]也。以有形者象[7]无形者而定矣。

译文

大道贯通于万物,一个事物的分离,也就是另一个事物的形成;一个事物的形成,就是另一个事物的毁灭。厌恶事物分离的人,不能守住事物性分而追求完备;厌恶事物完备的人,又在于性分不完备而求取完备。所以精神逐于外而不返,这样就会徒具形骸而显于鬼形;心神放逐于外而有所得,这种得称之为得到死亡。本性灭失而徒有形体,实际上就是鬼了。如果有形的东西能效法无形的大道,那么内心就会安定。

注释

1 **通**:贯通。道贯通于万物之中。

2 底本、覆宋本、影宋本均无"成也"两字,今据高山寺本及《齐物论》补正。《齐物论》:"其分也,成也;其成也,毁也。凡物无成与毁,复通为一。"

3 **恶**:厌恶。

4 **备**:完备,完全。

5 **灭**:精神灭失。**实**:形骸。

6 **鬼之一**:本质上就是鬼了。

7 **象**:效法。

原文

出无本[1]，入无窍[2]。有实而无乎处[3]，有长而无乎本剽[4]，有所出而无窍者有实。有实而无乎处者，宇[5]也。有长而无本剽者，宙[6]也。有乎生，有乎死，有乎出，有乎入，入出[7]而无见其形，是谓天门[8]。天门者，无有也，万物出乎无有。有不能以有为有，必出乎无有，而无有一无有。圣人藏乎是[9]。

译文

大道的呈现看不到本源，消逝没有迹象可循。有真实的存在却没有具体的存在处所，亘古长存却没有一个始终。有所呈现却没有具体迹象可循的大道真实存在着。真实地存在却没有具体的方位与处所，这就叫作宇。恒常存在却没有具体时间上的开端与终结，这就叫作宙。有生有死，有产生，有消逝，产生和消逝都无法看见形体，这就叫作造化之门。造化之门本是无有，万物从无有之中产生。万物不能以有形的万物为最终的根据，必定从无有之中产生，而无有就是一个整体性的无有。圣人就藏身于这种无有的境界。

注释

1 **出**：呈现，发挥作用。**本**：源头，根本。

2 **入**：消逝。**窍**：门道，迹象。

3 **实**：真实的存在。**无乎处**：即“无处”，没有任何具体的存在处所。

4 **长**：时间长久。**剽**(biǎo)：树的末端。

5 **宇**：上下四方曰宇，表空间范围的概念。

6 **宙**：往古来今曰宙，表时间范围的概念。

7 **入出**：陈景元《庄子阙误》引张君房本作“出入”。

8 **天门**：造化之门。

9 **藏乎是**：藏于无有之境。

原文

古之人，其知有所至矣。恶乎至？有以为未始有物者，至矣，尽矣，弗可以加矣。其次以为有物矣，将以生为丧也，以死为反也，是以分已。其次曰始无有，既而有生，生俄而死；以无有为首，以生为体，以死为尻；孰知有无死生之一守[1]者，吾与之为友。是三者[2]虽异，公族[3]也。昭、景[4]也，著戴[5]也；甲氏[6]也，著封[7]也，非一[8]也。

译文

古时候的人，他们的知识达到了一个极致。达到了何种极致呢？他们认为本来就没有任何事物，这种认知已经是极致了，彻底了，不可能再超过了。其次认为宇宙间有万物的存在，把出生看作是死亡，把死亡看作是回归，因此就有了对事物的区分。再次，认为一开始什么都没有，继而有了生命，生命顷刻间又死去；把无有当作头，把生当作躯体，把死亡当作臀部；谁懂得有与无、生与死是浑然一体的道理，我就和他交朋友。这三者虽然各有不同，但就像公族一样，同源于本根之道。就像楚国公族中的昭氏和景氏，他们以世代为官而显著，申氏以封邑而显著，只不过他们姓氏不同罢了。

注释

1 **一守**：陈景元《庄子阙误》引文如海本作“一宗”。“一守”即“一体”。一说“守”通“道”。

2 **三者**：指“无有为首，以生为体，以死为尻”。

3 **公族**：同一宗族。

4 **昭、景**：楚国的两大姓。

5 **戴**：任职，为官。

6 **甲氏**：“甲”为“申”之误，楚国有申邑，以申邑分封公族较为合理，因而申氏极可能为楚国公族。一说“甲”借为“屈”，“甲氏”即“屈氏”。《楚辞·离骚》王逸作序曰：“三闾之职，掌王族三姓，曰昭、屈、景。”

7 **著封**：以封邑而显著。

8 **非一**:上面列举的公族三姓中,昭、景原本同出于一宗而为公族,而“申”则是因为分封而列为公族,所以说两者并不相同。

原文

有生,黬[1]也,披然曰移是[2]。尝言移是,非所言也。虽然,不可知者也。腊者之有膍胲[3],可散而不可散也[4];观室者周于寝庙[5],又适其偃[6]焉,为是举移是。请常言移是。是以生为本,以知为师,因以乘[7]是非;果有名实,因以己为质;使人以为己节[8],因以死偿[9]节。若然者,以用为知,以不用为愚,以彻[10]为名,以穷[11]为辱。移是,今[12]之人也,是蜩与学鸠同于同[13]也。

译文

有天生的黑斑,众人纷纷说清除它。让我们试着来谈谈清除黑斑这个问题,其实清除黑斑这个问题本身不是我们所要讨论的。虽然如此,一般人是不能知晓这个道理的。譬如年终举行腊祭时,祭品备有牛胃和牛蹄,这些祭品本是零散的,祭祀完了可以撤除,然而祭祀没有结束,这些祭品构成一个整体,不可撤除;又譬如游观王室的人,总要游遍前庙后寝,但又要去上厕所,这些例子都是说明“移是”。请让我再谈谈“移是”。这是因为把生存看作根本,把才智看作老师,由此产生是与非;果真有名实之分,因而将自身看作判断的主体;并且让人忠于自己,因而以死来殉节。像这样的人,把被任用看作是智慧,把不被任用看作是愚蠢,以显达为荣耀,以困窘为羞耻。“移是”是今人所持的立场,这就跟蜩与学鸠一样,同样都是无知。

注释

1 **黬**(àn):黑斑,霉点。

2 **披然**：纷纷然。**移是**：清除黑斑。

3 **腊**：祭祀名，古代在农历十二月合祭众神叫作腊。**膍**(pí)：牛胃。**胲**(gāi)：牛蹄。

4 **可散**：祭祀完了，各种祭品可以撤除。**不可散**：腊祭的时候，各种祭品都必须很完备，牛羊的四肢五脏都要摆出来，不能随便撤除。

5 **周**：周旋，遍及。**寝庙**：古代庙制，前曰庙，后曰寝。

6 陈景元《庄子阙误》引江南李氏本、张君房本“偃”下有“溲”字。**偃**：隐僻之所，指厕所。

7 **乘**：产生。

8 **节**：节操。

9 **偿**：殉。

10 **彻**：显达，通达。

11 **穷**：困窘。

12 陈景元《庄子阙误》引江南李氏本、张君房本“今”前有“非”字。

13 **同于同**：今之人具有移是之心，犹如蜩与学鸠嘲笑大鹏，蜩与学鸠虽属于不同类，但都自以为是，因而两者又有相同之处。

原文

蹍[1]市人之足，则辞以放骜[2]，兄则以妪[3]，大亲则已矣[4]。故曰，至礼有不人[5]，至义不物[6]，至知[7]不谋，至仁无亲[8]，至信辟[9]金。

译文

踩了路上陌生人的脚，就要道歉，说是自己放肆误踩，踩了兄长的脚就要抚慰一下，而踩了父母的脚就不用道歉。所以说真正的礼仪不区别地对待他人，真正的公义不区别地对待事物，真正的智慧不需要谋虑，真正的仁爱没有亲疏之别，真正的诚信不需要金钱作保证。

注释

1 **蹍**：踩。

2 **辞**：道歉。**放**：放肆。**骜**(ào)：通“傲”，傲慢。

3 **妪**(yǔ)：怜爱，抚慰。

4 **大亲**:父母。**已**:罢了,指不用道歉。

5 **至礼**:真正的礼仪。**不人**:不区别地对待他人。

6 **不物**:不区别地对待事物。

7 **知**:通“智”,聪明,智慧。

8 可参看《老子·第七章》:“天地不仁,以万物为刍狗;圣人不仁,以百姓为刍狗。”《老子·第七十九章》:“天道无亲。”《齐物论》:“大仁不仁。”《大宗师》:“有亲非仁也。”

9 **辟**:辟除。

原文

彻志之勃[1],解心之谬[2],去德之累,达道之塞[3]。贵、富、显、严、名、利六者[4],勃志也。容、动、色、理、气、意六者[5],谬[6]心也。恶、欲、喜、怒、哀、乐六者,累德也。去、就、取、与、知、能六者[7],塞道也。此四六者[8]不荡胸中则正,正则静,静则明,明则虚,虚则无为而无不为也。道者,德之钦[9]也;生者,德之光也;性者,生之质[10]也。性之动,谓之为;为之伪,谓之失。知者,接[11]也;知者,谟[12]也。知者之所不知,犹睨[13]也。动以不得已之谓德,

译文

清除意志上的迷乱,解除心灵的束缚,摒弃道德的牵累,疏通大道的障碍。高贵、富有、尊显、尊严、声名、利禄六者,会扰乱人的意志。容貌、行动、颜色、辞理、气调、情意六者,会束缚人的心灵。憎恶、欲念、喜悦、愤怒、悲哀、欢乐六者,会牵累人的德行。离去、靠近、获取、给予、才智、技能六者,会堵塞大道。这四个方面分别包含的六种因素不激荡于胸中,内心就能平正,内心平正就能宁静,宁静就能澄明,澄明就能虚寂,虚寂就能无所作为而又无不为。大道是德行兴起的根源,生命是德行的光辉,天性是生命的本质。顺乎本性的行动称之作为,杂以私心伪饰的作为,叫作丧失本性。知识源于与事物的接触,知识指的是内心的谋虑。聪明的人也有所不知,就像斜着眼睛看东西,只能看到局部。不得已而做出的行动叫作“德”,顺

原文	译文
动无非我之谓治，名相反而实相顺也。	应我的本性而采取的行动叫作“治”，两者名称虽然不同，然而实际上却一致。

注释

1 **彻**：通“撤”，撤除。**勃**：或作“悖”，惑乱。

2 **谬**：或作“缪”，束缚。

3 **达**：通达。**塞**：阻塞，阻碍。

4 **显**：显赫，高显。**严**：尊严。

5 **容**：容貌。**动**：行动。**色**：颜色。**理**：辞理。**气**：气调。**意**：情意。

6 **谬**：覆宋本作“缪”。

7 **去**：离开。**就**：接近，靠近。**取**：获得。**与**：给予。**知**：通“智”，才智。**能**：技能。

8 **四六者**：指上述列举的“勃志”“谬心”“累德”“塞道”四个方面以及每个方面所包含的六项内容。

9 **钦**：兴。

10 **质**：根本。

11 **接**：接触外物。

12 **谟**(mó)：计谋，谋略。

13 **睨**(nì)：斜着眼睛看。

原文	译文
羿工乎中微[1]，而拙乎使人无己誉。圣人工乎天[2]，而拙乎人。夫工乎天而俍[3]乎人者，唯全人[4]能之。唯虫能虫[5]，唯虫能天[6]。全人恶[7]天？恶人之天[8]？而况吾天乎人乎[9]？	羿擅长射中微细目标，却不善于使人们不赞誉自己。圣人善于顺应天然却不善于人为。既善于随顺天然又善于人为，只有全德之人才能做到。只有虫能安于它们自身的本性，只有虫能保全它们的天性。全德之人哪知道有天然？哪知道有天然与人为的区分？何况这种出于己意而划分出的天然与人为呢？

注释

1 **工**:精通,擅长。**中微**:射中微小的目标。

2 **天**:天然,本然。

3 **俍**(liáng):善。

4 **全人**:得道之人,保全天性之人。

5 **唯虫能虫**:第一个虫指昆虫,亦可泛指动物。第二个虫指保全动物自身的本性、天性。

6 **天**:天然,本性。

7 **恶**(wū):何,哪里。

8 **人之天**:人与天之区分。

9 **吾天乎人乎**:从自己的角度划分出的天与人。

原文

一雀适羿[1],羿必得之,威[2]也;以天下为之笼,则雀无所逃[3]。是故汤以庖人笼伊尹[4],秦穆公以五羊之皮笼百里奚[5]。是故非以其所好笼之而可得者,无有也。

译文

雀鸟飞过羿身边,如果认为羿必定可以射中它,那么这是诬妄的说法;如果把天下当作一个大鸟笼,那么所有鸟雀都无法逃脱。因此商汤以厨师的工作来笼络伊尹,秦穆公用五张羊皮来笼络百里奚。所以说,不用他们所喜好的东西来笼络他们,那是不可能的。

注释

1 **适**:或作"过",经过,飞过。

2 **威**:或作"或",同"惑",迷惑。

3 可参看《大宗师》:"藏小大有宜,犹有所遁。若夫藏天下于天下而不得所遁,是恒物之大情也。"

4 **庖人**:即厨师。**笼**:笼络。**伊尹**:商汤时名相,善于烹调,商汤任用他治庖,后又任用他为宰相。

5 **百里奚**:详见《田子方》。

原文

介者拸画[1]，外非誉也；胥靡[2]登高而不惧，遗死生也。夫复謵不馈而忘人[3]，忘人，因以为天人矣。故敬之而不喜，侮之而不怒者，唯同乎天和[4]者为然。出怒不怒，则怒出于不怒矣；出为无为，则为出于无为矣。欲静则平气，欲神则顺心。有为也欲当[5]，则缘[6]于不得已。不得已之类，圣人之道。

译文

砍掉一只脚的人不再循规蹈矩，因为他早已把各种毁誉置之度外；服刑之人登上高峰也不惧怕，因为他们早已忘记了生死。而那些面对反复恐吓却从不报复的人已经忘记了人世，忘记了人世也就混同天人。所以被人尊敬也不会高兴，遭人侮辱也不会发怒，只有与天然德行相混同的人才能如此。发怒却没有怒气，那么这种怒就是出于无心之怒；有所为却无特定目的，那么这种所为就是出于无心之为。想要宁静就要平定气息，想要神通就要顺从本心。有所作为却希望所作所为适当，那就必须出于不得已。不得已而作为，便是圣人之道。

注释

1 **介者**：被砍去一只脚的人。**拸**(chǐ)**画**：不拘法度。

2 **胥靡**：服苦役的囚犯。

3 **复**：反复。**謵**(xí)：用言语威吓。**馈**：回报，报复。

4 **天和**：天德，即天地之间纯然和谐的德行。

5 **当**：得当，适当。

6 **缘**：顺。

盗跖

导读

此篇主要由三个故事组成,主要探讨以下三个方面的主题:首先,借孔子拜访盗跖的故事,从历史与现实的角度批判以孔子为代表的儒家所宣扬的仁义忠孝等观念不过是一些诈巧虚伪之事,损害了人的纯真本性,扰乱了天下,不足以用来治理天下。其次,通过子张与满苟得的对话,结合历史,批判了子张宣扬的仁义礼智观念,主张顺应天然的本性。最后,通过无足与知和的对话,对世俗之人所奉行的“长生安体乐意之道”进行了批判,尤其对各种沉溺于耳目感官之欲的生活进行批判,指出真正的“长生安体乐意之道”应该是恬淡无知无欲。

原文

孔子与柳下季[1]为友,柳下季之弟名曰盗跖[2]。盗跖从卒[3]九千人,横行天下,侵暴诸侯;穴室枢户[4],驱人牛马,取人妇女;贪得忘亲,不顾父母兄弟,不祭先祖。所过之邑,大国守城,小国入保[5],万民苦之。孔子谓柳下季曰:“夫为人父者,必

译文

孔子与柳下季是朋友,柳下季有个弟弟,名叫盗跖。盗跖的部下有九千人,横行天下,侵扰诸侯;穿室破户,抢走人家的牛马,掳走妇女;贪图财货,忘记亲人,不顾及父母兄弟,不祭祀先祖。他所过之处,大国紧守城门,小国躲入小城堡中,天下百姓无不深受其害。孔子对柳下季说:“凡是做父亲的,必定能够教诲自己的子女;作为兄长的,必定能够教导

能诏[6]其子;为人兄者,必能教其弟。若父不能诏其子,兄不能教其弟,则无贵父子兄弟之亲矣。今先生,世之才士也,弟为盗跖,为天下害,而弗能教也,丘窃为先生羞之。丘请为先生往说[7]之。”柳下季曰:“先生言为人父者必能诏其子,为人兄者必能教其弟,若子不听父之诏,弟不受兄之教,虽今先生之辩,将奈之何哉!且跖之为人也,心如涌泉,意如飘风,强足以距[8]敌,辩足以饰非,顺其心则喜,逆其心则怒,易辱人以言。先生必无往。”孔子不听,颜回为驭[9],子贡为右[10],往见盗跖。

自己的弟弟。如果父亲不能教诲自己的子女,兄长不能教育自己的弟弟,那么父子兄弟之间的亲情也就不可贵了。你是当世贤人,弟弟是盗跖,为害天下,你却不能教导他,我私下里为你感到羞耻。请让我替你前去劝谏他。”柳下季说:“您说作为父亲的必定能教诲好自己的子女,作为兄长的必定能教导自己的弟弟,如果子女不听从父亲的教诲,弟弟不接受兄长的教导,即便有先生这样的辩才,又能把他们怎样呢!况且盗跖为人,心思像喷涌的泉水一样汩汩不断,意志好像飘风一样捉摸不定,他的强盛足以抵抗敌人,他的辩才足以粉饰是非,顺着他的心意,他就会高兴,违逆他的心意,他就暴怒,常用言辞来侮辱别人。您千万不要去。”孔子不听,让颜回驾车,子贡做骖乘,前去见盗跖。

注释

1 **柳下季**:姓展,名获,字禽,一字季,食邑柳下,故称柳下季;又谥号为惠,故又称柳下惠,志行高洁之人。

2 **盗跖**:古代大盗,详见《骈拇》。

3 **从卒**:跟随的士卒。一说“从”乃“徒”之误。

4 **穴室**:穿洞入室。**枢**:陈景元《庄子阙误》引刘得一本作“抠”,挖。

5 **保**:小城堡。

6 **诏**:教诲。

7 **说**:游说。

8 **距**:通“拒”,抗拒。

9 **驭**:驾驶马车。

10 **右**:骖右,坐在右边的陪乘之人。

原文

盗跖乃方休卒徒太山之阳[1],脍人肝而餔之[2]。孔子下车而前,见谒者[3]曰:“鲁人孔丘,闻将军高义,敬再拜谒者。”谒者入通,盗跖闻之大怒,目如明星,发上指冠,曰:“此夫鲁国之巧伪人孔丘非邪?为我告之:‘尔作言造语,妄称文武,冠枝木之冠[4],带死牛之胁[5],多辞谬[6]说,不耕而食,不织而衣,摇唇鼓舌,擅生是非,以迷天下之主,使天下学士不反其本,妄作孝悌而侥幸于封侯富贵者也。子之罪大极重,疾走归!不然,我将以子肝益昼餔之膳[7]!’”孔子复通曰:“丘得幸于季[8],愿望履幕下[9]。”谒者复通,盗跖曰:“使来前!

译文

盗跖正好在泰山的南面休整队伍,把人肝切细后吃掉。孔子下车走上前去,对盗跖的近侍说:“鲁国人孔丘,听说了将军的高尚事迹,恭敬地来拜见。”近侍入内通报,盗跖听说后大怒,双目有如闪耀的星星,怒发冲冠,说:“这不就是鲁国那个巧言虚伪之人孔丘吗?替我告诉他:‘你玩弄文辞,伪称文武之道,头戴着华丽的帽子,腰上系着牛皮带,堆砌着各种文辞,不耕种却有饭吃,不织布却有衣穿,摇唇鼓舌,搬弄是非,迷惑天下君主,使得天下学士不知道返本穷源,妄称孝悌,侥幸依附于诸侯富贵之人。你实在是罪大恶极,赶快滚回去!不然我就把你的肝挖出添加到午餐的膳食中去!’”孔子再次请求通报说:“我与柳下季是朋友,希望在帐幕之下看看将军。”近侍再次通报,盗跖说:“叫他进来!”

注释

1 **方**:刚好。**休**:休息。**太山**:即泰山。陈景元《庄子阙误》引江南古藏本“徒”后有“于”字。

2 **脍**(kuài):切细的肉,这里指切细。**铺**(bū):食。

3 **谒**(yè)**者**:掌管晋见的近待。

4 **枝木之冠**:帽子上装饰华丽,像树枝一样繁茂。

5 **胁**:从腋下至肋骨尽处。这里指用这一块的牛皮制成的革带。

6 **谬**:或作"缪"。

7 **益**:增加。**昼铺**:午餐。

8 **季**:指柳下季。

9 **愿**:希望。**望**:看见。**履**:鞋子。**幕**:帐幕。

原文

孔子趋而进,避席反走[1],再拜盗跖。盗跖大怒,两展[2]其足,案剑瞋目[3],声如乳虎,曰:"丘来前!若所言,顺吾意则生,逆吾心则死。"孔子曰:"丘闻之,凡天下[4]有三德:生而长大,美好无双,少长贵贱见而皆悦之,此上德也;知维[5]天地,能辩诸物,此中德也;勇悍[6]果敢,聚众率兵,此下德也。凡人有此一德者,足以南面称孤矣。今将军兼此三者,身长八尺二寸,面目有光,唇如激丹[7],齿如齐贝[8],音中黄钟,而名曰盗跖,丘窃为将军耻不取焉。将军有意听臣,

译文

孔子快速走进去,远离坐席退了几步,拜见盗跖。盗跖大怒,伸展双腿,按着宝剑,怒目相视,声音好像乳虎,说:"孔丘你走近来!你所说的话,顺我的意就可以活下去,违逆我的意就得死。"孔子说:"我听说天下有三种德行:生来高大,英俊美貌,举世无双,不论年少年长,高贵的卑贱的都喜欢他,这是上等德行;才智包罗天地,能够区分各种不同的事物,这是中等德行;勇武果断,凝聚众人,统帅军队,这是下等德行。凡人要是具备了一种德行,都足以南面称王。如今将军兼备三种德行,身高八尺二寸,面目光彩照人,嘴唇犹如丹朱,皓齿犹如整齐的珠子,声音洪亮,合于黄钟,然而名字却叫盗跖,我私下里替将军感到耻辱,不应有这种名声。如果将军肯听取我的意见,请让我向南出使到

臣请南使吴、越，北使齐、鲁，东使宋、卫，西使晋、楚，使为将军造大城数百里，立数十万户之邑，尊将军为诸侯，与天下更始[9]，罢兵休卒，收养昆弟[10]，共祭先祖。此圣人才士之行，而天下之愿也。”

吴国、越国，向北出使到齐国、鲁国，向东出使到宋国、卫国，向西出使到晋国、楚国，派人为将军建造数百里的宏伟城堡，建立数十万户的封邑，尊崇将军为诸侯，与天下诸侯重新开始确立关系，停止战争，休养士卒，收养弟弟，共同祭祀祖先。这就是圣人才士的做法，也是天下人的愿望。”

注释

1 **避席**：远离席位。**反走**：退却几步，以示敬意。

2 **展**：伸直。

3 **案**：通“按”。**瞋目**：怒张双眼。

4 陈景元《庄子阙误》引张君房本“下”后有“人”字。

5 **维**：包罗。

6 **悍**：勇敢。

7 **激丹**：明亮的丹砂。

8 **齐贝**：整齐的珠子。

9 **更始**：除旧布新。

10 **昆弟**：兄弟。

原文

盗跖大怒曰：“丘来前！夫可规[1]以利而可谏以言者，皆愚陋恒民[2]之谓耳。今长大美好，人见而悦之者，此吾父母之遗德[3]也。丘虽不吾誉，吾独不自

译文

盗跖大怒说：“孔丘，你上前来！凡是可以用利禄来规劝、用言语来劝谏的，都是愚昧、浅陋的普通人。如今我生来高大魁梧，英俊美貌，人人都喜欢，这是父母遗传的德行。孔丘你即使不称誉我，难道我自己不知道？况且我听说，那

知邪？且吾闻之，好面誉人者，亦好背而毁之。今丘告我以大城众民，是欲规我以利而恒民畜[4]我也，安可长久[5]也！城之大者，莫大乎天下矣。尧舜有天下，子孙无置锥之地[6]；汤武立为天子，而后世绝灭。非以其利大故邪？且吾闻之，古者禽兽多而人民[7]少，于是民皆巢居以避之，昼拾橡栗，暮栖木上，故命之曰有巢氏之民。古者民不知衣服，夏多积薪，冬则炀[8]之，故命之曰知生之民。神农之世，卧则居居[9]，起则于于[10]，民知其母，不知其父，与麋鹿共处，耕而食，织而衣，无有相害之心，此至德之隆也。然而黄帝不能致德[11]，与蚩尤战于涿鹿之野[12]，流血百里。尧舜作，立群臣，汤放其主，武王杀纣。自是之后，以强陵弱，以众暴寡。汤武以来，皆乱人之徒也。

些喜好当面奉承赞誉别人的人，也喜好背后诋毁别人。如今你拿建造大城市、笼络众多百姓来劝谏我，你这是想要拿利益来规劝我，而让普通百姓来养我，怎么可能长久！城市再大，没有比天下更大的了。尧舜拥有天下，而子孙却没有立锥之地；商汤、周武王立为天子，而后世还是灭绝了。这难道不是因为他们贪求大利的缘故吗？况且我听说，古时候禽兽多而人少，于是人们都在树上筑巢躲避野兽，白天捡拾橡子栗子，晚上睡在树上，所以称之为有巢氏的百姓。古时候百姓不知道穿衣，夏天收集很多柴火，冬天就烧柴烤火，所以称他们为懂得生存的人。神农的时代，人们睡着的时候很安静，行动时悠然自得，人们只知道母亲，不知道父亲，跟麋鹿生活在一起，自己耕种来吃饭，自己织布来穿衣，相互之间没有害人的心思，这就是德行隆盛的时代。然而黄帝不能推行这种德行，与蚩尤大战于涿鹿，死伤惨重，流血百里。尧舜兴起后，确立群臣，结果商汤流放了他的君主，周武王杀害了商纣。从此之后，世道就变成了以强凌弱，以众暴寡。商汤和周武王以后的治世之君，都是扰乱世道之人。

注释

1 **规**:劝。

2 **恒民**:常人。

3 **遗德**:遗传的品性。

4 **畜**:养。

5 **长久**:覆宋本作“久长”。

6 **置锥之地**:放置锥子的地方,形容地方很小。

7 覆宋本无“民”字。

8 **炀**(yàng):烘干,烤火。

9 **居居**:安静的样子。

10 **于于**:自得的样子。《应帝王》:“泰氏其卧徐徐,其觉于于。”

11 **致德**:推行德行,以达到至德境界。

12 **蚩尤**:相传为黄帝时的诸侯,因叛乱与黄帝战于涿鹿,为帝所败。**涿鹿**:在今河北省涿州市。

原文

今子修文武之道,掌天下之辩,以教后世,缝衣浅带[1],矫言伪行,以迷惑天下之主,而欲求富贵焉,盗莫大于子。天下何故不谓子为盗丘,而乃谓我为盗跖?子以甘辞说子路而使从之,使子路去其危冠[2],解[3]其长剑,而受教于子,天下皆曰孔丘能止暴禁非。其卒之也,子路欲杀卫君[4]而事不成,身菹[5]于卫东门

译文

如今你修习文武治世之道,掌管天下舆论,用来教化后世,穿着宽松的大衣,束着宽大的腰带,矫揉造作的言辞与行为,用以迷惑天下的君主,一心想着追求富贵,没有比你更大的盗贼了。天下人为何不叫你盗丘,而叫我盗跖?你用甜言蜜语说服子路跟着你,去掉子路高高的帽子,解除他佩带的长剑,在你的门下受教,而天下人都说孔丘能防止暴力,禁绝错误。然而最终,子路想要杀卫国君主,没有成功,自己还在卫国东门被砍成肉酱,这是你教育不成功的体现。你

之上，是子教之不至也。子自谓才士圣人邪？则再逐于鲁[6]，削迹于卫，穷于齐[7]，围于陈蔡，不容身于天下。子教子路菹此患，上无以为身，下无以为人，子之道岂足贵邪？

不是自称贤良圣哲之人吗？却两次被鲁国驱逐，在卫国遭受铲削足迹的侮辱，在齐国遭遇困窘，在陈国蔡国之间被围困，自身都不能被天下容纳。而你教育出来的子路遭遇杀身之祸，这种祸患使得上无法保全自身，下无法成为正常人，你所宣扬的那一套难道有什么值得称道的吗？

注释

1 **缝**：或作“摓”，通“逢”，大。“缝衣”即大衣。**浅带**：博带。

2 **危冠**：很高的帽子。

3 **解**：解除。

4 **子路欲杀卫君**：太子蒯聩图谋杀南子，事败逃离卫国。卫灵公死后，蒯聩之子辄即位。蒯聩回国与子争夺王位，挟持当时主持卫国国政的外甥孔悝，而子路是孔悝的家臣，欲救孔悝，结果在卫国都城东门被砍成肉酱。

5 **菹**(zū)：剁成肉酱，切碎。

6 **再逐于鲁**：此数事详见《天运》《山木》。

7 **穷于齐**：鲁国内乱，鲁昭公奔齐，孔子也从鲁国来到齐国，做了齐国贵族高昭子的家臣。齐景公想要封孔子以尼溪之地，被晏婴劝止。

原文

世之所高，莫若黄帝，黄帝尚不能全德，而战涿鹿之野，流血百里。尧不慈[1]，舜不孝[2]，禹偏枯[3]，汤放其主，武王伐纣，文王拘羑里[4]。此六[5]子者，世之所高也，

译文

世上所尊崇的，莫过于黄帝，黄帝尚且不能保全德行，涿鹿一战，流血百里。尧不慈爱，舜不孝顺，禹半身不遂，商汤放逐国君，周武王讨伐商纣，周文王被拘押在羑里。这六个人，都是被当世推崇的人物，仔细想来，都是因为利益迷惑了

孰[6]论之，皆以利惑其真而强反其情性，其行乃甚可羞也。世之所谓贤士，伯夷、叔齐[7]。伯夷、叔齐辞孤竹之君而饿死于首阳之山，骨肉不葬。鲍焦[8]饰行非世，抱木而死。申徒狄[9]谏而不听，负石自投于河，为鱼鳖所食。介子推[10]至忠也，自割其股以食文公[11]，文公后背之，子推怒而去，抱木而燔[12]死。尾生与女子期于梁下[13]，女子不来，水至不去，抱梁柱而死。此四[14]子者，无异于磔犬流豕、操瓢而乞者[15]，皆离[16]名轻死，不念本养寿命者也。世之所谓忠臣者，莫若王子比干、伍子胥[17]。子胥沉江，比干剖心，此二子者，世谓忠臣也，然卒为天下笑。

真性，强迫自己违逆本性，他们的行为实在可耻。世人所称道的贤能之士，如伯夷与叔齐。这两人辞让孤竹国的君位，饿死在首阳山上，尸体都没有埋葬。鲍焦粉饰自己的行为，非议世道，抱着树木死去。申徒狄劝谏国君不被接受，背着石头投河自尽，尸体被鱼鳖吃掉。介子推可谓最忠诚了，割下自己的大腿肉给晋文公吃，晋文公回国后却背弃了他，介子推气愤地离开，最终抱着树木被烧死。尾生跟女子约会于桥梁之下，女子没有赴约，大水涨上来了，尾生却迟迟不肯离去，结果抱着桥梁柱淹死。这六个人，与被肢解的死狗、漂流在江河中的死猪以及捧着瓢盆乞讨的人没有什么不同，都是遭遇名声之害而轻视死亡，不顾及生命本源和寿命的人。世人所说的忠臣，没有比王子比干、伍子胥更忠诚的了。伍子胥沉江而死，比干剖心而亡，这两个人就是世俗人所说的忠臣，却最终被天下人讥笑。

注释

1 **尧不慈**：尧不把天子之位传给子丹朱，而禅让给舜，故有不慈爱之名。

2 **舜不孝**：舜不告而娶，故曰不孝。

3 **偏枯**：半身不遂。

4 **羑(yǒu)里**：古地名，在今河南省汤阴县北，相传周文王在此演《周易》。

5 陈景元《庄子阙误》引江南古藏本“六”作“七”。

6 **孰**:通“熟”,仔细,全面。

7 **伯夷**、**叔齐**:详见《大宗师》。

8 **鲍焦**:姓鲍,名焦,周朝隐士,廉洁自守,后抱木而死。

9 **申徒狄**:详见《大宗师》。

10 **介子推**:跟随晋文公逃奔,路途困乏,介子推割股以奉晋文公。后来晋文公返国,封赏群臣,遗忘介子推。他逃到绵山隐居,文公命令烧山逼其出来,介子推最终抱树而死。

11 **文公**:指晋文公。

12 **燔**(fán):焚烧。

13 **尾生**:或作“微生”“尾生高”,鲁国人。**期**:约会。

14 **四**:覆宋本、陈景元《庄子阙误》引江南古藏本作“六”。

15 **磔**(zhé)**犬**:被肢解的狗。**流豕**:漂流在江河中的死猪。**操瓢**:拿着瓢盆。

16 **离**:陈景元《庄子阙误》引江南古藏本作“利”。

17 **比干**:详见《人间世》。**伍子胥**:详见《胠箧》。

原文

自上观之,至于子胥、比干,皆不足贵也。丘之所以说我者,若告我以鬼事,则我不能知也;若告我以人事者,不过此矣,皆吾所闻知也。今吾告子以人之情,目欲视色,耳欲听声,口欲察味,志气欲盈。人上寿百岁,中寿八十,下寿六十,除病瘦[1]死丧忧患,其中开口而笑者,一月之中不过四五日而已矣。

译文

综上可知,直到伍子胥、王子比干,都不值得推崇。你所用来说服我的,如果是鬼神之事,那么我不能知道;如果是人间事迹,不过如此而已,都是我所听说过的。如今我告诉你人的本性,眼睛想要看见色彩,耳朵想要听到声音,口舌想要尝试味道,意志想要充盈。人的上等寿命不过百余岁,中等寿命八十岁,下等寿命六十岁,除去那些病痛、死亡、忧虑的时光,其中开口笑的场合,一个月中也不过四五天而已。天

天与地无穷，人死者有时，操有时之具[2]而托于无穷之间，忽然无异骐骥之驰过隙也[3]。不能悦其志意、养其寿命者，皆非通道者也。丘之所言，皆吾之所弃也，亟[4]去走归，无复言之！子之道，狂狂伋伋[5]，诈巧虚伪事也，非可以全真[6]也，奚足论哉！”

地是无穷的，而人的死亡却是有时限的，以有时限的形体寄寓于无穷的天地之间，就好像白驹过隙一般，顷刻而已。凡是不能使自己心灵愉悦、颐养天年的人，都不是得道之人。你所说的，都是我所摒弃的，你赶快滚回去，不要再说了。你的那套道术，不过是狗苟蝇营、巧诈虚伪的东西，不可能用来保全真性，哪里值得谈论呢！”

注释

1 **病瘦**：泛指疾病。
2 **具**：指人的形体。
3 可参看《知北游》：“人生天地之间，若白驹之过郤，忽然而已。”
4 **亟**：或作“极”，急忙。
5 **伋伋**(jí)：或作“汲汲”，急匆匆的样子。
6 **全真**：保全真性。

原文

孔子再拜趋走，出门上车，执辔[1]三失，目芒然无见，色若死灰，据轼[2]低头，不能出气。归到鲁东门外，适遇柳下季。柳下季曰：“今者阙[3]然数日不见，车马有行色[4]，得微[5]往见跖邪？”孔子仰天而叹曰：“然。”柳下季曰：“跖得

译文

孔子一再拜谢急忙离去，出门登上马车，手握缰绳不稳，掉下来几次，目光茫然，什么都看不清，脸色死灰一般，扶着马车的横木，低着头，不能喘气。回到鲁国东门外，正好遇上了柳下季。柳下季说：“最近好几天没看见你，看你的车马劳累，好像长途跋涉过一样，不会是去见盗跖了吧？”孔子仰天叹息道：“是的。”柳下季说：“盗跖不会是像我先前所

无逆汝意若前乎？”孔子曰：“然。丘所谓无病而自灸[6]也，疾走料[7]虎头，编虎须[8]，几不免虎口哉！”

说的那样，违逆了你的意向吧？”孔子说：“正是这样。我真是所谓的没得病却自己针灸救治啊，急急忙忙跑过去撩拨老虎头，触弄虎须，差点就丧生虎口啊！”

注释

1 **执辔**：拿马的缰绳。

2 **据**：凭靠。**轼**：车前的横木。

3 **阙**：不在。

4 **行色**：走过长距离路的样子。

5 **微**：无。

6 **灸**(jiǔ)：烧，中医的一种医疗方法。用燃烧的艾绒熏灼人体的穴位。

7 **料**：通“撩”，撩拨，挑逗。

8 **编**：或作“扁”。

原文

子张问于满苟得曰[1]：“盍不为行[2]？无行则不信，不信则不任[3]，不任则不利。故观之名，计之利，而义真是也。若弃名利，反之于心，则夫士之为行，不可一日不为乎！”

译文

子张问满苟得：“为何不修养自己的德行呢？没有德行就不会被信任，不被信任就不会被任用，不被任用就没有利禄。所以，从名与利的角度来考察，只有实行仁义才是硬道理。如果放弃名利，反求之于内心，那么士人的德行，一天也不能不修养啊！”

注释

1 **子张**：孔子学生，姓颛孙，名师，字子张。**满苟得**：虚构的人名。

2 **盍**：何。**为行**：修养德行。

3 **任**：职任，任用。

原文

满苟得曰："无耻者富，多信者显[1]。夫名利之大者，几在无耻而信。故观之名，计之利，而信真是也。若弃名利，反之于心，则夫士之为行，抱其天乎[2]！"

译文

满苟得说："无耻的人易发家致富，夸夸其谈的人易显达。那些获得大名大利的人，差不多都是因为无耻和夸夸其谈。所以，从名利的角度来看，夸夸其谈才是关键。如果放弃名利，反求于内心，那么士人的德行，就是持守他们的天性！"

注释

1 **信**：言说。**显**：显达。

2 **抱**：保，持守。**天**：天然。

原文

子张曰："昔者桀纣贵为天子，富有天下，今谓臧聚[1]曰：'汝行如桀纣'，则有[2]怍色，有不服之心者，小人所贱也。仲尼、墨翟，穷为匹夫，今谓宰相曰：'子行如仲尼、墨翟'，则变容易色，称不足者，士诚贵也。故势为天子，未必贵也；穷为匹夫，未必贱也。贵贱之分，在行之美恶。"

译文

子张说："从前桀与纣贵为天子，富有天下，如今对奴仆们说：'你的行为就如同桀纣一般。'那么他们必定会惭愧不已，有不服气的心态，这是因为连小人都看不起桀纣的品行。仲尼和墨翟只是穷困的平民百姓，如今对宰相说：'你的行为如同仲尼、墨翟一般。'那么他们会改颜换色，连忙称不敢当，这是因为士大夫确实很看重仲尼、墨翟的品行。所以说，拥有权势的天子，未必尊贵；穷困如普通百姓，未必卑贱。贵贱之分在于品行的美丑。"

注释

1 **臧**：奴仆。**聚**：通"驺"，养马的人。

2 陈景元《庄子阙误》引张君房本无"有"字。

原文

满苟得曰："小盗者拘，大盗者为诸侯，诸侯之门，义士存焉[1]。昔者桓公小白杀兄入嫂而管仲为臣[2]，田成子常杀君窃国而孔子受币[3]。论则贱之，行则下之，则是言行之情悖战于胸中也，不亦拂乎！故《书》曰：'孰恶孰美？成者为首[4]，不成者为尾[5]。'"

译文

满苟得说："小盗贼被抓进牢房，大盗贼反而成为诸侯，诸侯门前才有仁义可言。从前齐桓公杀死兄长，迎娶嫂嫂，而管仲俯首称臣；田成子杀害齐简公，窃取齐国政权，而孔子接受他的馈赠。在言论上鄙视这些人和事，在行动时却甘愿屈从，这种言行相悖的情形交错于胸中，不是很矛盾吗！所以《书》上说：'谁坏谁好？成功者居于尊位，失败者居于卑位。'"

注释

1 此四句主旨又见于《胠箧》："彼窃钩者诛，窃国者为诸侯，诸侯之门而仁义存焉。"

2 **桓公**：即齐桓公，详见《德充符》。**管仲**：详见《达生》。

3 **田成子常**：即齐国大夫陈恒，详见《胠箧》。**孔子受币**：据《论语·宪问》："陈成子弑简公，孔子沐浴而朝，告于哀公曰：'陈恒弑其君，请讨之。'"则孔子受币之说不可信。

4 **首**：上，尊位。

5 **尾**：下，卑位。

原文

子张曰："子不为行，即将疏戚无伦[1]，贵贱无义[2]，长幼无序，五纪六位[3]，将何以为别乎？"

译文

子张说："你不修养德行，将导致没有亲疏之分，没有贵贱之别，长幼失序，五纪六位又如何来区别呢？"

注释

1 **戚**:亲。**伦**:次序,理路。

2 **义**:仪则,规则。

3 **五纪**:岁、日、月、星辰、历数。**六位**:即六纪,据《白虎通义·三纲六纪》,指诸父、兄弟、族人、诸舅、师长、朋友。

原文

满苟得曰:"尧杀长子[1],舜流母弟[2],疏戚有伦乎?汤放桀,武王杀纣,贵贱有义乎?王季为適[3],周公杀兄[4],长幼有序乎?儒者伪辞[5],墨者兼爱,五纪六位将有别乎?且子正为名,我正为利。名利之实,不顺于理,不监[6]于道。吾日与子讼于无约曰[7]:'小人殉财,君子殉名。其所以变其情,易其性,则异矣;乃至于弃其所为而殉其所不为,则一也。'[8]故曰:无为小人,反殉而天[9];无为君子,从天之理。若枉若直,相而天极[10];面观四方,与时消息。若是若非,执而圆机[11];独成而意[12],与道徘徊。无转而行[13],无成而义,将失而

译文

满苟得说:"尧杀害了自己的长子,舜流放了自己的弟弟,亲疏有区分吗?商汤流放了夏桀,周武王杀死了商纣,贵贱有准则吗?王季被立为嫡子,周公杀死管叔、蔡叔,长幼之间还有次序吗?儒家巧立言辞,强立名目,墨家兼爱,不分贵贱,五纪和六位还有区别吗?况且你所想要的是名,我所追求的是利。名与利之实,都不符合天然之理,不能明达大道。我从前与你在无约前争辩不已:'小人为财而死,君子为名而亡。他们变换实情,改变本性的原因是不同的;然而舍己逐物却是相同的。'所以说,不要去做小人,而是反过来遵循自己的天性;不要做君子,而是顺从天然之理。直的也好,弯的也罢,遵循它们各自的本性;纵观四面,随着时序消长变化。不论是非,持守变化的枢机;独自形成你自己的想法,随顺大道。不要执守于你的德行,不要僵化你的准则,这些会丧失你的禀性。不

所为。无赴[14]而富，无殉而成[15]，将弃而天。

要趋利，不要为成功而献出生命，这些会绝弃你的天性。

注释

1 **尧杀长子**：尧长子为监明，尧杀长子之说，不知何据。

2 **舜流母弟**：舜封其弟象于有庳，但同时又限制了象的权力，由天子派官吏治理其国，征收贡税。因此名义上是分封，实际上是流放。

3 **王季**：周大王的庶子季历，周文王之父。王季的两位兄长太伯、仲雍让位，不想被立为嫡子，最后立王季。**適**：通"嫡"。

4 **周公杀兄**：周武王死后，周成王继位，周公摄政辅佐成王。周成王的叔父管叔、蔡叔叛乱，周公诛杀管叔、蔡叔，平定叛乱。

5 **伪辞**：虚假的言辞。

6 **监**：或作"鉴"，明。

7 **日**：陈景元《庄子阙误》引张君房本作"昔"。**无约**：虚构的人名。

8 可参看《骈拇》："小人则以身殉利，士则以身殉名，大夫则以身殉家，圣人则以身殉天下。故此数子者，事业不同，名声异号，其于伤性以身为殉，一也。"

9 **殉**：通"徇"，循，顺从。**而**：通"尔"，你，下文同。**天**：天性。

10 **相**：视。**天极**：天然的准则。

11 **执**：持守，执守。**圆机**：环中。

12 **独成**：独自形成。

13 **转**：通"专"，专守。"无转而行"即不要专守你的行为。

14 **赴**：趋向。

15 **成**：成功。

原文

"比干剖心，子胥抉眼[1]，忠之祸也；直躬证父[2]，尾生溺死，信之患也；鲍子[3]立

译文

"比干被剖心，伍子胥被挖眼，这都是忠诚造成的祸患；直躬举证父亲偷羊，尾生守信淹死，这些都是诚信带来的祸

干，申子[4]不自理，廉之害也；孔子不见母[5]，匡子不见父[6]，义之失也。此上世之所传，下世之所语，以为士者正其言，必其行[7]，故服[8]其殃，离[9]其患也。”

患；鲍焦抱树而死，申徒狄负石沉河，这些都是廉洁带来的祸患；孔子不探视母亲，匡子不见父亲，这些都是仁义的丧失。这些都是前代流传下来的，后世人所谈论的，认为士大夫要端正他们的言辞，坚守他们的德行，所以深受灾殃，遭遇祸患。”

注释

1 **抉**(jué)：剔除，挖出。

2 **直躬证父**：语本《论语・子路》：“叶公语孔子曰：‘吾党有直躬者，其父攘羊，而子证之。’孔子曰：‘吾党之直者异于是。父为子隐，子为父隐，直在其中矣。’”

3 **鲍子**：即鲍焦，详见前文注。

4 **申子**：即申徒狄，详见《大宗师》。

5 **孔子不见母**：不知何据。

6 **匡子**：即匡章，劝谏父亲，不被接受，被父驱逐，终身不见父亲。

7 **必**：一定，专一。“必其行”与上文“转而行”意思相近。

8 **服**：遭受。

9 **离**：通“罹”，遭遇。

原文

无足问于知和曰[1]：“人卒未有不兴名就利者[2]。彼富则人归之，归则下之[3]，下则贵之。夫见下贵者，所以长生安体乐意之道也[4]。今子独无意焉，知不足邪？意知而

译文

无足问知和：“芸芸众生没有不喜好名声不趋向利禄的。有人富贵，众人就会归附他，归附他也就对他谦卑，对他谦卑也就尊崇他。别人对他体现出来的谦卑和尊崇，是健康长寿、身体安适、心情愉悦的方法。如今唯独你对这些东西毫无兴趣，是智力不够呢？或是认识到你

力不能行邪[5]？故推正[6]不忘邪？”

的能力达不到呢？还是一心推行正道而心无旁骛呢？”

注释

1 **无足**:虚构的人名,意为不知足的贪婪之人。**知和**:虚构的人名,意为体认中和之道,持守清廉之人。

2 **人卒**:众人。**兴名**:喜欢名声。**就利**:趋利。

3 **归**:归附,归顺。**下**:甘居卑下。

4 **安体**:使身体安适。**乐意**:使意志愉悦。

5 **意**:通“抑”,或者是。**而**:通“尔”,你。

6 **推正**:推求正道。

原文

知和曰:“今夫此人[1],以为与己同时而生、同乡而处者,以为夫绝俗过世之士焉,是专无主正[2],所以览古今之时、是非之分也,与俗化世[3]。去至重,弃至尊,以为其所为也,此其所以论长生、安体、乐意之道,不亦远乎?惨怛[4]之疾,恬愉之安,不监[5]于体;怵惕[6]之恐,欣欢之喜,不监于心。知为为而不知所以为,是以贵为天子,富有天下,而不免于患也。”

译文

知和说:“如今有这么一种人,认为与自己同时生、同处一个地方,就认为他们是超绝世俗之人,这种人是内心没有主见的人,因而鉴别古今的时代、分别彼此是非,与俗世一起变化。摒弃最贵重的生命,抛弃最尊贵的大道,做他们想做的事情,这就是他们谈论健康长寿、身体安适、心情愉悦的方法,这不是相隔太远了吗?悲痛忧伤之病,恬静愉悦之安定,不明于形体;惊惧的恐慌,欢愉的喜悦,不会体现在内心之中。知道去做却不知道为何要这样去做,因此即便贵为天子,富有天下,也不能免于祸患。”

注释

1 **此人**:指兴名就利之人。

2 **专**:完全。**无主正**:内心无主。

3 **与俗化世**:与俗世一起变化。

4 **惨怛**(dá):悲痛忧伤。

5 **监**:觉察。

6 **怵惕**(chù tì):恐惧警惕。

原文

无足曰:"夫富之于人,无所不利,穷美究势[1],至人之所不得逮[2],贤人之所不能及。侠[3]人之勇力而以为威强,秉[4]人之知谋以为明察,因人之德以为贤良,非享国而严若君父。且夫声、色、滋味、权势之于人,心不待学而乐之,体不待象[5]而安之。夫欲恶避就[6],固不待师,此人之性也。天下虽非我,孰能辞之?"

译文

无足说:"富贵对于人们来说,无所不利,穷尽一切美好,究极一切权势,就算是至人也达不到,贤人也赶不上。持守别人的勇力当作威猛强大,秉持他人的智谋当作明智与慎察,借用别人的德行当作贤良,没有掌控国家却威严得像君父。况且乐音、美色、美味、权势对于人来说,心灵不需要去学习就会喜欢,身体不需要效法就会安适。喜好、厌恶、规避、趋近,本来就不需要学习,这是人的本性。天下人虽然都非议我,但谁又能拒绝这些呢?"

注释

1 **穷美**:穷尽美好事物。**究势**:究极权势。

2 **逮**:及。

3 **侠**:通"夹",持守。

4 **秉**:秉持。

5 **象**:学习,效法。

6 **欲**:想要。**恶**:厌恶。**避**:回避。**就**:趋近。

原文

知和曰："知者之为，故动以百姓[1]，不违其度[2]，是以足而不争，无以为故不求。不足故求之，争四处而不自以为贪；有余故辞之，弃天下而不自以为廉。廉贪之实，非以迫外也，反监之度[3]。势为天子而不以贵骄人，富有天下而不以财戏[4]人。计其患，虑其反，以为害于性，故辞而不受也，非以要[5]名誉也。尧、舜为帝而雍[6]，非仁天下也，不以美害生也[7]；善卷、许由[8]得帝而不受，非虚辞让也，不以事[9]害己。此皆就其利，辞其害，而天下称贤焉，则可以有之，彼非以兴名誉也。"

译文

知和说："睿智之人的做法，行动都因顺百姓之心，不违反准则，因此一切都很充足而不用争竞，不带目的的作为因此无所欲求。不能知足因而贪求不已，四方争夺却不自认为贪婪；有余因而辞让，放弃天下而不自认为清廉。清廉和贪婪的真实原因，不是迫于外部压力，而是反之于内心。拥有权势的天子却不因为尊贵而傲视他人，富有天下却不以财货戏弄他人。考虑到它的祸患，再考虑它的变化，认为权势、财货损害天性，所以辞让而不愿意接受，并非要以此邀取名声。尧与舜当天子时天下和谐，并非要仁爱天下，而是不想因为权势财货损害性命；善卷与许由有机会获得天子之位却不接受，并非谦虚辞让，而是不想因为治理天下事务来伤害自己。这些都是趋利避害，而天下人都称之为贤良，可见贤良的美誉可以获得，然而他们并非追求这些名声。"

注释

1 **动**：行动。**以**：因。

2 **度**：准则。

3 **反**：反而。**监**：察明。**之**：于。

4 **戏**：戏弄。

5 **要**：邀，追求。

6 **雍**:和蔼。一说“雍”乃“推”之误,推辞,指让出天子之位。

7 **美**:指富贵。**生**:真性,天性。

8 **善卷**、**许由**:详见《让王》。

9 **事**:治理天下的活动。

原文

无足曰:“必持[1]其名,苦体绝甘[2],约养以持生,则亦久病长厄而不死者也[3]。”

译文

无足说:“一定要持守他们的名声,使得形体劳苦,绝弃甘美,节俭给养以养护生命,就好像一个长期卧病、身处困厄之中的不死之人。”

注释

1 **持**:得到。

2 **苦体**:使形体劳苦。**绝甘**:绝弃美味。

3 陈景元《庄子阙误》引江南古藏本“亦”后有“犹”字。**厄**:困厄。

原文

知和曰:“平为福,有余为害者,物莫不然,而财其甚者也。今富人,耳营钟鼓管籥之声[1],口嗛于刍豢醪醴之味[2],以感[3]其意,遗忘其业,可谓乱矣;侅溺于冯气[4],若负重行而上[坂][5]也,可谓苦矣;贪财而取慰[6],贪权而取竭[7],静居则溺[8],体泽[9]则冯,可谓疾矣;为欲富就利,故满若堵[10]耳

译文

知和说:“平淡就是幸福,有余是一种危害,万物无不如此,而财货尤其突出。如今富贵之人耳朵荧惑于钟鼓管乐之声,口舌满足于美食佳酿之味,以此引发贪欲的意念,遗忘了他的事业,可以说是淆乱至极;深陷入愤懑盛气之中,就好像背着重物上坡,可以说是痛苦至极;贪求财货,招致怨恨,贪图权势,耗尽心力,静处之时沉溺于嗜欲,身体肥泽就盛气凌人,可以说是病到极致了;为了贪图财富追逐利禄,财货堆积得像墙那么高还不知足,而

而不知避，且冯[11]而不舍，可谓辱矣；财积而无用，服膺[12]而不舍，满心戚醮[13]，求益而不止，可谓忧矣；内则疑劫请之贼[14]，外则畏寇盗之害，内周楼疏[15]，外不敢独行，可谓畏矣。此六者，天下之至害也，皆遗忘而不知察，及其患至，求尽性竭财，单[16]以反一日之无故而不可得也。故观之名则不见，求之利则不得，缭意绝体而争此[17]，不亦惑乎！”

且逐而不舍，这可以说是耻辱至极了；财物积聚却不用，心中时常挂念而又不能舍弃，满心忧愁，追求财富的增益而不知停止，可以说是忧愁至极了；在家则担忧盗贼的伤害，在外畏惧强盗的伤害，在家里内外围绕了几层防盗的塔楼和射箭的孔道，出门在外不敢独自行走，可以说是畏惧到了极致。这六种情况，是天下最大的祸害，都是遗忘而不知道省察，等到祸患到来，想要消散所有钱财，但求回头过上一天安宁的日子也不可能了。所以想看名声却看不到，寻求利益却得不到，缠绕情意，绝弃身体而所争的就是这些，岂不很迷惑吗！”

注释

1 **营**：谋求，迷惑。**管籥**：笙与箫两类乐器。

2 **嗛**(qiè)：满足。**刍豢**(chú huàn)：刍，吃草的牲口；豢，食谷的牲口。刍豢指牛、羊与犬、猪等。**醪醴**(láo lǐ)：浊酒和甜酒。

3 **感**：引发。

4 **侅溺**(gāi nì)：陷入不能自拔。**冯**(píng)**气**：盛气。

5 **坂**：山坡。底本、覆宋本、影宋本均无，今据陈景元《庄子阙误》引张君房本、成玄英疏补正。

6 **慰**：或作“畏”，陈景元《庄子阙误》引张君房本作“辱”。慰，怨。

7 **竭**：精神疲惫。

8 **溺**：沉溺。

9 **体泽**：身体肥泽。

10 **堵**：墙。

11 **冯**:扶持。
12 **服膺**:记在心中不会忘记。
13 **戚醮**:烦恼,忧虑。
14 **疑**:恐惧。**劫请**:强求。
15 **周**:围绕,缠绕。**楼**:窗户之间的射孔,用以防盗。**疏**:窗。
16 **单**:但,独。
17 **缭意**:缠绕情意。**绝体**:覆宋本无"绝"字。

渔 父

导读

此篇是司马迁在《史记》中为庄子立传时明确提到的一篇,全篇主旨单一,通过孔子与渔父对话,批判儒家宣扬的仁义与礼制观念损害了人的真性,全面阐述了道家的"真"观念。只有效法天道,保持真性,超越世俗礼法,才能达至妙道。

原文

孔子游于缁帷之林[1],休坐乎杏坛[2]之上。弟子读书,孔子弦歌鼓琴。奏曲未半,有渔父者,下船而来,鬓眉交[3]白,被发揄袂[4],行原[5]以上,距陆[6]而止,左手据[7]膝,右手持颐以听。曲终而招子贡

译文

孔子在黑色茂密的树林之中游历,坐在杏坛上休息。弟子们诵读诗书,孔子弹琴唱歌。一曲还未演奏完,有个渔父下船走来,鬓发眉毛全白,披着头发,扬着衣袖,从平直的河岸而上,来到高地便停止脚步,左手靠着膝盖,右手托着下巴听孔子弹唱。一曲

子路,二人俱对。客指孔子曰:“彼何为者也?”子路对曰:“鲁之君子也。”客问其族[8]。子路对曰:“族孔氏。”客曰:“孔氏者何治也?”子路未应,子贡对曰:“孔氏者,性服忠信,身行仁义,饰礼乐,选[9]人伦,上以忠于世主,下以化于齐民[10],将以利天下。此孔氏之所治也。”又问曰:“有土之君与?”子贡曰:“非也。”“侯王之佐[11]与?”子贡曰:“非也。”客乃笑而还,行言曰:“仁则仁矣,恐不免其身;苦心劳形以危其真[12]。呜呼,远哉其分[13]于道也!”

奏完,渔父招手示意子贡和子路,两人一起走过去。渔父指着孔子说:“他是干什么的?”子路回答道:“他是鲁国的君子。”渔父问其姓氏。子路回答:“姓孔。”渔父说:“孔氏从事什么行业?”子路没有回答,子贡说:“孔氏这个人,本性敬服忠信,践行仁义,修治礼乐,具备人伦纲常,对上忠诚于国君,对下教化百姓,将要造福天下。这就是孔氏所从事的事业。”渔父又问道:“他是拥有领土的君主吗?”子贡说:“不是。”渔父问:“他是侯王的辅佐大臣吗?”子贡说:“也不是。”渔父于是笑着转身往回走,边走边说道:“仁倒是仁,恐怕自身都不能免于祸患;精神痛苦,形体劳顿,危害真性。唉,他离大道实在太远了!”

注释

1 **缁**(zī):黑色。**帷**:影宋本作“惟”,帐幕。

2 **杏坛**:泽中高处。

3 **交**:皆。陈景元《庄子阙误》引张君房本作“皎”。

4 **被**(pī)**发**:披发。**揄**(yú):扬。**袂**(mèi):袖口。

5 **原**:平原。

6 **距**:至。**陆**:高地。

7 **据**:凭靠。

8 **族**:氏族,姓氏。

9 **选**:具备。

10 **齐民**:平民。

11 **佐**:辅佐,这里指辅助侯王之人。

12 **真**:天性。

13 **分**:或作“介”,离。

原文

子贡还,报孔子。孔子推琴而起曰:“其圣人与!”乃下求之,至于泽畔,方将杖拏而引其船[1],顾见孔子,还乡而立[2]。孔子反走[3],再拜而进。

译文

子贡转过身,把渔父的一席话转告给孔子。孔子推开琴站起来说:“这大概是位圣人吧!”于是走下杏坛去找渔父,来到岸边,渔父正在撑船桨准备引船离去,回头看见孔子,转过身来面对孔子站着。孔子后退几步,拜了两次走上前去。

注释

1 **杖**:撑。**拏**(ráo):通“桡”,船桨。覆宋本作“拏”(ná),疑误,下同。

2 **还**(xuán):旋转。**乡**:通“向”,方向。

3 **反走**:后退几步,以示敬意。

原文

客曰:“子将何求?”孔子曰:“曩者先生有绪言而去[1],丘不肖,未知所谓,窃待[2]于下风,幸闻咳唾之音以卒相丘也[3]!”客曰:“嘻!甚矣子之好学也!”孔子再拜而起曰:“丘少而修学,以至于今,六十九岁矣,无所得闻至教,敢不虚心!”

译文

渔父说:“你有何见教?”孔子说:“刚刚先生话还未说完就离开了,我不聪明,不明白您所说的意思,因此亲自等候于此,希望能有幸听到您的高见并最终帮助我。”渔父说:“呵呵,你真是好学啊!”孔子拜了两次,然后起身说道:“我幼年就开始求学,一直到今天,我六十九岁了,还没有听到真正的教诲,不敢不虚心求学啊!”

注释

1 **曩**:刚刚不久。**绪言**:余言,未说尽的话。

2 **待**:陈景元《庄子阙误》引张君房本作“侍”。

3 **咳唾**:咳嗽与吐口水,这里指言谈。**卒**:最终。**相**:帮助。

原文

客曰:“同类相从,同声相应,固天之理也。吾请释吾之所有而经子之所以[1]。子之所以者,人事也。天子、诸侯、大夫、庶人,此四者自正,治之美也。四者离位而乱莫大焉。官治其职,人忧[2]其事,乃无所陵[3]。故田荒室露[4],衣食不足,征赋不属[5],妻妾不和,长少无序,庶人之忧也;能不胜任,官事不治,行不清白[6],群下荒怠[7],功美不有,爵禄不持,大夫之忧也;廷[8]无忠臣,国家昏乱,工技不巧,贡职[9]不美,春秋后伦[10],不顺天子,诸侯之忧也;阴阳不和,寒暑不时,以伤庶物,诸侯暴乱,擅相攘伐[11],以残[12]民人,礼乐不节,财用穷匮[13],人伦不饬[14],百姓淫乱,天子有司之忧也。今

译文

渔父说:“大凡事物,都是同类相聚,同声相应,这本是自然的道理。我就阐述下我所了解的道理来分析你所从事的事业。你所从事的是人世间的各种世俗活动。天子、诸侯、大夫、百姓这四种人各自都能自行端正,这是治理的最好状态了。这四者离开各自的位置,那么天下没有比这更混乱的了。官吏处理好自己的职责,百姓安排好自己的事务,就不会出现混乱。所以田地荒芜,房屋败露,衣食不足,赋税不够,妻妾不和睦,长幼没有次序,这是百姓的忧虑;能力不能胜任职位,公事得不到处理,行为不廉洁,群臣荒淫懈怠,没有功劳和赞誉,爵位和俸禄不能持守,这是大夫的忧虑;朝廷没有忠臣,国家混乱,工匠们技艺不精巧,献上的贡品不好,朝觐失序,不遵循天子的命令,这是诸侯的忧虑;阴阳不和谐,寒暑颠倒,损伤万物,诸侯暴乱,擅自攻伐,伤害百姓,礼乐没有节制,财货穷竭,人伦秩序得不到整顿,百姓淫乱,这是天子和大

子既上无君侯有司之势，而下无大臣职事之官，而擅饰礼乐，选人伦，以化齐民，不泰[15]多事乎！

臣们的忧虑。如今你上没有君主侯王的权势，下没有大臣的官职，却擅自修治礼乐，创制人伦纲常，以教化百姓，这不是太多事了吗！

注释

1 **吾之所有**：指渔父所掌握的方外之道。**经**：经营。**子之所以**：指孔子所从事的方内之业。

2 **忧**：或作"处"。

3 **陵**：乱。

4 **田荒室露**：田地荒芜，房屋败露。

5 **属**：足。

6 **行**：行为。**清白**：廉洁。

7 **荒怠**：荒淫懈怠。

8 **廷**：或作"朝"，朝廷。

9 **贡职**：贡品。

10 **春秋后伦**：朝觐失序。

11 **擅**：擅自。**攘伐**：攻伐。

12 **残**：或作"贱"。

13 **匮**：穷尽。

14 **饬**：整顿。

15 **泰**：通"太"。

原文

"且人有八疵[1]，事有四患，不可不察也。非其事而事之，谓之摠[2]；莫之顾而进之，谓之佞；希意导言[2]，谓之谄；不择是非而

译文

而且人有八种毛病，做事有四种祸患，不能不明察。不是自己的事却去做，这叫作多管闲事；没有人理睬却一味进言，叫作巧佞；观察别人意图投其所好地说话，叫作谄媚；不辨是非地进言，叫

言，谓之谀[4]；好言人之恶，谓之谗；析交[5]离亲，谓之贼；称誉诈伪以败恶[6]人，谓之慝[7]；不择善否[8]，两容颜[9]适，偷拔其所欲，谓之险。此八疵者，外以乱人，内以伤身，君子不友，明君不臣。所谓四患者，好经[10]大事，变更易常，以挂功名，谓之叨[11]；专知擅事，侵人自用，谓之贪；见过不更，闻谏[12]愈甚，谓之很[13]；人同于己则可，不同于己，虽善不善，谓之矜[14]。此四患也。能去八疵，无行四患，而始可教已。"

作阿谀；喜欢说别人的坏话，叫作谗言；挑拨故交，离间亲人，叫作贼害；称赞诈伪，败坏他人，叫作慝；不分善恶美丑，两副面孔随时应变，暗中满足自己的私利，叫作阴险。有这八种毛病的人，对外惑乱他人，对内伤害自身，君子不和他们交往，明君不接受他们为臣下。所谓四患，喜欢管理大事，随意变化常规，以捞取功名，这叫作贪得；自恃聪明，独断专行，侵害他人，刚愎自用，叫作贪婪；知过不改，听到劝谏反而变本加厉，叫作顽固；别人跟自己相同则认可，与自己不同的，即便是好也认为不好，这叫作骄矜自负。这就是四种祸患。除去这八种毛病，不做这四种祸患之事，才能够对其施教。"

注释

1 **疵**：缺点。

2 **摠**(zǒng)：通"总"，滥。

3 **希**：通"睎"，看，观望。**导**：或作"道"。

4 **谀**：谄媚，奉承。

5 **析交**：离析朋友。

6 陈景元《庄子阙误》引张君房本作"德"。

7 **慝**(tè)：奸邪。

8 **否**(pǐ)：坏，恶。

9 **颜**：或作"颊"。

10 **经**：管理，治理。

11 **叨**(tāo):通“饕”,贪。

12 **谏**:劝谏。

13 **很**:或作“狠”,不听从。

14 **矜**:自负。

原文

孔子愀然[1]而叹,再拜而起曰:“丘再逐于鲁[2],削迹于卫,伐树于宋,围于陈蔡。丘不知所失,而离[3]此四谤者何也?”客凄然[4]变容曰:“甚矣子之难悟也!人有畏影恶[5]迹而去之走者,举足愈数而迹愈多,走愈疾而影不离身。自以为尚迟,疾走不休,绝力而死。不知处阴以休[6]影,处静以息迹[7],愚亦甚矣!子审[8]仁义之间,察同异之际,观动静之变,适[9]受与之度,理好恶之情,和喜怒之节,而几于不免矣。谨修而身,慎守其真,还以物与人,则无所累矣。今不修之身而求之人,不亦外乎?”

译文

孔子凄然叹息,再次行礼后站起来说:“我两次被鲁国驱逐,在卫国没有立足之地,在宋国遭受伐树的惊吓,在陈国和蔡国之间遭受围困。我不知道犯了什么过错,为什么会遭遇这四次诋毁呢?”渔父凄然说:“你实在是难以觉悟啊!有人害怕自己的影子、厌恶自己的足迹,想要离开它而逃跑,结果抬脚越多足迹越多,跑得越快而影子不离身。自以为还是跑慢了,于是快速奔跑不停,终于力竭身亡。不知道站在阴处来消除影子,停止不动以消除足迹,实在是太愚昧了!你仔细考究仁义,明察事物的同异,观察动静的变化,权衡接受与给予的准则,控制好恶之情,调节喜怒的尺度,却几乎不能免于祸患。认真修养你的身心,谨慎地持守你的真性,把身外之物交还他人,就没有什么牵累了。如今你不修养自身,反而苛求别人,这不是舍内求外了吗?”

注释

1 **愀(qiǎo)然**:脸色凄凉悲伤。

2 **再逐于鲁**:详见《山木》《天运》。

3 **离**:通"罹",遭遇。

4 **凄然**:凄凉悲伤。

5 **恶**:厌恶。

6 **休**:停止。

7 **息迹**:消除足迹。

8 **审**:仔细思考。

9 **适**:适合。

原文

孔子愀然曰:"请问何谓真?"客曰:"真者,精诚之至也。不精不诚,不能动人。故强哭者虽悲不哀,强怒者虽严不威,强亲者虽笑不和。真悲无声而哀,真怒未发而威,真亲未笑而和。真在内者,神动于外,是所以贵真也。其用于人理[1]也,事亲则慈孝,事君则忠贞,饮酒则欢乐,处丧则悲哀。忠贞以功为主,饮酒以乐为主,处丧以哀为主,事亲以适[2]为主。功成之美,无一其迹矣;事

译文

孔子凄然地说:"请问什么叫作真?"渔父说:"所谓真,就是精纯诚实的极致。不精纯不诚实不能打动人。所以勉强哭泣的人虽然看上去很悲伤,但实际上并不哀痛,勉强发怒的人虽然看上去严厉,但实际上并不威严,勉强亲近的人虽然看上去笑容满面,但实际上并不和蔼可亲。真正的悲伤即便没有哭声却很哀痛,真正的愤怒即便未发作却已经体现出威严,真正的亲近虽然没有笑容却很和蔼。真性存在于人的内心,而通过神情表现于外,这就是真性之所以珍贵的原因。真性在人事中运用,侍奉亲人自然慈爱孝顺,侍奉君主自然忠诚不二,饮酒自然欢乐洋溢,守丧时自然悲痛。忠诚以功业为主,饮酒以快乐为主,居丧以哀痛为主,侍奉亲人

亲以适，不论所以[3]矣；饮酒以乐，不选其具[4]矣；处丧以哀，无问其礼矣。礼者，世俗之所为也；真者，所以受于天[5]也，自然不可易也。故圣人法天贵真，不拘于俗。愚者反此，不能法天而恤[6]于人，不知贵真，禄禄[7]而受变于俗，故不足。惜哉，子之早湛[8]于人伪而晚闻大道也！”

以安适为主。功业成就的美好，不拘泥于具体行迹；侍奉亲人使其安适，不论采取什么方式；快乐地饮酒，不拘执于饮酒的器具；悲痛地居丧，不拘执于具体的礼仪。礼仪是俗人的行为；而纯真却是天然禀赋，与生俱来，不可改变。所以圣人效法天道，重视纯真，不为俗世所拘执。愚蠢的人反其道而行之，不能效法天道，而忧虑世人，不知道重视真性，承受着世俗的变化，所以不知足。可惜啊，你过早地沉溺于世俗的伪诈之中，而听闻大道太晚了！”

注释

1 **人理**：人伦。

2 **适**：安适。

3 **所以**：所用的方式。

4 **具**：器具，饮酒的杯具。

5 **天**：天然。

6 **恤**：忧。

7 **禄禄**：平庸，随附他人的样子。

8 **湛**：通“耽”，沉溺。

原文

孔子又再拜而起曰：“今者丘得遇也，若天幸然[1]。先生不羞而比之服役[2]，而身教之。敢问舍所在，请

译文

孔子又一次行礼，站起身来说：“今天我能够遇上先生，就像上天对我的宠幸。先生不以我为羞辱，将我看作门人一样，亲身教导我。请问您家住何处，请让我跟

因受业而卒学大道。”客曰：“吾闻之，可与往者与之，至于妙道；不可与往者，不知其道，慎勿与之，身乃无咎。子勉之！吾去子矣！吾去子矣！”乃刺[3]船而去，延缘苇间[4]。

着您学习，最终通达大道。”渔父说：“我听说，可以一起前往探寻大道的人就与之交往，通达玄妙的大道；不可以一起前往探寻大道的人，不知大道，千万不要和他们一起，自身才能免于灾祸。你好自为之！我要走了！我要走了！”于是撑船离开孔子，沿着芦苇间水路缓缓而去。

注释

1 **幸**：宠幸。

2 **不羞**：不以为羞辱。**服役**：仆从。

3 **刺**：撑。

4 **延**：慢行。**缘**：沿。

原文

颜渊还车，子路授绥[1]，孔子不顾，待水波定，不闻拏音而后敢乘[2]。

译文

颜渊掉转车头，子路递上马车绳，孔子看也不看，直到渔父的船所荡起的水波平定，听不见划桨的声音才登上马车。

注释

1 **绥**：登马车时拉的绳子。

2 **拏(ráo)音**：船桨划水之声。拏，通“桡”。

原文

子路旁车而问曰：“由得为役[1]久矣，未尝见夫子遇[2]人如此其威也。万乘之主，千乘之君，见夫子未尝不分庭伉礼[3]，夫子犹有

译文

子路在车旁问道：“我在您身边伺候很久了，从来没有看见您对待人如此的恭敬。大国小国的君主，见到先生彼此都是以平等的礼节相见，您还有一些傲慢的神情。如今渔父撑着桨迎面而立，

倨敖[4]之容。今渔父杖拏逆立[5]，而夫子曲要磬折[6]，言拜而应，得无太甚乎？门人皆怪夫子矣，渔人何以得此乎？”孔子伏轼而叹曰：“甚矣由之难化也！湛于礼仪有间[7]矣，而朴鄙之心至今未去。进，吾语汝，夫遇长不敬，失礼也；见贤不尊，不仁也。彼非至人，不能下人，下人不精，不得其真，故长伤身。惜哉！不仁之于人也，祸莫大焉，而由独擅[8]之。且道者，万物之所由[9]也，庶物[10]失之者死，得之者生；为事逆之则败，顺之则成。故道之所在，圣人尊之。今渔父之于道，可谓有矣，吾敢不敬乎？”

您却弯腰曲背像石磬一样，一再行礼后再作回答，这也太过分了吧？弟子们都认为您的行为很奇怪，渔父怎么获得如此礼遇呢？”孔子扶着马车前的横木叹气道：“你实在是太难教化了啊！你浸润于礼仪也有一段时间了，但你那粗野浅薄的心态至今还没有消除。你过来，我跟你讲，遇到长辈而不恭敬，就是失礼；见到贤人而不尊重，就是不仁。他如果不是至人，不可能让别人对他谦恭，谦恭却不真诚，就不能得到他的真传，得不到真传，所以常常伤害自身。可惜啊！不仁对于人来说实在是最大的祸患啊，然而你却偏偏有这个缺陷！大道是万物产生的根源，万物失道就会死去，得道就会生存；做事情违逆大道就会失败，顺从大道就会成功。所以得道之人，圣人都会很尊敬他。如今渔父对于大道，可以说是有所得了，我怎能不尊敬他呢？”

注释

1 **役**：弟子。

2 **遇**：对待，接待。

3 **分庭伉礼**：彼此的关系对等，以平等的礼节相见。

4 **敖**：覆宋本作“傲”。

5 **逆立**：对面而立。

6 **曲要**：弯腰。**磬**(qìng)：古代打击乐器，形状像曲尺，用玉或石制成，可悬挂。“磬折”指像磬一样弯曲。

7 **有间**:有一段时间。

8 **独**:偏偏。**擅**:具有。

9 **由**:从。

10 **庶物**:万物。

天　下

导读

《天下》是《庄子》的最后一篇,也是极为重要的一篇。此篇对先秦诸子的多个重要学派的学术思想进行了精练地概述与评价,是我们今天了解先秦学术史的重要资料。

首先,作者从“方术”与“道术”的辨析入手,“道术”是指对宇宙人生的终极道理与原则进行全面地探究和整体性地认知,达到这种认知境界的人称之为天人、神人、至人、圣人。而“方术”是对宇宙人生中的某些具体方面进行的探究,方术的研究者们都认为自己所从事的研究已经达到极致,以此批评其他学派的观点,由此纷争不止。这正是当时诸子学术的状态。作者指出这些人都是“一曲之士”,不能探究宇宙人生的终极道理,因而致使“道术”支离破碎。

其次,依次概述与评价诸子之学。儒家之学是崇尚仁义礼乐的君子之学,他们注重法度与名号,关心百官的职分,百姓的生养蓄息。儒家之学是仅次于道术层次的学派。墨子、禽滑釐之学,崇尚节俭,泛爱众人,反对战争与贵贱等级,但“非乐”不近人情,苛求自身,以利他人,过于理想,而不能遍行。宋钘、尹文之学崇尚平等、节制,主张“禁攻寝兵”“情欲寡浅”,为天下人的安宁生活而奋斗不止,然而他们是极端的利他主义者,自爱太少，也难以实行。彭蒙、田骈、慎到之学崇尚齐一、均平与公正，属于极端的平均主义者，主张弃绝人的主观成见和智识，完全随顺外物，然而这种丧失人的主体精神的学说也不是真正得道的学说。关尹、老聃之学建立在宇宙的根本原则与终极本原的基础上，崇尚濡弱谦下，无私心成见，常宽容于外物，以无为方式处世，洞察宇宙万物的根本之道，因此他们被称之为博大真人。庄周之学穷究宇宙人生的终极道理，以整体的视角审视宇宙，不拘执于语言以及言说方式，以荒唐谬悠之说，汪洋恣肆，通过“卮言”“寓言”“重言”，阐述了与天地精神往来，但又不傲视万物的主张，主张与大道浑然一体，追求卓然独立的自由精神。最后，作者概述了惠施、桓团、公孙龙的名家之学，他们崇尚言辩，在名实之间跳跃，以大小、同异、生死、南北等相对性概念为中心，提出了很多命题，冲击了人们的常识，并且相互辩论不休，作者认为他们追逐外物而不知返，未能体认大道。

总之，《天下》篇保留了很多先秦诸子之学的史料，对于深入理解先秦道家、名家、法家等学派的思想有重要的意义。

原文

天下之治方术者多矣[1]，皆以其有为不可加矣[2]！古之所谓道术[3]者，果恶乎在[4]？曰：“无乎不在。”曰：“神[5]何由降？明[6]何由出？”“圣有所生，王有所成，皆原于一[7]。”

译文

天下研究各种学术的人很多，都认为自己研究的领域已经达到了极高的程度，而不能再增益了。古时候所讲的道术，究竟在哪里呢？答案是：“无处不在。”再问：“神圣从哪里降临？明王从何处产生？”回答是：“神圣之所以降生，明王之所以成就，都本源于大道。

注释

1 **治**：研究。**方术**：具体某一方面的学问。

2 **有**：所研究的，所学的。**加**：增加。

3 **道术**：关于天道的学问，全面的学术，无所不包。

4 **果**：果真，到底。**恶乎**：何所，哪里。

5 **神**:神圣。

6 **明**:明王。

7 **一**:大道,天地万物之本源。

原文

不离于宗[1],谓之天人。不离于精[2],谓之神人。不离于真[3],谓之至人。以天为宗,以德为本,以道为门,兆[4]于变化,谓之圣人。以仁为恩,以义为理[5],以礼为行,以乐为和,薰然[6]慈仁,谓之君子。以法为分[7],以名为表[8],以操为验[9],以稽为决[10],其数一二三四是也,百官以此相齿[11];以事[12]为常,以衣食为主,蕃息畜藏[13],老弱孤寡为意[14],皆有以养,民之理也。

译文

不脱离大道,称之为天人;不离散大道之精粹,称之为神人;不离弃大道之真,称之为至人。以天为生命本源宗始,以德行为根本,以大道为门户,预知各种变化,称之为圣人;以仁爱施以恩泽,以公义来治理事务,以礼仪来规范行动,以音乐来实现和乐,温和慈善,称之为君子。以法规来区别,以名称作标准,以综合比较来验证,以稽考来决断,就像一二三四一样等级分明,百官以此排定次序;以日用为恒常,以衣食为主,繁衍生息,积蓄贮藏,照顾老弱孤寡,使他们都有所供养,这是百姓的生存之道。

注释

1 **宗**:宗始,本源,指大道。

2 **精**:大道的精粹。

3 **真**:纯真之性。

4 **兆**:先见,预知。

5 **以义为理**:以公义来治理事务。

6 **薰然**:温和的样子。

7 **法**:法规,法度。**分**:分别,区别。

8 **名**:名称。**表**:标准。

9 **操**:或作"参",综合比较。**验**:验证,征验。

10 **稽**:稽考,考核。**决**:决断,决定。

11 **相齿**:相互排序。

12 **事**:职事,事业。

13 **蕃**:繁殖。**息**:生养。**畜**:积蓄。**藏**:贮藏,储藏。

14 **为意**:为怀,作为关心的事。

原文

古之人其备[1]乎!配神明,醇[2]天地,育万物,和天下,泽及百姓,明于本数[3],系于末度[4],六通四辟[5],小大精粗,其运[6]无乎不在。其明而在数度[7]者,旧法世传之史尚多有之[8]。其在于《诗》《书》《礼》《乐》者,邹鲁之士、搢绅先生多能明之[9]。《诗》以导[10]志,《书》以导事,《礼》以导行,《乐》以导和,《易》以导阴阳,《春秋》以导名分。其数散于天下而设于中国者[11],百家之学时或称而道之。

译文

古人的道术是多么完备啊!他们与神明相匹配,与天地相准平,养育万物,调和天下,恩泽遍及百姓,他们明白大道之根本,又关注具体的法则和制度,上下四方,古往今来,不论大小精粗,其作用无处不在。体现在具体的原则与制度上,先前的法令与世代相传的史书中都还有不少记载。体现在《诗》《书》《礼》《乐》之中,则邹鲁之地的学者、官吏们大多知晓。《诗》是用来表达心志,《书》是用来记载事件,《礼》是用来规范行为,《乐》是用来调和情性,《易》是用来表达阴阳,《春秋》是用来表达名分。上述这些方面的学术散布于天下,在国内施行,诸子百家时常能称道与宣扬。

注释

1 **备**:完备,周全。

2 **醇**:借为"准",效法。

3 **本数**:根本原则。

4 **末度**:具体制度。

5 **六通**:上、下、四方六个方位。**四辟**:春、夏、秋、冬四个季节。

6 **运**:运用。

7 **数度**:制度。

8 **旧法**:历史上的法令。**世传之史**:世代流传的史书。

9 **邹鲁之士**:邹是鲁国的一个邑,孔子父亲的封邑。邹鲁之士泛指儒家学者。**搢**:插。**绅**:大带。"搢绅",插笏于绅,此指做官的人。

10 **导**:覆宋本作"道",表述。

11 **数**:指前文的《诗》《书》《礼》《乐》《易》《春秋》六经。**散**:分布,散布。**设**:设立。

原文

天下大乱,贤圣不明,道德不一,天下多得一察焉以自好[1]。譬如耳目鼻口,皆有所明,不能相通。犹百家众技[2]也,皆有所长[3],时有所用。虽然,不该不遍[4],一曲之士[5]也。判[6]天地之美,析[7]万物之理,察古人之全[8],寡能备[9]于天地之美,称[10]神明之容。是故内圣外王之道,暗[11]而不明,郁[12]而不发,天下之

译文

天下大乱,圣贤得不到任用,道德不统一,天下人大多只获得某一方面的知识而沾沾自喜。就像耳目鼻口,各有自己的作用,却不能相互协调运用。就像诸子百家各有自己的技艺,各有自己的专长,时不时还能发挥作用。尽管如此,他们的学术不完备,不周遍,只是掌握了某一个方面的道理而已。剖析天地的纯美,离析万物的常理,破坏了古人完整的道术,很少能具备天地的纯然之美,符合神明的面貌。因而内圣外王之道隐晦不明,闭塞而不

人各为其所欲焉以自为方[13]。悲夫!百家往而不反[14],必不合矣!后世之学者,不幸不见天地之纯[15]、古人之大体[16],道术将为天下裂。

能发扬,天下之人各自依据自己的喜好画地为牢。可悲啊!诸子百家之学走上这条路却不知回头,必定与大道不相合。后世的学者,不幸再也看不到天地的纯然之美和古人道术的全貌,道术将被天下人割裂。

注释

1 **察**:通“际”,边。“一察”即一边、一面。**自好**:自喜。

2 **技**:覆宋本作“枝”,疑误。

3 **长**:优点,长处。

4 **该**:通“赅”,完备。**遍**:周遍。

5 **一曲**:偏于一隅,只知晓某一方面。“一曲之士”即“得一察焉以自好”之人。

6 **判**:分散。

7 **析**:离析。

8 **察**:离散。**全**:就前文“古之人其备乎”而言。

9 **备**:完备。

10 **称**:配,合。相对于前文“配神明”而言。

11 **暗**:幽暗,隐晦。

12 **郁**:闭塞。

13 **方**:方术,相对于前文“天下之治方术者多矣”而言。

14 **反**:通“返”。

15 **纯**:全。

16 **大体**:全貌。

原文

不侈[1]于后世，不靡[2]于万物，不晖[3]于数度，以绳墨自矫[4]，而备世之急。古之道术有在于是者，墨翟、禽滑釐闻其风而悦之[5]。为之太过[6]，已之大循[7]。作为《非乐》[8]，命之曰《节用》[9]。生不歌[10]，死无服[11]。墨子泛爱兼利而非斗[12]，其道不怒[13]。又好学而博，不异[14]，不与先王同，毁[15]古之礼乐。

译文

不向后世显示奢侈，不浪费万物，不炫耀法令与制度，用严格的规范自我矫正，以备世人的急用。古时候的道术有体现在这方面的，墨翟、禽滑釐闻风而起，十分赞赏这种做法。他们有的方面做得太过分，不去做的方面又太谨慎。他们倡导《非乐》，把它称作《节用》。活着的时候不唱歌奏乐，死去时没有丧服。墨子主张泛爱众人，共同获利，反对争斗，他的学说中没有怨怒。他又好学，博闻强识，不标新立异，与先王的礼法不同，反对古代的礼乐制度。

注释

1 **侈**：奢侈。

2 **靡**：靡费，浪费。

3 **晖**：炫耀。

4 **矫**：勉励。

5 **墨翟**、**禽滑釐**：墨子弟子。**悦**：或作“说”，下同。

6 **太过**：或作“大过”。

7 **大循**：或作“大顺”。

8 **《非乐》**：《墨子》中的一篇。

9 **《节用》**：《墨子》中的一篇。

10 **歌**：唱歌。

11 **服**：丧服。

12 **泛爱**：兼爱，广泛地爱人。**兼利**、**非斗**：均为墨家的主张。

13 **怒**：怨怒。

14 **不异**：不标新立异。墨子尚同。

15 **毁**：毁弃。此指反对。

原文

黄帝有《咸池》[1]，尧有《大章》[2]，舜有《大韶》[3]，禹有《大夏》[4]，汤有《大濩》[5]，文王有《辟雍》[6]之乐，武王、周公作《武》[7]。古之丧礼，贵贱有仪，上下有等。天子棺椁七重[8]，诸侯五重，大夫三重，士再重。今墨子独生不歌，死不服，桐棺三寸而无椁，以为法式。以此教人，恐不爱人；以此自行，固不爱己。未败墨子道[9]。虽然，歌而非歌，哭而非哭，乐而非乐，是果类乎？其生也勤[10]，其死也薄[11]，其道大觳[12]。使人忧，使人悲，其行难为也，恐其不可以为圣人之道。反天下之心，天下不堪。墨子虽独能任，奈天下何？离于天下，其去王也远矣！

译文

黄帝有《咸池》乐舞，尧有《大章》乐曲，舜有《大韶》乐曲，禹有《大夏》乐曲，汤有《大濩》乐曲，文王有《辟雍》乐曲，周武王、周公还创作了《大武》乐曲。古时候的丧礼，按照贵贱有不同的礼仪，尊卑等级明确。天子的棺椁有七层，诸侯的有五层，大夫的有三层，士人有两层。如今唯独墨子主张活着的时候不唱歌奏乐，死去的时候没有丧服，只有三寸厚的桐木棺材下葬，并且把这个当作法式来推行。以此来教导天下人，很难说是仁爱他人；自己按照这些来做，实在是不爱惜自己。这些并不是否定墨子的学说。尽管如此，唱歌时反对唱歌，哭泣时反对哭泣，奏乐时反对奏乐，这些难道真的符合人情吗？活着的时候要勤劳，死去后薄葬，这种主张太刻薄了。使人忧患，使人悲伤，这种主张实行起来就很困难，恐怕不能作为圣人之道。违背天下人的正常想法，天下人不能忍受。墨子虽然可以独自践行这套学说，但能奈天下人何？离弃天下人，离统治天下也就很远了！

注释

1《**咸池**》:乐曲名,相传为黄帝作,尧时增修。

2《**大章**》:唐尧时乐曲名。

3《**大韶**》:虞舜时乐曲名。

4《**大夏**》:夏禹时的乐曲名。

5《**大濩**(hù)》:"濩" 通 "頀",商汤时的乐曲名。

6《**辟雍**(bì yōng)》:"辟" 通 "璧",周文王时乐曲名。

7《**武**》:即《大武》,周武王时乐曲名。

8 **重**:层。

9 **未**:底本、影宋本作 "末",今据覆宋本改。**败**:毁坏,败坏。

10 **勤**:劳苦。

11 **薄**:薄葬。

12 **觳**(què):简陋,俭薄。

原文

墨子称道曰:"昔者禹之湮洪水[1],决江河,而通四夷九州也。名川三百[2],支川三千,小者无数。禹亲自操橐耜而九杂天下之川[3]。腓无胈[4],胫[5]无毛,沐甚雨[6],栉[7]疾风,置万国。禹大圣也,而形劳天下也如此。"使后世之墨者,多以裘褐[8]为衣,以跂蹻为服[9],日夜不休,以自苦为极,曰:"不能如此,非禹之道也,不足谓墨。"

译文

墨子说道:"从前大禹治理洪水,疏通江河,贯通华夏九州与四夷之地,大河有三百条,支流有三千条,小河不计其数。大禹亲自拿着土筐、锄头,汇聚天下河流。他辛劳得腿肚上没有白肉,小腿上没有汗毛,冒着淫雨,顶着大风,安置了万国。大禹是圣人,却为天下而形体劳累到如此程度!"因此,他让后世墨者身穿粗布衣服,脚穿木屐草鞋,日夜劳作不息,以让自己劳苦到极致,说:"不这样做,就不是大禹之道,称不上是墨者。"

注释

1 **湮**(yān)：堵塞，淤塞。引申为治理。

2 **名川**：大川。

3 **橐**(tuó)：盛物的口袋。**耜**(sì)：翻土工具。**九**：或作“鸠”，聚集。**杂**：陈景元《庄子阙误》引江南古藏本作“涤”，汇集。

4 **腓**(féi)：小腿肚。**胈**(bá)：白肉。

5 **胫**(jìng)：小腿，从膝盖到脚跟的一段。

6 **沐**：淋。**甚雨**：或作“湛雨”，淫雨。一说暴雨。

7 **栉**(zhì)：梳子。

8 **裘褐**：褐，粗毛制成的衣服。“裘褐”指俭约朴素的服装。

9 **跂**：通“屐(jī)”，木鞋。**蹻**(juē)：草鞋。

原文

相里勤之弟子，五侯之徒[1]，南方之墨者苦获、已齿、邓陵子之属[2]，俱诵《墨经》，而倍谲[3]不同，相谓别墨[4]。以坚白同异之辩相訾[5]，以觭偶不仵之辞相应[6]；以巨子为圣人[7]，皆愿为之尸[8]，冀得为其后世[9]，至今不决[10]。墨翟、禽滑釐之意则是，其行则非也。将使后世之墨者，必自苦以腓无胈、胫无毛相进[11]而已矣。乱之上也，治之下也。虽然，墨子真天下之好[12]也，将求之不

译文

相里勤的弟子，五侯之类的人，南方的墨者苦获、已齿、邓陵子之流，都诵读《墨经》，但是相互矛盾，各有不同，彼此称对方为另立门派的墨家。他们以坚白同异之类的辩论相互诋毁，用奇偶不合之辞相互应答；他们都把巨子看作是圣人，都愿意尊奉他为领袖，希望能够继承他的事业，至今相传不绝。墨翟、禽滑釐的想法是好的，但是他们的做法确实不对。他们的主张必将使得后世墨者劳苦自身，以致于腿肚上没有白肉，小腿上没有汗毛，相互争竞而已。这种主张实在是祸乱天下的魁首，而对于治理天下而言则是最坏的策略。尽管如此，墨子实在是热爱天下啊，世上这种人太难找

得也，虽枯槁不舍[13]也，才士[14]也夫！

了，即便粉身碎骨也锲而不舍，真是才干之人啊！

注释

1 **相里勤**：墨家后学，姓相里，名勤。**五侯**：墨家后学，姓五，名侯。

2 **苦获**：影宋本作“若获”，墨家学者。**已齿**：墨家学者。**邓陵子**：即邓陵氏，墨子之后墨学的三派之一。

3 **倍**：通“背”，相反，相背。**谲**(jué)：变异。

4 **别墨**：非正统墨家。

5 **訾**：诋毁。

6 **觭**(jī)：通“奇”，奇数。**仵**(wǔ)：同。

7 **巨子**：墨家首领。

8 **尸**：主。

9 **冀**：希望。**后世**：后继者。

10 **决**：绝。

11 **相进**：相竞争。

12 **好**：热爱。

13 **舍**：放弃。

14 **才士**：才能之士。

原文

不累[1]于俗，不饰[2]于物，不苟[3]于人，不忮[4]于众，愿天下之安宁以活民命，人我之养，毕足而止，以此白心[5]。古之道术有在于是者，宋钘、尹文闻其风而悦之[6]。作为华山之冠以自表[7]，接万

译文

不为世俗所牵累，不借助外物来矫饰自己，不苛求于人，不违逆众人意愿，希望天下安宁以保全百姓的生命，别人与自己的给养，能满足基本生存即可，以此表白自己的心迹。古时候的道术有主张这种观点的，宋钘、尹文闻风而起，赞赏这种主张。他们制作了华山冠，以此来表明自己的志向，他们以应接万物时抛弃内心的

物以别宥[8]为始。语心之容[9],命之曰心之行[10],以聏[11]合欢,以调[12]海内,请欲置之以为主[13]。见侮不辱[14],救民之斗[15],禁攻寝兵[16],救世之战。以此周行天下,上说下教[17]。

成见为首要任务。描述内心的包容意识,把它称作心灵的行动,以和颜悦色合欢众人,调和海内人心,并且把这个看作是主导思想。被欺侮却不认为是耻辱,阻止百姓之间的争斗,禁止攻伐,主张息兵,阻止人民之间的战争。他们以这套学说游说天下,向上劝谏君王,向下教化百姓。

注释

1 **累**:拖累。

2 **饰**:矫饰,伪饰。

3 **苟**:为"苛"字之误。

4 **忮**(zhì):违逆,违背。

5 **白心**:表白心迹。

6 **宋钘**:即宋荣子,详见《逍遥游》。**尹文**:姓尹,名文,齐国人,著有《尹文子》。

7 **华山**:华山陡峭,上下均平。华山之冠象征着均平、公正。**自表**:表明内心取向。

8 **别**:分解,除去。**宥**:通"囿",这里喻指人心中的各种成见。

9 **语**:言说,描述。**心之容**:内心的包容意识。

10 **命**:称作。**心之行**:内心真正实行。

11 **聏**(ér):亲昵,柔和。

12 **调**:调和。

13 **请**:一说通"情"。**置**:设立。

14 **见**:被。**侮**:欺侮。**辱**:以为耻辱。

15 **救**:阻止。**斗**:争斗。

16 **寝兵**:息兵。

17 **上说**:向上劝说君王。**下教**:向下教导百姓。

原文

虽天下不取，强聒[1]而不舍者也，故曰上下见厌[2]而强见也。虽然，其为人太多，其自为太少，曰："请欲固置[3]五升之饭足矣。"先生恐不得饱，弟子虽饥，不忘天下，日夜不休。曰："我必得活哉！"图傲[4]乎救世之士哉！曰："君子不为苛察[5]，不以身假[6]物。"以为无益于天下者，明之不如已也。以禁攻寝兵为外，以情欲寡浅为内，其小大精粗，其行适至是而止。

译文

虽然天下人不接受他们的主张，他们也勉强劝谏，从不放弃，所以说，他们的学说上下都遭到厌弃，却仍然勉强表达出来。尽管如此，他们为别人考虑得太多，而为自己考虑得太少，他们说："请姑且为我准备五升饭就够了。"五升饭对于先生来说都吃不饱，弟子虽然饥饿，却仍然不忘记天下人，日夜劳作不息。他们说："我们一定要活下去啊！"真是高尚的救世之人啊！他们说："君子对于他人，不苛求不明察，不借助外物修饰自身。"认为那些对天下人没有好处的事情，与其去弄明白，还不如停止的好。把禁止攻伐、息兵止争看作外部活动，把节制情欲看作内在修为，以此为基础的大小精粗各个方面，他们的行为也就是要达到这种目标而已。

注释

1 **聒**(guō)：声音吵闹，使人厌烦。"强聒"指反复勉强劝谏，聒噪不已。

2 **厌**：厌弃。

3 **固**：通"姑"。**置**：准备。

4 **图傲**：高大。

5 **苛**：苛刻，苛求。**察**：明察。

6 **假**：借助。

原文

公而不党[1]，易而无私，决然无主[2]，趣物而不两[3]，不顾于虑，不谋于知，于物无择[4]，与之俱往。古之道术有在于是者，彭蒙、田骈、慎到闻其风而悦之[5]。齐万物以为首，曰："天能覆之，而不能载之；地能载之，而不能覆之；大道能包之，而不能辩之。"知万物皆有所可，有所不可，故曰选则不遍[6]，教则不至[7]，道则无遗者矣。

译文

公正而不偏袒，平易而没有私心，无心随顺，不带成见，对于万物不生两意，不用谋虑，不谋求智识，对于事物不进行选择，随万物变化。古时候的道术有主张这种观点的，彭蒙、田骈、慎到闻风而起，赞赏这种主张。以齐平万物为首要任务，他们说："天能覆盖万物却不能承载万物，大地能承载万物却不能覆盖万物，大道能包容万物，却不能辨别万物。"知道万物都有可以的地方，也有不可以的地方，所以说，有所筛选就不能周遍，有所传授就不能周至，只有大道才不会有任何遗漏。

注释

1 **党**：偏私，偏袒。

2 **无主**：没有主观成见。

3 **趣物**：取物。**不两**：专一，不生两意。

4 **无择**：不加选择。

5 **彭蒙**：姓彭，名蒙，田骈的老师。**田骈**：齐国人，姓田，名骈，稷下学者，主张均平、齐一。**慎到**：赵国人，游学稷下，学宗黄老，归于刑名，是从道家分化出来的早期法家代表人物，著有《慎子》一书。

6 **选**：筛选，选择。**遍**：周遍。

7 **教**：教化，教导。**至**：周至。

原文

是故慎到弃知去己，而缘[1]不得已，泠汰[2]于物，以为道理。曰："知不知[3]，将薄知而后邻伤之者也[4]。"谿髁无任[5]，而笑天下之尚贤[6]也；纵脱无行[7]，而非[8]天下之大圣。椎拍輐断[9]，与物宛转，舍是与非，苟可以免，不师知虑，不知前后，魏然[10]而已矣。推而后行，曳[11]而后往，若飘风之还[12]，若羽之旋，若磨石之隧[13]，全而无非[14]，动静无过[15]，未尝有罪。是何故？夫无知之物，无建己[16]之患，无用知之累[17]，动静不离于理，是以终身无誉[18]。故曰："至于若无知之物而已，无用贤圣。夫块不失道[19]。"豪桀[20]相与笑之曰："慎到之道，非生人之行，而至死人之理，适得怪焉[21]。"

译文

因此慎到绝弃智识，摒弃自己的成见，而顺从不得已的状态，听任万物变化并把它当作大道的规律。他们说："去强求知道那些不知道的东西，就会为认知活动所迫而受到损伤。"随意放任，讥笑天下的尚贤主张；放纵行为，没有德行，非议天下的圣人。听任击打拍打，而圆转没有棱角，随顺外物变化；舍弃是非，苟且免于世事牵累。不运用智巧谋略，不瞻前顾后，岿然独立而已。被推着才行走，被拉着才前进，就像旋风的回转，就像羽毛一样旋转飞翔，像磨石一样运转。保全自身而没有非议，不论动静都没有过失，因而不曾有罪责。这是什么原因呢？那些没有知觉的事物，也就没有炫耀自身所招致的祸患，没有运用智慧所带来的拖累，不论动静都不违背规律，因而终生没有毁誉。所以说："要做到像无知觉的事物那样就可以了，不用崇尚圣贤。像土块就没有背离大道的问题。"豪杰们讥笑他们说："慎到的学问，不是活着的人可以实行的，讲的都是死人的道理，当然要被认为怪异。"

注释

1 **缘**:顺。

2 **泠(líng)汰**:听任,放任。

3 **知不知**:可参看《老子·第七十一章》:"知不知,尚矣;不知知,病也。"

4 **薄**:鄙薄,轻视。**邻**:通"磷(lìn)",毁伤。

5 **谿髁(xí kē)**:不庄重,随意。**无任**:无能。

6 **尚贤**:可参看《老子·第三章》:"不尚贤,使民不争。"

7 **纵脱**:放纵不羁。**无行**:没有仁义德行。

8 **非**:非议,非难。

9 **椎**:击打。**拍**:底本作"柏",今据覆宋本、影宋本改,拍击。**輐(wàn)断**:圆转而没有棱角。

10 **魏然**:独立不动的样子。

11 **曳**:拉,牵引。

12 **飘风**:回风。**还**:旋转。

13 **隧**:回转。

14 **全**:保全。**无非**:没有非难。

15 **过**:过失。

16 **建己**:彰显自己,炫耀自己。

17 **知**:通"智"。

18 **无誉**:没有赞誉,这里泛指无咎无誉。

19 **块**:土块。

20 **豪桀**:豪杰,"桀"同"杰"。

21 **适**:适宜。

原文

田骈亦然,学于彭蒙,得不教[1]焉。彭蒙之师曰:"古之道人,至于莫之是、莫之非而已矣。其

译文

田骈也是如此,求学于彭蒙,获得不教之教。彭蒙的老师说:"古时得道之人,就是要达到无是无非的境地而已。他们的教化就像疾风吹过一样,又怎能用语言来描

风窢然[2]，恶可而言？”常反人，不聚观[3]，而不免于鲩断[4]。其所谓道非道，而所言之韪[5]不免于非。彭蒙、田骈、慎到不知道。虽然，概乎[6]皆尝有闻者也。

述呢？”他们常常违反人们的常识，因而不被人们喜好，也就不免于圆转而没有棱角。他们所谓的道并不是真正的大道，他们所认为的正确也不免于错误。彭蒙、田骈、慎到不是真正地通晓大道。尽管如此，他们对于大道大概还是曾经有所耳闻吧！

注释

1 **不教**：不教之教。可参看《老子・第二章》：“是以圣人处无为之事，行不言之教。”

2 **窢(xù)然**：迅速的样子。

3 **聚**：或作“见”，被。**观**：借为“欢”，喜欢。

4 **鲩(wǎn)断**：同“锐断”。

5 **韪(wěi)**：是，对。

6 **概乎**：大概。

原文

以本为精[1]，以物为粗[2]，以有积为不足[3]，澹然独与神明居[4]。古之道术有在于是者，关尹[5]、老聃闻其风而悦之。建之以常无有[6]，主之以太一[7]，以濡弱谦下为表[8]，以空虚不毁万物为实[9]。

译文

以大道为精粹，以万物为粗浅，把积聚看作是不足，恬淡安然与神明合一。古时候的道术有主张这种观点的，关尹、老聃闻风而起，赞赏这种主张。他们的学说建立在无形的大道之上，以太一为根本，外表柔弱谦下，内心空虚而不毁损万物。

注释

1 **本**：大道。**精**：精微。

2 **粗**：粗浅，显而易见。

3 **有积为不足**:过度敛聚意味着极度不足。

4 **澹然**:恬淡安然。**神明**:大道。

5 **关尹**:相传为老子弟子,《吕氏春秋》称"关尹贵清",《汉书·艺文志》著录有《关尹子》九篇。

6 **建**:确立,建立。无有:不是具体有形之物,指无形之道。

7 **主**:主张。**太一**:指至道、大道。

8 **濡**(ruǎn):柔弱。**表**:外表。

9 **实**:内在本质。

原文

关尹曰:"在己无居[1],形物自著[2]。其动若水,其静若镜,其应若响。芴乎若亡[3],寂乎若清[4]。同焉者和,得焉者失。未尝先人而常随人[5]。"

译文

关尹说:"不执守自己的成见,万物自身就会毫无遮蔽地呈现。"行动时像水一样,安静时像镜子一样,反应时像回声一样。恍惚之中好像什么都没有,寂静之中好像清虚无物。混同于万物而达到和谐,执守万物则有所丧失。从不争先,常常跟随人后。

注释

1 **居**:执守。

2 **著**:彰显。

3 **芴**(hū):通"忽"。**亡**:通"芒",恍惚。详见《至乐》。

4 **寂**:寂静。**清**:清虚。

5 可参看《老子·第七章》:"是以圣人后其身而身先,外其身而身存。"

原文

老聃曰："知其雄，守其雌，为天下溪；知其白，守其辱，为天下谷[1]。"人皆取先，己独取后[2]。曰："受天下之垢[3]。"人皆取实，己独取虚[4]。无藏[5]也故有余，岿然[6]而有余。其行身也，徐而不费[7]，无为也而笑巧[8]。人皆求福，己独曲全[9]。曰："苟免于咎[10]。"以深为根[11]，以约为纪[12]，曰："坚则毁矣[13]，锐则挫矣[14]"常宽容于物[15]，不削[16]于人，可谓至极[17]。关尹、老聃乎，古之博大真人哉！

译文

老聃说："知道雄强，持守雌柔，成为天下的溪涧；知道明亮，持守暗淡，成为天下的虚谷。"人人都争着抢先，而自己独自处后。他说："承受天下的垢辱。"人人都追求实有，而唯独自己身处虚位。不敛藏，所以有余，高大的样子，好像很富足。他行动时，舒缓而不耗费精神，无所作为而讥笑智巧。人人都追求福禄，唯独自己委曲求全。他说："苟且免于祸患。"以深厚作为根本，以节俭作为原则，他说："坚强就会毁损，尖锐就会摧折。"常常包容万物，不苛求于人，可以说是达到了极致。关尹、老聃真是古时候广博宏大的真人啊！

注释

1 出自《老子·第二十八章》。

2 **己独取后**：可参看《老子·第六十七章》："不敢为天下先。"

3 出自《老子·第七十八章》："是以圣人云：'受国之垢，是谓社稷主；受国不祥，是为天下王。'"

4 可参看《老子·第二十章》："众人熙熙，如享太牢，如春登台。我独泊兮其未兆，如婴儿之未孩；累累兮，若无所归。众人皆有余，而我独若遗。我愚人之心也哉！沌沌兮，俗人昭昭，我独昏昏；俗人察察，我独闷闷。澹兮其若海，飂兮若无止。众人皆有以，而我独顽似鄙。我独异于人，而贵食母。"

5 **无藏**：不私藏，不积聚。可参看《老子·第八十一章》："圣人不积，既以为人已愈有，既以与人已愈多。”《老子・第四十四章》：“多藏必厚亡。”

6 **岿然**：或作“魏然”，巍峨高大。

7 **徐**：舒缓。**费**：耗费。可参看《老子・第十五章》：“孰能浊以静之徐清？孰能安以久动之徐生？”

8 **巧**：机巧。可参看《老子・第十九章》：“绝巧弃利，盗贼无有。”

9 可参看《老子・第二十二章》：“曲则全，枉则直。”

10 **苟免于咎**：姑且免于罪责。

11 **以深为根**：可参看《老子・第五十九章》：“是谓深根固柢，长生久视之道。”

12 **约**：节俭。**纪**：纲领。可参看《老子・第五十九章》：“治人事天莫若啬。”《老子・第六十七章》：“我有三宝，持而保之。一曰慈，二曰俭，三曰不敢为天下先。”

13 **坚**：坚强，刚强。**毁**：灭亡，毁损。可参看《老子・第七十六章》：“故坚强者死之徒，柔弱者生之徒。是以兵强则不胜，木强则兵。”

14 **锐**：尖锐。**挫**：摧折。可参看《老子・第九章》：“揣而锐之，不可长保。”

15 可参看《老子・第十六章》：“知常容，容乃公，公乃王，王乃天，天乃道，道乃久，没身不殆。”《老子・第四十九章》：“善者，吾善之，不善者，吾亦善之，德善。信者，吾信之，不信者，吾亦信之，德信。”

16 **削**：侵削，刻薄。可参看《老子・第二十七章》：“是以圣人常善救人，故无弃人；常善救物，故无弃物。”《老子・第五十八章》：“是以圣人方而不割，廉而不刿，直而不肆，光而不耀。”

17 **可谓至极**：陈景元《庄子阙误》引江南李氏本、文如海本作“虽未至极”。

原文

寂漠[1]无形，变化无常，死与？生与？天地并与？神明往与？芒乎何之[2]？忽乎何适[3]？万物毕罗，莫足以归[4]。古之道

译文

虚寂而没有行迹，变化没有一定的准则，是死了吗？生了吗？天地并生吗？神明也是一起吗？恍恍惚惚从哪里来？隐隐约约将要去哪里？天地万物全部包罗在内，却不足以探知最终的

原文	译文
术有在于是者，庄周闻其风而悦之。以谬悠之说[5]，荒唐之言[6]，无端崖[7]之辞，时恣纵而不傥[8]，不以觭见之也[9]。以天下为沉浊[10]，不可与庄[11]语。以卮言为曼衍，以重言为真，以寓言为广[12]。独与天地精神往来，而不敖倪于万物[13]，不谴[14]是非，以与世俗处。	归宿。古时候的道术有主张这种观点的，庄周闻风而起，赞赏这种主张。以虚远不实的学说，夸大无稽之言，不着边际的话语，时时放纵而不偏私，不以一孔之见来表现自己。他认为天下沉溺于浑浊之中，不能讲庄重的话。以无成心之言来推衍事理，以受人尊重的言论为真理，以寄托寓意的言论来推广道理。独自与天地精神交往，但又不傲视万物，不责问世间的是是非非，而与世俗相处。

注释

1 **寂漠**：寂寥虚静。

2 **芒**：同"恍"，恍惚。**之**：去，到。

3 **忽**：恍惚，隐约无际的样子。**适**：往。

4 **归**：归向。

5 **谬**：虚。**悠**：远。"谬悠之说"即虚远不实之说。

6 **荒**：广大。**唐**：夸大之言。

7 **端崖**：边际。

8 **时**：时常，时时。恣纵：放纵。**傥**：或作"党"，偏袒，偏私。

9 **觭**(jī)：通"奇"，一端。**见**：通"现"，呈现，展示。

10 **沉浊**：浑浊。

11 **庄**：端正，端庄。

12 **卮言**：无心的言论。**重言**：指受人尊重的先哲之言。**寓言**：有寓意的言论。

13 **敖**：通"傲"。**倪**(nì)：通"睨"，斜视。

14 **谴**：责问。

原文

其书虽瑰玮[1]，而连犿无伤也[2]。其辞虽参差[3]，而諔诡[4]可观。彼其充实[5]，不可以已，上与造物者[6]游，而下与外死生、无终始者为友。其于本也，弘大而辟[7]，深闳而肆[8]；其于宗也，可谓调适而上遂矣[9]。虽然，其应于化而解于物也[10]，其理[11]不竭，其来不蜕[12]，芒乎昧[13]乎，未之尽者。

译文

他的书虽然宏壮奇特，但婉转顺畅无损于大道。他的言辞虽然杂乱不齐，却奇异可观。他内心丰足充盈，下笔就不能停止，上则与造物者同游，下则与那些超越生死、没有终始观念的人为友。对于大道的阐发，宏大而又开阔，深刻而又恣肆；对于大道宗始的探求，可以说是调适上达。尽管如此，他能顺应变化，超脱万物，他所讲的道理没有穷尽，他的学说讲出来不留痕迹，深邃玄远无法穷尽其中的道理。

注释

1 **瑰玮**：宏壮奇特。

2 **连犿**(fān)：婉转，随和。**无伤**：不损于道。

3 **参差**：杂乱不齐的样子。

4 **諔**(chù)**诡**：奇异。

5 **彼**：指庄子。**充实**：指内心丰足充盈。

6 **造物者**：大道。

7 **弘大**：广大。**辟**：开。

8 **深闳**：深广。**肆**：散开，伸张。

9 **调适**：或作"稠适"，调和，和适。**遂**：达。

10 **应**：响应。**解**：解脱。

11 **理**：玄理。

12 **蜕**：脱解。

13 **昧**：窈冥，恍惚。

原文

惠施多方[1]，其书五车，其道舛驳[2]，其言也不中[3]。历物之意[4]，曰："至大无外[5]，谓之大一；至小无内[6]，谓之小一。无厚[7]，不可积也[8]，其大千里。天与地卑[9]，山与泽平。日方中方睨[10]，物方生方死。大同而与小同异[11]，此之谓小同异；万物毕同毕异[12]，此之谓大同异。南方无穷而有穷[13]，今日适越而昔来[14]。连环可解也[15]。我知天下之中央[16]，燕之北、越之南是也。泛爱万物[17]，天地一体也。"

译文

惠施的方术很广博，他的书都有五车，然而他的道理乖离驳杂，他的言辞不符合大道。他阐述万物的道理，说道："达到极致的'大'向外没有边际，这叫作大一；达到极致的'小'向内没有尽头，这叫作小一。没有厚度的东西没有体积，但它的面积铺开可以有千里之广。天与地是齐等的，山与泽是齐平的。太阳刚刚当头照，瞬间夕阳斜，万物刚刚出生，瞬间就死去。万物的大类别与小类别之间有差异，这就叫作小同异；万物完全相同又完全不相同，这就叫作大同异。南方可以说没有尽头，也可以说有尽头，今日到越国去，也可以说是昨天就来了。连环也可以解开。我知道天下的中央在燕国的北方，在越国的南方。泛爱万物，天地一体。"

注释

1 **方**：术。

2 **舛**(chuǎn)：错乱。**驳**：颜色不纯。

3 **中**：符合。

4 **历**：陈述，阐述。**意**：理。

5 **无外**：向事物的外部延展，没有尽头，因而"至大"在空间上是无限大的。

6 **无内**：向事物的内部分析，不能穷尽，因而"至小"在空间上是无限小的。

7 **无厚**：四面可以拓展，但没有厚度(高)，指纯粹的几何平面。

8 **不可积**：没有体积。

9 **天与地卑**：一般人认为天高地卑，从无限的空间来观照天与地，则天地齐等，不分高下。同理，山与泽一样齐平。

10 **日方中方睨**：方，刚刚。从无限的时间来观照太阳在一天之中的变化时差，犹如刚刚还是当头照，瞬间又是夕阳斜。同理，从无限的时间来观照具体有形事物的存在时段，犹如刚刚出生，瞬间就死亡。

11 **大同而与小同异**：凡物都有根本相同的地方，如天地万物不论大小形态，都可称之为"物"，此之谓"大同"。而天地万物之中又有不同的种类，如有的属于"鱼"，有的属于"鸟"，同一种类的事物必然有其相同之处，此之谓"小同"。"大同"与"小同"有差异，这就叫作"小同异"。

12 **万物毕同毕异**：万物无不相同，是谓"大同"，万物无不相异，是谓"大异"。

13 **南方无穷而有穷**："南方无穷"这一命题中使用了"南""方"这些表述具体方位的词，因而又有穷。

14 **今日适越而昔来**：《齐物论》引作"今日适越而昔至"。"今"与"昔"是相对而言，依照常理，遵循现实世界的时间先后顺序，我们把"过去"称为"昔"，把"现在"称为"今"。然而"今"与"昔"之间的界限（节点）不是绝对的定点，由此，"今"与"昔"存在着重合的可能，即"现在"与"过去"是连贯的，"过去"在不断地吞噬"现在"，因此可以说"今日适越而昔来"。

15 **连环可解也**：所谓"解"是相对于"套"而言，连环环环相套，在不破坏连环的前提下，现实世界中的连环无法解开，是谓"连环不可解也"。但如果摆脱现实世界中的连环之物，而进入概念的世界，则"解"也就不是相对于"套"而言，"解"与"连环"之间没有必然联系，"连环不可解也"本身又是一"解"，故可以说"连环可解也"。

16 在现实世界中，燕国在北方，越国在南方，燕国之北与越国之南是两个不同的方向，但如果从无限空间的角度来看，南与北并不对立，南与北都得以消解，因此所谓的"中央"也就不是一个绝对的定点，中央亦不与南北相对，故"中"在越国之南亦可，在燕国之北亦可。

17 **泛爱万物**：万物毕同毕异，浑然一体，爱己即爱物，爱物亦即爱己。

原文

惠施以此为大，观[1]于天下而晓辩者。天下之辩者相与乐之。卵有毛[2]；鸡三足[3]；郢有天下[4]；犬可以为羊[5]；马有卵[6]；丁子有尾[7]；火不热[8]；山出口[9]；轮不蹍地[10]；目不见[11]；指不至，至不绝[12]；龟长于蛇[13]；矩不方，规不可以为圆[14]；凿不围枘[15]；飞鸟之景未尝动也[16]；镞矢之疾，而有不行、不止之时[17]；狗非犬[18]；黄马骊牛三[19]；白狗黑[20]；孤驹未尝有母[21]；一尺之捶，日取其半，万世不竭[22]。辩者以此与惠施相应[23]，终身无穷。

译文

惠施把这些看作是极高深的真理，炫耀天下，以晓示辩士。天下的辩士也乐意辩论这些问题。这些辩题有：卵有毛；鸡三足；郢有天下；犬可以为羊；马有卵；丁子有尾；火不热；山出口；轮不蹍地；目不见；指不至，至不绝；龟长于蛇；矩不方，规不可以为圆；凿不围枘；飞鸟之影未尝动也；镞矢之疾，而有不行、不止之时；狗非犬；黄马骊牛三；白狗黑；孤驹未尝有母；一尺之捶，日取其半，万世不竭。辩士们以此和惠施相互辩论，终身辩论不休。

注释

1 **观**：显示。

2 **卵有毛**：现实世界中卵并不长毛，但脱离现实世界，在观念世界中，作为概念的“卵”“毛”并不能用现实世界的“有”来关联，却可以借助观念世界中的“有”来关联，因此说“卵有毛”。

3 **鸡三足**：现实世界中“鸡”有“两足”，加上“鸡足”这一概念，故曰“鸡三足”。

4 **郢有天下**：现实世界中，郢只是楚国的首都，只是天下的一部分，因此，两者绝不能等同。但在观念世界中，“天下”与“郢”两个概念并没有现实世界中的包容关系，因此可以说“郢有天下”。

5 **犬可以为羊**：现实世界中，“犬”与“羊”是两种不同的动物，但“犬”“羊”两个名称并非现实世界中的被称作“犬”和“羊”的具体实物，脱离了

实物,在观念世界中,“犬可以为羊”。

6 **马有卵**:马是胎生,并非卵生。但“卵”之名是用来指物种繁殖后代的一个胚体,因此胎生的马也可以说有“卵”。

7 **丁子有尾**:丁子,即蛤蟆。蝌蚪有尾,是蛤蟆的幼体,因此可以说“丁子有尾”。

8 **火不热**:现实世界中的“火”在燃烧时产生出能量被我们感知,我们称之为“热”,“火”与“热”是必然相连的。然而作为观念的“火”与“热”并没有必然联系,“火”不包含“热”,也不“热”。

9 **山出口**:“山”之名出自于人之口,然而被称作“山”的那个实物却不是出于人口。

10 **轮不蹍地**:在现实世界中,与地面接触的是车轮上具体的某一个点,并非“轮”,所碾压的是地上某一个具体的点,并非“地”。“轮”作为一个抽象的概念并不碾压同样抽象的概念“地”。

11 **目不见**:眼睛要借助光、依靠人的大脑才能看见事物,仅有眼睛,看不见事物。

12 **指不至**:手指不可能完全接触物体,如果是完全接触,就不会再分离开。意思是说,当手指接触物体时,这种接触不是绝对的完全接触,其中包含着分离的因素。

13 **龟长于蛇**:现实世界中,龟短而蛇长,然龟形体虽短而寿命却长,蛇形体虽长而寿命却短,由此可说,龟长于蛇。

14 **矩不方**:“矩”是画直角或方形的工具,可以画出有具体大小的方形,但“矩”本身并不是“方”,也画不出作为共相的“方”。同理“规”是画圆的工具,可以画出有具体大小的圆形,但“规”本身不是“圆”,也画不出作为共相的“圆”。

15 **凿不围枘**(ruì):在现实世界中,具体的榫头插入具体的凿孔中,凿孔包围住了榫头。然而作为共相的“凿”和作为共相的“枘”没有必然联系,两者不存在围绕的关系。

16 **飞鸟之景未尝动也**:鸟在空中飞行的轨迹可以划分为无限个运动点,在每一个运动点上,鸟的影子停留在那一点,因而是静止的,因此鸟飞行的轨迹就是无数个静止的点连接而成。

17 **镞矢之疾**：飞驰的箭矢遇到事物阻挡必然有停止之时，这就是"不行"之时；但同时它的惯性又使箭矢在受到阻挡时会再向前飞一小段，这就是"不止"之时。

18 **狗非犬**：狗与犬异名同实，犬为全称，狗为特称，通而言之，狗即犬；具体来说，"狗"不是"犬"。

19 **黄马骊牛三**："黄马""骊牛"以及"黄马骊牛"一共有三个"名"。

20 **白狗黑**：因狗之毛色为白，称之为白狗，狗的眼睛黑色，称之为黑狗。

21 **孤驹未尝有母**：现实世界中，所有的马驹都有母，然而称为"孤驹"则没有"母"。确立了"孤"之名，意味着消除了"母"之名，所以说"孤驹未尝有母"。

22 **一尺之捶**：一尺长的木棒，每天取剩下的一半，永远取不完。

23 **相应**：相应和。

原文

桓团、公孙龙[1]，辩者之徒，饰[2]人之心，易[3]人之意，能胜人之口，不能服人之心，辩者之囿[4]也。惠施日以其知与之辩，特[5]与天下之辩者为怪，此其柢[6]也。然惠施之口谈，自以为最贤，曰："天地其壮乎！"施存雄而无术[7]。南方有倚人[8]焉，曰黄缭[9]，问天地所以不坠不陷，风雨雷霆之故。惠施不辞而应，不虑而对，遍为万物说，说而不休，

译文

桓团、公孙龙也是辩士，他们蒙蔽人心，改变人的看法，能够让别人口服，却不能让别人心服，这正是辩士们的局限。惠施每天都用他的才智与人辩论，只与天下的辩士们探讨怪异的话题，这就是他们的真实状态。然而惠施认为自己的口才最厉害，他说："我大概和天地一样伟大吧！"惠施虽然雄辩，却不懂得道术。南方有个奇人叫黄缭，他问惠施天地不坠落不塌陷的缘故，风雨雷霆产生的缘故。惠施毫不推辞地应答，不假思索，对答如流，全面阐述万物的原因，口若悬河，滔滔不绝，还自认为说

多而无已，犹以为寡，益之以怪[10]。以反人[11]为实，而欲以胜人为名，是以与众不适[12]也。

得不够多，补充了很多奇谈怪论。他把违背人们常识的东西看作真实，想通过战胜别人来获取名声，因而与众人都合不来。

注释

1 **桓团**：姓桓，名团，赵国人，辩士。**公孙龙**：详见《秋水》。

2 **饰**：雕饰。这里引申为蒙蔽。

3 **易**：改变。

4 **囿**：局限。

5 **特**：专门。

6 **柢**(dǐ)：根本。

7 **存**：在。**雄**：雄辩。**无术**：无道。

8 **倚人**：或作"畸人"，奇异之人。

9 **黄缭**：楚国人，善于辩论。

10 **益**：增加。**怪**：怪说。

11 **反人**：违背人之常情。

12 **适**：合适，相宜。

原文

弱于德[1]，强于物，其涂隩[2]矣。由天地之道观惠施之能，其犹一蚊一虻之劳者也，其于物也何庸[3]！夫充一尚可曰愈[4]，贵道几矣[5]！惠施不能以此自宁，散于万物而不厌[6]，卒以善辩为名。惜乎！惠施之才，

译文

轻视内在的德行，注重对外在事物的探求，这条道路狭隘曲折。从天地之道来看惠施的辩才，他就好像蚊虫在那里徒劳一样，对于万物有什么用呢！惠施的辩才作为一家之言，还是不错的，如果能进一步崇尚大道，那就差不多了！惠施不能安于大道，他追逐万物而不满足，最终以善辩出名。可惜啊！惠

骀荡[7]而不得，逐万物而不反，是穷响以声[8]，形与影竞走[9]也，悲夫！

施的才华，放荡而无所得，追逐万物而不知返本，这就好比用声音去消除回响，让形体与身影赛跑，悲哀啊！

注释

1 **弱**：轻视，忽视。**德**：内在德行。

2 **涂**：道路。**隩**(yù)：曲。

3 **庸**：用。

4 **充一**：充为一端，一家之言。**愈**：胜，贤。

5 **贵道**：达于道。**几**：庶几，差不多。

6 **厌**：满足。

7 **骀**(dài)**荡**：放荡。

8 **穷响以声**：通过声音消除回响。

9 **竞走**：争竞而跑。

参考书目

影中国国家图书馆藏宋刊本,《南华真经十卷》(《古逸丛书三编》)。
西安交通大学钱学森图书馆藏覆宋本,《庄子注疏》(《古逸丛书》)。
影中国国家图书馆藏宋刊本,《南华真经》(《续古逸丛书》)。
曹础基:《庄子浅注》(修订本),北京:中华书局,2000 年。
陈鼓应:《庄子今注今译》,北京:中华书局,2009 年。
崔大华:《庄子歧解》,北京:中华书局,2012 年。
方勇、陆永品:《庄子诠评》(增订新版),成都:巴蜀书社 2007 年。
方勇:《庄子》,北京:中华书局,2010 年。
方勇:《庄子纂要》,北京:学苑出版社,2012 年。
郭庆藩:《庄子集释》,王孝鱼点校,北京:中华书局,2004 年。
刘文典:《庄子补正》,合肥:安徽大学出版社,1999 年。
刘武:《庄子集解内篇补正》,中华书局,1999 年。
欧阳景贤、欧阳超:《庄子释译》,武汉:湖北人民出版社 1986 年。
钱穆:《庄子纂笺》,北京:三联书店,2010 年。
王先谦:《庄子集解》,北京:中华书局,1991 年。
王叔岷:《庄子校诠》,北京:中华书局,2007 年。
杨柳桥:《庄子译诂》,上海:上海古籍出版社,2007 年。
张耿光:《庄子全译》,贵阳:贵州人民出版社,1991 年。
张默生:《庄子新释》,北京:新世界出版社,2007 年。
张丰乾编:《庄子天下篇注疏四种》,北京:华夏出版社,2009 年。

图书在版编目(CIP)数据

庄子/萧无陂导读、注译．—长沙：岳麓书社，2018．8

(古典名著普及文库)

ISBN 978-7-5538-0842-0

Ⅰ．①庄...　Ⅱ．①萧...　Ⅲ．①道家②《庄子》—注释③《庄子》—译文　Ⅳ．①B223．5

中国版本图书馆 CIP 数据核字(2018)第 055111 号

ZHUANGZI

庄子

作　　者：〔战国〕庄　子

导读注译：萧无陂

丛书策划：刘　文

责任编辑：孙世杰

责任校对：舒　舍

封面设计：陈　酌

岳麓书社出版发行

地址：湖南省长沙市爱民路 47 号

直销电话：0731-88804152　0731-88885616

邮编：410006

岳麓书社网址：www．yueluhistory．com

2018 年 8 月第 1 版第 1 次印刷

开本：890mm×1240mm　1/32

印张：11．375

字数：305 千字

印数：1—10 000

ISBN 978-7-5538-0842-0

定价：28．00 元

承印：长沙鸿发印务实业有限公司

如有印装质量问题，请与本社印务部联系

电话：0731-88884129